Le Siècle.

ANTONIA

par

M. ÉLIE BERTHET

PARIS
BUREAUX DU SIÈCLE
RUE DU CROISSANT, 16.

M.DCCCLV.

A.VIALON DEL.   J.GUILLAUME SC.

Élie Berthet.

ANTONIA

HISTORIQUE.

PREMIÈRE PARTIE.

I.

L'AUBERGE.

Partout où l'homme établit sa demeure, il finit par modifier profondément la nature, même dans les lieux où il semble que son action devrait être impuissante. Cette observation frappe particulièrement le curieux à l'aspect de la vallée de Vic-d'Essos, entourée de montagnes inaccessibles. au centre de la chaîne des Pyrénées. Ce pays sauvage était, à une époque peu éloignée de nous, couvert de bois, retraites impénétrables des ours et des sangliers. Mais un intérêt suprême appela l'homme civilisé dans ces déserts ; les flancs de ces rocs menaçans contenaient un métal plus précieux que l'or même, du fer. A partir de cette découverte, la vallée pyrénéenne changea de face ; l'industrie avec son activité à la fois féconde et destructive s'empara d'elle. Pendant que le mineur creusait, loin du soleil, de tortueux souterrains, les antiques sapinières étaient abattues, le sol était défriché. De toutes parts s'élevaient des villes et des villages. Aussi, de nos jours, les montagnes, dépouillées de leur tunique de feuillage, ont-elles conservé à peine un simple vêtement de verdure fleuri ; les torrens coulent sans ombre dans leur lit ravagé ; la culture a envahi les coteaux les plus infertiles. Partout se manifeste la main de l'homme ; là des routes, chefs-d'œuvre de patience et de volonté, côtoyent en serpentant les précipices ; plus loin s'élèvent des usines, des scieries, des forges à la catalane, monumens industriels où retentissent nuit et jour le bruit des machines, le chant des ouvriers, les marteaux des forgerons. Des chariots pesamment chargés sillonnent continuellement ce sol rocailleux. Que sont devenues ces vastes forêts dont nous parlions tout à l'heure ? Demandez à ces bâtimens noirs dont les hautes cheminées d brique, en forme de colonnes, barbouillent sans cesse d'une fumée épaisse et fétide l'azur brillant du ciel.

Or, il y a trente-six ans environ, la conquête de la civilisation sur la nature n'était pas complète encore dans la vallée de Vic-d'Essos. Certains cantons, rapprochés des montages les plus élevées, n'avaient rien perdu de leur caractère primitif ; les hameaux, éloignés des villes et presque sans voies de communication les uns avec les autres, avaient conservé un aspect triste et misérable, dont le village de Suc, situé à l'extrémité du bassin, non loin du pic du Montcalm, pourra donner une idée exacte. Il se composait d'une douzaine de pauvres cabanes éparpillées sur un terrain inégal, au bord d'un gave ou torrent. Ces cabanes, construites en pierres sèches, recouvertes tantôt en chaume, tantôt en ardoises, avaient chacune un maigre clos où quelques légumes croissaient à l'ombre de chétifs arbres fruitiers. Une petite église, moitié ancienne, moitié moderne, mais fort délabrée, dominait ces humbles constructions occupées par des pâtres ou des chasseurs.

Cependant en avant du village on remarquait une maison assez vaste, adossée à un rocher isolé ; c'était l'auberge, ou si l'on aime mieux le cabaret du lieu. Le rez-de-chaussée était exclusivement réservé aux bestiaux et aux bêtes de somme ; l'étage supérieur, auquel on montait par une espèce d'échelle appliquée extérieurement, formait une seule pièce où les voyageurs devaient manger et dormir en commun, avec l'aubergiste et sa famille.

En dépit de cette apparence peu comfortable, l'auberge de Suc semblait fort animée un soir d'automne de l'année 1813 que nous devons assigner comme point de départ à ce récit. L'écurie retentissait sous les piétinemens des mules et des chevaux ; une fumée ardente, sortant du toit, annonçait les préparatifs d'un souper ; un brouhaha joyeux trahissait dans la salle commune des hôtes nombreux et de bonne humeur.

Néanmoins un voyageur s'était arrêté sur le bord du chemin, en face de l'hôtellerie pyrénéenne, comme s'il eût hésité à entrer dans ce pandœmonium de la débauche montagnarde. C'était un jeune homme de vingt-cinq ans environ ; sa figure brune et mâle offrait une pureté de lignes remarquable. Il avait de longs cheveux noirs, flottant sur ses épaules, suivant la mode du pays ; à ses yeux de jais vifs et bien fendus, on reconnaissait son origine méridionale. Son costume était un compromis entre le costume citadin et le costume local. Il portait un béret bleu, cette coiffure basque si chaude et si légère ; une blouse grise ceignait sa taille ; des guêtres de drap et de gros souliers protégeaient ses pieds contre les aspérités des chemins. De nos jours on l'eût pris pour un de ces touristes ou de ces peintres, hardis explorateurs qui parcourent les montagnes dans un but d'étude ou de curiosité ; mais à l'époque dont nous parlons, il n'y avait ni peintres ni touristes pour visiter l'Ariége. Du reste, ce jeune homme, malgré la distinction de ses manières, voyageait pédestrement chargé de son modeste bagage. Un sac semblable à celui des soldats était suspendu sur son dos par des bretelles ; en travers du sac il avait attaché un fusil à deux coups, arme élégante et solide. Enfin il tenait à la main un de ces longs bâtons ferrés, indispensables dans les excursions de quelque importance sur les hauteurs.

Comme nous l'avons dit, l'inconnu s'était arrêté au bord de la route. Appuyé sur son bâton, le dos tourné à la maison hospitalière, il contemplait d'un air mélancolique un paysage grandiose bien digne en effet de captiver son attention.

De l'endroit où il était placé, il pouvait voir toute la vallée de Vic-d'Essos. Le soleil allait se coucher ; le bassin se couvrait d'une molle vapeur qui commençait à altérer les formes et les couleurs, quoique les sommets des montagnes resplendissent encore d'éblouissantes clartés. L'ombre immense en ses pointes aériennes cachait déjà les habitations disséminées dans la plaine, mais leurs crêtes neigeuses s'illuminaient d'une flamme rouge et ardente comme autant de phares gigantesques. Devant l'observateur se dressaient fièrement les pics du Siguier et du Bassiès, le roc de Sem avec son port obscur, le *palet de Samson*, le pic de Vic-d'Essos, puis enfin le Montçalm dominant toutes ces masses imposantes. Sur l'arrière-plan, dans un lointain violacé, il apercevait les monts sourcilleux de la frontière espagnole, les cimes désolées de la Pla, le cône majestueux de Fontargente, jetés à neuf ou dix mille pieds au-dessus du niveau de l'Océan. L'œil arrêté un moment sur ces brillantes hauteurs ne voyait plus qu'ombres et confusion lorsqu'il s'abaissait vers les gradins inférieurs.

L'ensemble de ce magnifique spectacle paraissait familier au jeune voyageur, et son regard se fixa plus particulièrement sur le Montçalm. Ce colosse de granit, quoique situé à plusieurs lieues de Suc, semblait pouvoir secouer ses avalanches sur les pauvres toits du hameau. Il formait une majestueuse pyramide dont les bases se perdaient dans de vastes forêts de sapins, dont la tête se dessinait vivement en rose tendre sur le ciel argenté. En certains endroits scintillaient sur ses flancs comme des millions de diamans et de pierres précieuses ; c'était le glacier qui réfléchissait les rayons du soleil couchant. Cette belle montagne, vue à distance, ainsi éclairée par les derniers rayons du jour, écrasait tout ce qui l'entourait ; en la contemplant, un athée même eût pensé à Dieu.

Néanmoins, des idées purement humaines parurent occuper le jeune voyageur ; ses traits exprimèrent un attendrissement profond, puis une larme roula dans ses yeux, et il murmura d'une voix étouffée, en étendant la main vers la montagne.

— Elle est là, peut-être !... Je vais donc enfin savoir la vérité.

Un vent frais commençait à souffler des hauteurs. Cependant l'inconnu ne songeait pas encore à se réfugier dans la maison, quand un bruit rapproché de voix et de pas le fit tressaillir. Il se retourna, et il aperçut deux nouveaux voyageurs se dirigeant vers l'auberge.

L'un d'eux était évidemment du pays ; à son teint bronzé, à ses cheveux un peu crépus, à son œil ardent, à l'expression à la fois basse et railleuse de ses traits, on reconnaissait un de ces gitanos ou bohémiens que l'on rencontre à chaque pas dans l'Ariége. Il pouvait avoir une soixantaine d'années, et son visage était sillonné de rides profondes. Un chapeau à larges bords, une veste courte à la catalane, ornée de plusieurs rangs de boutons en grelots, une culotte bleue ouverte au genou, et des guêtres de cuir, composaient son costume, auquel il faut ajouter toutefois un vieux manteau rouge plié en bandoulière autour de ses reins. Il montait un petit âne, pelé et galeux, dont il caressait les flancs par intervalles avec un bâton noueux. Somme toute, ce personnage avait une de ces mines qui excitent de fort loin la défiance, et, soit qu'il fût maquignon, tondeur de brebis, ou brocanteur, professions ordinaires des bohémiens, les madrés paysans pyrénéens, en le rencontrant dans une foire, n'eussent pas jugé prudent de lui proposer un marché.

L'autre voyageur n'avait aucun rapport avec celui-ci ; il semblait même être arrivé à Suc par un chemin différent. C'était un homme d'un âge mûr, ayant l'habillement et les manières d'un citadin. Il était monté sur une bonne mule, bizarrement harnachée, selon l'usage ; une autre mule, conduite par une espèce de guide à pied, portait ses bagages. La présence de cet étranger dans ce village écarté, sans commerce et sans industrie, loin des routes frayées, s'expliquait assez naturellement, lorsqu'on remarquait parmi ses bagages une longue carabine rayée, dont l'usage est bien connu dans les montagnes. C'était donc un chasseur de quelque ville voisine qui venait déclarer la guerre aux isards de la contrée, car déjà à cette époque la chasse à l'isard était l'ambition des Nemrods de la plaine.

Cependant l'étranger, au premier abord, ne semblait nullement constitué pour ces expéditions cynégétiques, où il faut affronter tant de fatigues et de dangers. Quand son manteau s'entr'ouvrait par hasard, on apercevait une taille maigre et chétive, des membres osseux qui n'indiquaient pas une grande vigueur ; d'ailleurs, sans être vieux, il n'était plus d'âge à supporter impunément les intempéries des saisons, les marches pénibles, les privations. Mais un second examen modifiait jusqu'à un certain point le résultat du premier. Cette maigreur pouvait bien ne pas être un indice de débilité ; ses membres grêles pouvaient contenir des muscles d'acier, et la carrure des épaules donnait une certaine probabilité à cette supposition. Du reste, il y avait dans son extérieur quelque chose de dur et de sombre qui repoussait. Son visage bistré, aux joues creuses, était encadré de favoris épais. Une moustache grise retombait sur sa bouche et semblait avoir uniquement pour but de cacher les contractions fréquentes et convulsives de ses lèvres. Son œil vif et faux ne regardait jamais en face. Enfin, malgré l'expression de politesse habituelle à sa physionomie, elle produisait sur l'observateur une impression plus désagréable encore que les traits franchement ignobles et fourbes du bohémien.

L'homme à la moustache grise était descendu de sa mule devant l'écurie, tandis que son guide appelait à grands cris. Le gitano venait également de sauter à bas de son âne, ce qui n'avait pas été difficile, ses pieds touchant presque la terre, et, chargé d'un mauvais bissac, il s'avançait pour faire donner la provende à sa piteuse monture. En ce moment aussi, le jeune homme au béret bleu, arraché à ses méditations, se dirigeait vers l'auberge ; de la sorte, tous trois se rencontrèrent au pied de l'escalier ou plutôt de l'échelle qui conduisait à la salle des voyageurs.

Ils échangèrent un regard rapide. Ces trois individus, si différens de costumes, de mœurs et sans doute de conditions, ne se connaissaient pas, ne s'étaient jamais vus ;

cependant il y avait dans ce regard silencieux de la défiance, de la menace, presque du défi. Une sorte d'intuition les avertissait qu'un but commun les avait réunis en cet endroit, qu'il existait déjà entre eux une rivalité secrète. Mais cette impression dura peu ; l'homme à la moustache grise s'occupa de faire décharger ses bagages ; le bohémien se mit à examiner les mules comme s'il eût voulu agencer avec leur propriétaire quelque troc avantageux pour lui. Quant au jeune voyageur, après avoir jeté un dernier coup d'œil au Montcalm, dont les lignes harmonieuses s'effaçaient déjà dans le crépuscule, il se mit à gravir lestement l'échelle et pénétra dans une vaste pièce où se trouvait déjà nombreuse compagnie.

L'intérieur de l'auberge était en rapport avec son extérieur simple et grossier ; l'hôtellerie de Suc différait peu en effet de ces *ventas* espagnoles ou de ces *caravensérails* orientaux, où l'on ne trouve guère que les quatre murs, où il faut porter avec soi son lit et son souper. Hâtons-nous de dire cependant que cette ressemblance n'était pas complète, car la salle où venait d'entrer le jeune homme au béret bleu n'était pas dénuée absolument de meubles. Quelques planches de sapin à peine équarries et clouées sur des pieux adhérens au parquet servaient de tables. Des billots de bois, épars çà et là, roulaient sous les pieds des arrivans : c'étaient des siéges. Des caisses remplies de paille ou de mousse étaient disposées le long de la muraille : c'étaient les lits. Encore, ces couches somptueuses semblaient-elles réservées à l'aristocratie des voyageurs, aux sybarites de la vie civilisée, car dans l'intervalle des espèces de cercueils, on apercevait des peaux de mouton étendues à terre, avec une bûche pour oreiller. En deux ou trois endroits même les peaux avaient été jugées luxe inutile ; un manteau jeté sur le plancher avec une valise ou un paquet pour soutenir la tête, devait recevoir, la nuit, les membres fatigués de certains hôtes peu difficiles.

Les estomacs inquiets devaient aussi être rassurés tout d'abord par l'aspect des approvisionnemens en vivres. D'énormes pains noirs étaient étalés sur la table du milieu. Des chasseurs, disposés par groupes autour des autres tables, buvaient du vin du pays dans des coupes de corne, et ils y allaient de l'air de gens sûrs que l'argent ou le crédit pouvait leur manquer avant le vin. Enfin, un isard entier tournait à la broche devant le foyer ; sa peau, toute saignante encore, pendait à la muraille près de la cheminée, preuve certaine que la venaison était fraîche. En effet, le pauvre animal qui faisait si triste mine devant le brasier, broutait le matin encore les jeunes pousses des genévriers et buvait la rosée sur les flancs du Montcalm. Le montagnard qui l'avait tué, après avoir reçu de l'aubergiste le prix de son gibier, en consommait une partie, sous forme de vin d'Espagne, dans un coin de la salle.

La cheminée dont nous avons parlé consistait en un âtre de pierre et un trou percé au toit de la maison, ouverture toujours béante, par laquelle la fumée était libre de s'échapper sans le secours d'aucun tuyau de conduite ; mais le vent frais qui soufflait au dehors, la refoulant par intervalles, au lieu de prendre le chemin du toit, elle se répandait dans la salle, au grand détriment des assistans. Une pile de bois résineux, entassée dans ce vaste foyer, produisait une flamme crépitante, qui, montant le long de la muraille, en atteignait presque l'extrémité.

Autour de ce feu vivifiant, étaient assises plusieurs rangées de voyageurs, hommes et femmes. Cette société, réunie dans un pareil lieu, à deux pas de la frontière, devait être un peu mêlée, comme bien on peut croire. Il y avait des muletiers catalans aux petites vestes et aux larges pantalons, des contrebandiers en barrettes et en ceintures rouges, des gens du pays ou *Tsys*, avec leurs costumes bruns et leurs larges chapeaux ; les femmes, en bonnets ronds ou en capulets, étaient enveloppées de leurs mantes noires. Les assistans approchaient de la flamme, qui ses souliers ferrés ou ses espartilles de corde, pour les sécher, qui même ses pieds nus, pour les réchauffer. Ces attitudes

variées, ces physionomies énergiques, ces costumes pittoresques, formaient un tableau hardiment coloré qu'un peintre de genre n'eût pas dédaigné de reproduire.

L'entrée du jeune homme au béret bleu ne produisit pas une bien vive sensation. L'hôte, grand homme sec et bavard, qui tricotait un bas, au milieu du cercle, se contenta de lui désigner une des caisses servant de lit, comme pour l'inviter à y déposer ses modestes bagages. L'hôtesse, tout entière aux apprêts du souper, s'aperçut à peine de son arrivée. Quant aux autres voyageurs, après avoir jeté un coup d'œil grave sur le nouveau venu, ils continuèrent de s'entretenir des événemens de la guerre d'Espagne, alors dans toute sa force, et qui intéressaient directement les habitans des Pyrénées.

L'inconnu, de son côté, ne parut ni choqué ni embarrassé de la froideur de cet accueil. Après avoir salué avec une politesse naturellement gracieuse, il se dirigea vers le soi-disant lit que lui avait assigné l'hôte, et s'installa son sac et son bâton ferré, pour en prendre possession ; puis il s'approcha du foyer.

Personne ne bougea pour lui faire place ; il avança les mains par-dessus la tête des voyageurs égoïstes afin de les ré-hauffer, et il prêta distraitement l'oreille à la conversation.

Il eût pu rester longtemps dans cette position fatigante si un petit montagnard trapu, à la figure noire de charbon, ne se fût écrié tout à coup de l'autre extrémité du cercle en patois du pays, espèce d'espagnol corrompu :

— Notre-Dame-d'Héas ! je ne me trompe pas... c'est monsieur Valentin Norbert, l'ingénieur des mines de Vic-d'Essos !

Cette exclamation prononcée d'un ton respectueux fit cesser la conversation, et les yeux se tournèrent avec avidité vers le jeune voyageur. Celui-ci, en se voyant l'objet de l'attention générale, rougit légèrement ; peut-être éprouva-t-il quelque contrariété d'être ainsi nommé tout haut dans cette étrange société ; mais il n'en exprima rien au petit montagnard, qui paraissait joyeux et fier de cette rencontre.

— Ah ! c'est toi, Pierre Caston, dit-il dans la même langue, en saluant de la main ; c'est aussi de la main, donc quittés tout de bon ?... On ne ne te voit plus à la mine !

— Que voulez-vous, monsieur, le métier n'était pas de mon goût... travailler sept heures par jour sous terre, à la clarté d'une lampe, ça ne m'allait pas. J'aime à voir le soleil et à respirer librement l'air pur de nos montagnes ; aussi j'ai préféré travailler à la forge de M. Suria, là-bas du côté de Sentenac. Au moins on peut de temps en temps, en levant les yeux, apercevoir le bleu du ciel... Mais, tonnerre ! un homme comme vous doit-il rester ainsi debout ! Allons, bonnes gens, un peu de place pour monsieur l'ingénieur... Savez-vous qu'à son âge il dirige seul les travaux des mines et qu'il commande à plus de quatre cents ouvriers ? C'est beau, ça !... et encore M. Valentin Norbert est le fils de ses œuvres... il est devenu savant tout seul... mais, tenez, maître, puisque personne ne se dérange, prenez ma place ; je n'ai plus froid.

En effet, cet éloquent panégyrique n'avait pas produit la moindre impression sur les assistans ; leur fierté répugnait à la moindre démarche qui eût l'air d'une concession faite au rang, dans un lieu où, suivant leurs idées, devait régner l'égalité la plus absolue. Valentin, pour couper court à l'espèce d'inquisition dont il était l'objet, allait accepter l'offre de l'ex-mineur, quand l'aubergiste se leva et le pria d'occuper la place d'honneur. Pour comprendre cette courtoisie, il est bon de savoir que le digne hôte avait parmi les mineurs de Vic-d'Essos un neveu, en faveur duquel il désirait capter les bonnes grâces de M. l'ingénieur. Le jeune fonctionnaire remercia par un sourire et s'assit précipitamment pour se confondre à la foule. Alors la conversation reprit son cours parmi les voyageurs, et Norbert espéra d'être enfin débarrassé de ces importunités.

Mais ce n'était pas le compte de maître Caston ; le petit forgeron n'était pas fâché de montrer à l'honorable assistance ses bons rapports avec un personnage important de la vallée.

— Sans être trop curieux, monsieur Norbert, reprit-il à voix haute, il a fallu une bien grande affaire pour vous faire quitter les mines? On a joliment besoin de vous là-bas, et quand vous êtes absent, tout va mal... Oui, je mettrais ma tête à couper que le gouvernement vous a chargé de quelque grave commission; car, sans cela, on ne vous verrait pas à Suc dans ce moment-ci.

Cette curiosité, cette obstination à appeler sur lui l'attention, impatientaient Valentin; cependant il répondit tranquillement:

— Tu te trompes fort, mon ami; comme toi, j'ai éprouvé le besoin de respirer un peu d'air pur et de voir un peu de ciel bleu... J'ai demandé un congé et je viens ici tout simplement pour profiter des derniers beaux jours en chassant les isards et les coqs de bruyère.

— Vous venez chasser dans nos cantons? Alors vous ne me ferez pas l'affront, je l'espère, de choisir un autre guide que moi. Nos montagnes, vous le savez, sont de vrais casse-cou; il n'y a pas d'années que de pauvres chasseurs n'y laissent leurs os.

— Je te remercie de ta bonne volonté, Castou, mais je ne prendrai pas de guide.

— Allons donc! c'est impossible!

— Pourquoi? Je suis aussi un enfant du pays et j'ai le pied sûr. D'ailleurs, j'aime à être seul quand je chasse.

Ces paroles, prononcées d'un ton péremptoire, n'admettaient pas de réplique.

— Bon! bon! monsieur l'ingénieur, reprit Caston en hochant la tête, il suffit. Je sais maintenant ce qui vous amène ici, et ce ne sont ni les isards ni les coqs de bruyère.

— Vous savez ce qui m'amène? dit Valentin surpris.

— Pardieu! ce n'est pas difficile à deviner. On dit qu'il y a des mines d'argent de ce côté. Le gouvernement aura appris l'affaire, et on vous envoie, comme le plus habile métallurgiste du pays, pour explorer nos cantons. Voilà pourquoi vous voulez être seul... Hein! n'ai-je pas mis le doigt sur la chose? Je suis un malin, voyez-vous! Ah! ah! il n'est pas aisé de m'en conter!

Valentin laissa le forgeron s'applaudir de sa perspicacité et se tut. Mais l'aubergiste, qui désirait se faire bien venir du supérieur de son neveu, crut l'occasion favorable pour se mêler à l'entretien.

— Bah! bah! tu n'y es pas, Castou, dit-il en riant, monsieur l'ingénieur a une autre idée, je gage. Il est jeune, bien tourné; il veut sans doute faire un doigt de cour à la femme sauvage du Montcalm.

— La femme sauvage! répéta Valentin en tressaillant.

— La femme sauvage! dirent deux autres voix avec un accent animé derrière les voyageurs.

Un grand silence s'établit aussitôt; ces voix nouvelles avaient éveillé les défiances de certains montagnards dont, il faut bien le dire, la conscience n'était pas parfaitement tranquille. Tous les yeux se tournèrent vers la porte; le voyageur que nous avons désigné sous le nom de la Moustache grise et le bohémien à l'âne pelé venaient de faire leur entrée dans la salle; au moment où l'hôte avait parlé de la femme sauvage du Montcalm, ils n'avaient pu retenir une exclamation.

La présence du bohémien ne parut ni inquiéter ni surprendre la plupart des assistants; c'était là une de ces figures qu'on devait s'attendre à rencontrer dans la misérable auberge de Suc; mais il n'en fut pas de même de l'autre inconnu. Celui-ci s'était arrêté à quelques pas du cercle, un sourire sarcastique sur les lèvres. Sa moustache et sa grande redingote boutonnée, qui lui donnaient l'apparence d'un militaire en bourgeois, produisirent surtout une vive impression sur les voyageurs. Deux ou trois des plus timorés se levèrent, prirent leurs légers bagages et s'éclipsèrent sans bruit.

L'inconnu parut attribuer à un sentiment de déférence

pour lui cette fugue soudaine et ne s'en étonna pas. Il s'empara avec aisance d'un des sièges restés vides, pendant que le gitano, plus timide, demeurait debout derrière les rangs.

— Bonsoir, mes braves gens, dit en catalan l'homme à la moustache d'un air familier, que je ne vous interrompe pas... Vous causiez, je crois, de cette femme sauvage dont les journaux ont conté des merveilles et qu'on a vue, dit-on, récemment dans ces parages?

Cette question s'adressait particulièrement à Valentin Norbert; mais l'ingénieur ne jugea pas à propos de s'en apercevoir.

— Morbleu! reprit l'inconnu d'un ton de bonne humeur, pendant le temps de mon séjour ici, je ne serais pas fâché d'apprendre ce qu'il faut penser de cet incroyable événement. Les femmes sauvages ne sont plus très communes en France... Mais voyons, mes amis, convenez, là, entre nous, que vos joyeux chasseurs auront forgé cette histoire pour se moquer des gens de la ville, et qu'il n'existe pas plus de femmes sauvages ici qu'ailleurs!

S'il avait compté piquer au jeu les montagnards en révoquant ainsi en doute un fait réputé constant dans le pays, il ne s'était pas trompé. En dépit de leur répugnance à se mettre en rapport avec un étranger suspect, tous ensemble élevèrent la voix pour protester.

— Elle n'existe pas... la femme sauvage! s'écriait l'un; je l'ai entendue dans la sapinière du Montcalm, un jour que je poursuivais un ours avec les gens de l'Andorre.

— Elle m'a jeté une pomme de pin à la tête pendant que je chassais au chant près du glacier.

— Moi, je l'ai vue deux fois, dit un vieux chasseur d'un ton fier, et la dernière il n'y a pas plus de six mois.

— Et moi, je l'ai vue aujourd'hui, s'écria d'une voix rude le montagnard qui avait apporté l'isard et qui achevait de vider son porro de vin d'Espagne au bout de la salle.

Valentin se leva impétueusement.

— Vous l'avez vue? s'écria-t-il. Au nom de Dieu, dites-moi...

Il s'arrêta en remarquant que la Moustache grise l'observait avec curiosité.

— Cette femme est extraordinaire, continua-t-il d'un air plus froid, et tout ce qu'on dit d'elle excite un vif intérêt... Contez-nous donc cette aventure, mon ami.

— Oui, oui, dites-nous votre histoire, Jacquet, s'écrièrent plusieurs voix. Est-il taciturne, ce Jacquet! il a rencontré la femme sauvage et il ne s'en vantait pas!

Le chasseur avala quelques gorgées de vin.

— Bah! dit-il avec un peu d'embarras en s'accoudant sur la table, ce n'était pas la peine d'en parler; mais puisque vous le voulez... Je venais donc de quitter le vieux berger Giuseppe de l'Oule-Blanche du Montcalm. Giuseppe m'avait indiqué où je devais trouver une harde d'isards qu'il avait aperçue le matin. Je m'avançais, ma carabine sur l'épaule, pour surprendre ces drôles qui ruminaient à l'ombre du pic, lorsque j'ai entendu un léger bruit au-dessus de moi; en même temps, une petite pierre a roulé à mes pieds. J'ai levé les yeux et j'ai vu quelque chose qui bondissait au milieu des rocs; sans trop savoir de quoi il s'agissait, j'ai tiré... un hurlement épouvantable s'est fait entendre, et quand la fumée du coup a été dissipée, je n'ai plus rien vu.

— Malheureux! interrompit Valentin indigné, vous avez blessé cette pauvre femme, vous l'avez tuée peut-être!

Le chasseur regarda de travers l'interrupteur.

— Non, non, monsieur, dit-il avec rudesse; ma balle a dû frapper trop haut, car j'étais gêné par une saillie de rocher, et la chose a passé comme un éclair.

— Et vous ne vous êtes pas arrêté pour vous assurer si vous aviez atteint cette infortunée créature? vous n'avez pas eu d'humanité...

— Puisque je suis sûr d'avoir tiré trop haut, interrompit le Pyrénéen, dont l'humeur irascible commençait à s'éveiller; j'avais bien le temps de m'arrêter!... Il m'a fallu ramper sur le ventre pendant une heure pour approcher les isards, et encore les ai-je trouvés debout... Je n'ai pu tuer que ce beau *soulatié* (1), qui a si bonne mine à la broche. Vous me direz des nouvelles du camarade quand les morceaux vous passeront dans le gosier... A votre santé !

Il acheva son vin, salua d'un air dur et sortit.

Valentin avait eu beaucoup de peine à contenir sa colère. La conduite de cet homme lui semblait d'une férocité digne des plus sévères châtimens. Après le départ de Jacquet, il donna carrière à son indignation ; mais l'assistance l'écouta d'un air indifférent. Une seule personne renchérit encore sur lui avec une vivacité et une volubilité extraordinaires : c'était le bohémien. Ce personnage, qui jusque-là, tapi modestement dans son coin, avait paru vouloir se faire oublier, se répandait en imprécations contre Jacquet. Il levait les mains et les yeux au ciel, appelant avec une exagération méridionale la vengeance divine sur le persécuteur de la femme sauvage, si bien que cette exaltation allait jusqu'au grotesque.

— Quant à moi, mes amis, reprit bientôt l'homme à la moustache d'un ton sceptique et railleur, le récit de ce brave garçon qui était là tout à l'heure ne m'apprend rien du tout sur ce que je désire savoir... Encore une fois, qu'est-ce que cette femme au sujet de laquelle on raconte des histoires si étranges ? Voyons, aucun de vous n'aura-t-il pitié de ma curiosité ?

— Eh bien, ma foi ! monsieur, répliqua l'aubergiste lui-même en promenant son regard sur les assistans comme pour invoquer leurs lumières, tout le monde pourra vous le dire aussi bien que moi, *notre* femme sauvage vit sur le Montcalm, sans comparaison, comme les ours et les loups. Par les froids les plus rigoureux, elle n'a guère d'autres vêtemens que ses longs cheveux. Elle franchit les précipices, elle escalade les rochers à pic, elle grimpe aux arbres et s'élance de branche en branche ; un oiseau ne ferait pas mieux. Elle vit on ne sait de quoi, et elle ne se laisse approcher par personne. Si elle rencontre un passant sur son chemin, elle pousse des cris effrayans qu'on dirait des cris d'animaux, et elle fuit dans des endroits inaccessibles où le plus hardi dénicheur d'aigles n'oserait la suivre. Elle habite une espèce d'abîme, entouré de pointes affreuses, où jamais créature humaine n'a mis le pied avant elle ; on l'appelle le Puits d'Enfer. Ça vous paraît incroyable, je le vois bien, mais ces respectables personnes sont là pour dire si je mens.

La galerie protesta en effet de l'exactitude de ces détails. Valentin écoutait d'un air pensif. Quant au bohémien, il interrompait souvent le conteur par des exclamations du genre de celles-ci :

— *Demonio* ! que c'est beau !... Un véritable trésor !... La chère femme du bon Dieu !... Sainte-Vierge d'Atocha, venez-moi en aide !

Et il poussait de profonds soupirs avec un attendrissement comique.

— Ah ! çà, demanda l'étranger, y a-t-il longtemps que cette merveille s'est montrée dans ce canton ?

— On a cru l'avoir aperçue déjà il y a quelques années ; mais au printemps dernier seulement on l'a vue bien distinctement pour la première fois. Trois chasseurs de notre village étaient allés sur le Montcalm ; tout à coup la femme sauvage apparut sur un piton au-dessus de leurs têtes. André, qui était le plus rapproché d'elle, crut voir le diable ; de frayeur il laissa tomber sa carabine. Aussitôt la femme poussa un cri, s'élança d'une hauteur qu'André évalue à plus de trente pieds, tomba au milieu de nos gens ébahis, puis, courant comme un lagopède le long du précipice, elle se réfugia dans une sapinière impénétrable. Depuis ce jour, on a commencé à parler beaucoup de la femme sauvage. On se souvient maintenant d'une foule de circonstances auxquelles on n'avait pas fait attention d'abord ; et cer-

(1) Vieux mâle d'isard.

tainement le vieux Giuseppe, qui reste la moitié de sa vie sur la montagne, pourrait en conter long sur elle s'il le voulait bien ; mais Giuseppe n'est pas un homme comme un autre : il parle peu, et d'ailleurs, parce qu'il est sorcier tout de bon, on ne se soucie pas de le questionner... Mais des pâtres qui passent aussi l'été sur le Montcalm ayant mis des effets à sécher autour de leur bergerie, ne les ont pas retrouvés plus tard. On a attribué ces vols à la femme sauvage, car, quoi qu'on dise, il paraît qu'elle ne va pas complètement nue... Plusieurs fois aussi nos chasseurs ont vu cette bizarre s'agiter dans les arbres au-dessus de leurs têtes ; mais ils pensaient avoir fait rencontre d'une âme en peine ou d'un lutin malfaisant. Enfin, il y a plus de quatre ans, un déserteur de Sentenac s'était sauvé sur le Montcalm pour éviter la gendarmerie ; il y resta plusieurs jours. Poussé par la misère et la faim, il vint ici demander du pain et un abri. Il a raconté qu'étant sur la montagne, il avait remarqué plusieurs fois sur la neige molle des traces de pieds nus ; mais les pieds étaient si petits, si petits, qu'on eût dit ceux d'un enfant de dix ans. Sans doute c'était déjà la femme sauvage, qui a grandi depuis...

Valentin Norbert se leva de nouveau.

— Etes-vous bien sûr de cette circonstance ? demanda-t-il ; on ne m'avait jamais parlé de cette rencontre... Des pieds d'enfant ! ajouta-t-il tout bas, il y a quatre ans !... Oui, oui, plus de doute, c'est elle, mon Dieu ! c'est elle !

L'homme à la moustache grise l'observait avec étonnement.

— Cet incroyable récit paraît vous intéresser vivement, monsieur, lui dit-il en français. Ajouteriez-vous foi à ces bavardages populaires, où les faits sont évidemment exagérés, dénaturés ?

— Et pourquoi non, monsieur ? répliqua l'ingénieur distraitement.

— Quoi, vraiment, vous croyez ?... Voyons, monsieur, vous paraissez être un homme judicieux et éclairé ; je vous demande si franchement vous pouvez croire à l'existence de la femme sauvage du Montcalm ?

— Comment en douter, lorsque tant de personnes ont vu de leurs yeux la malheureuse créature dont il s'agit ? Sans doute certaines particularités de son histoire sont encore mal connues, mal appréciées ; mais quant à son existence même, elle est aujourd'hui de notoriété publique.

— La notoriété publique ne signifie rien quand il s'agit de faire accepter des absurdités pour des réalités. Le simple bon sens empêche d'admettre qu'une femme, dont nécessairement les premières années ont dû se passer au milieu de ses semblables, ait pu oublier ainsi la vie civilisée. Comment vivrait-elle sur le sommet glacé de cette âpre montagne ? Pût-elle sauter de branche en branche comme l'oiseau, nager comme le poisson, bondir comme le chamois, ainsi qu'on le dit, elle ne résisterait pas, sans nourriture, sans vêtemens, sans abri, aux tempêtes effroyables qui, pendant six mois de l'année, rendent le Montcalm inabordable ? D'ailleurs, pourquoi fuirait-elle avec tant d'opiniâtreté les individus de son espèce ? Pourquoi ne saurait-elle plus articuler quelques mots de la langue qu'elle a dû bégayer dans son enfance sur les genoux de sa mère ? Ces difficultés me semblent insolubles, je l'avoue.

Valentin resta un moment pensif.

— Monsieur, répliqua-t-il enfin, oubliant peut-être à qui il parlait, bien des points me paraissent obscurs, comme à vous, dans cette existence exceptionnelle ; mais quand on connaît l'effet de la solitude sur certains habitans de ces montagnes, l'histoire de la femme sauvage devient beaucoup moins incroyable. Il est d'usage ici que les pâtres aillent conduire leurs troupeaux sur les hauteurs au commencement du printemps, et qu'ils redescendent dans la plaine seulement aux approches de l'hiver. Après ces six mois de retraite et de silence, ils reviennent souvent dans leurs villages presque aussi en-

durcis aux intempéries des saisons, presque aussi farouches que cette malheureuse inconnue ; ils sont insensi-
bles aux affections de la nature ; ils ont oublié jusqu'à
leur langue natale. Leur intelligence s'est ravalée, pour
quelque temps du moins, au niveau de l'instinct des animaux qui vivaient autour d'eux. Jugez maintenant quelle
immense influence a pu avoir une solitude absolue de
plusieurs années sur une femme, sur une jeune fille, sur
une enfant.

Il s'arrêta et poussa un profond soupir.

— Fort bien, monsieur, vous me montrez l'effet, mais
je ne vois pas encore la cause... Quelle raison aurait pu
avoir une femme, une enfant si vous voulez, pour se sé-
questrer du monde, pour adopter un si triste genre
de vie ?

— Eh bien ! s'écria Norbert avec entraînement, comme
s'il lâchait la bride à des pensées secrètes, supposez que
cette enfant, dans un âge ou l'âme ne peut supporter encore de violentes impressions, ait été frappée tout à coup
d'un malheur immense ; supposez qu'elle ait été témoin
d'une scène terrible et sanglante, une de ces scènes que
ne peut supporter la nature humaine sans tomber en frénésie ; supposez, enfin, qu'à la suite de ces épouvantables
secousses, elle se soit enfuie sur le Montcalm... Cette misanthropie, ces habitudes sauvages, ne s'expliqueront-
elles pas naturellement ?

Le sourire railleur de l'étranger avait disparu ; son visage était livide.

— Monsieur, dit-il d'une voix sourde, certainement
vous en savez sur cette femme plus que vous ne dites...
Je serais curieux d'apprendre...

Valentin releva la tête comme s'il sortait d'un profond
sommeil.

— Moi, monsieur ? interrompit-il en s'efforçant de
sourire, je ne sais rien... Je n'ai fait qu'une supposition...
Cette singulière destinée doit exercer les imaginations,
et la mienne travaille pour expliquer l'énigme à sa manière.

La Moustache grise le regarda en silence pendant plus
d'une minute.

En ce moment, l'hôtesse s'avança au milieu du cercle
pour faire cesser le martyre d'un petit garçon qui, tout
rouge et tout en sueur tournait la broche devant l'ardent
brasier ; on allait servir le souper. Déjà les assiettes de
terre et des fourchettes d'étain étaient alignées sur la table ; des chandelles brûlaient dans des chandeliers de
bois. Quelques-uns des assistants se levèrent pour avoir
part à ce festin patriarcal ; d'autres, trop pauvres, regar-
dèrent d'un œil d'envie le quartier de chamois qu'on venait de placer sur un immense plat et duquel s'échappait
un fumet de venaison tout à fait appétissant ; puis, tirant
de leurs bissacs de frugales provisions, ils se mirent à
souper. Heureux ceux qui trouvèrent au fond de leur
gourde un reste de vin ou d'eau-de-vie pour arroser leur
maigre pitance !

— Eh bien ! monsieur, reprit tout à coup la Moustache
grise avec gaîté en s'adressant à Valentin, la pensée de
la femme sauvage du Montcalm vous empêchera-t-elle de
faire honneur à cet excellent gibier ? Si vous êtes de ce
pays, vous devez savoir que l'isard rôti perd son parfum
en se refroidissant ; oserais-je vous inviter à prendre place
près de moi ?

Valentin s'inclina pour remercier le voyageur de sa politesse ; mais, soit distraction, soit désir de couper court
à l'entretien, il alla s'asseoir au côté de la table opposé à
celui que désignait l'étranger. Celui-ci fronça le sourcil,
mordit son épaisse moustache ; mais il ne dit rien et s'assit à son tour.

Avant de toucher à la formidable portion que l'hôte venait de placer devant lui, il promena son regard sur les
pauvres diables groupés encore autour du foyer. Parmi
eux, il avisa le bohémien grignotant un morceau de pain
noir à la fumée du rôti. L'inconnu lui fit signe d'approcher.

— Tu es un bohémien... un gitano, je crois ? demanda-
t-il en catalan.

— Je ne peux pas le nier.

— Tes pareils ont mauvaise réputation ; cependant pourquoi ne viens-tu pas t'asseoir à table ?

— Dame ! senor, le commerce va si mal !... mon argent
m'est nécessaire pour une grande affaire que je suis venu
emmancher ici... Ensuite, s'il reste sur votre assiette des
os qui ne servent pas, je les recevrai avec reconnaissance.

— Allons donc ! les os sont pour les chiens... assieds-
toi là... je veux te régaler ; et puis nous causerons.

Le vagabond ne se fit pas répéter l'invitation ; il obéit
prestement et se mit à manger avec la voracité d'un pauvre affamé qui mange aux frais d'autrui.

Déjà les autres convives étaient à l'œuvre ; chacun
avait tiré de sa poche un énorme couteau et dépeçait sa
viande sans trop se soucier des règles de la plus exquise
propreté.

— Comment t'appelles-tu ? demanda le voyageur à sa
nouvelle connaissance.

— Jeandot Perez, senor.

— Tu es sans doute marchand de chevaux, comme la
plupart des gens de ta race ?

— Je l'ai été, monsieur, et j'ai eu beaucoup d'autres
professions ; mais des malheurs, des persécutions... je
n'ai plus à vendre qu'un âne. Vous l'avez vu ce soir ; une
belle bête, ma foi ! et si vous voulez vous en arranger, je
vous le vendrais... pas cher ! le prix de la peau.

— Merci, dit l'homme à la moustache en souriant avec
mépris, mais quelle profession exerces-tu actuellement ?

— Hem ! senor, un peu de toutes... Cependant ces derniers temps je m'étais fait *montreur* de curiosité et je courais les foires... les affaires sont mauvaises ; on avait bien
du mal, mais je gagnais ma vie.

— Ah ! et quelle espèce de curiosité montrais-tu ?

— Je ne sais si je dois vous dire... mais bah ! la mèche
est éventée maintenant ; il n'y a plus à s'en cacher. Eh
bien, monsieur, je montrais mon âne ! Faut être indus-
trieux ; j'avais rasé le poil de la bonne bête, je lui cirais
la peau chaque matin avec du cirage anglais ; je lui ajus-
tais une corne sur le front et je la présentais aux bourgeois comme une licorne de l'Amérique. La chose prenait
bien ; jamais on n'avait vu d'animal aussi rare, aussi
étonnant. Les gros sous tombaient dru comme grêle. Mais
la police a fini par trouver mal ma petite spéculation. Le
gouvernement m'en a toujours voulu... Il a fallu fermer
baraque et regagner la montagne.

Et l'industriel poussa un gros soupir.

— Je comprends, reprit l'étranger en baissant la voix ;
tu as dû en effet te brouiller plus d'une fois avec la police, et tu as encore plus d'un vieux compte à régler avec
elle, je le gage.

Jeandot Perez avala un morceau de travers.

— Je suis un honnête homme ! grogna-t-il en tous-
sant.

— Bien, bien ; tu es ce que tu es... Mais quel projet t'a-
mène ici en ce moment ?

— Ah ! monsieur, dit le bohémien avec enthousiasme
en recouvrant la voix tout à coup, un projet superbe, une
idée magnifique !... Si je réussis, cette fois, ma fortune est
faite ! Mais la concurrence ! la concurrence !

— Enfin, quel est ton plan ?

— Dame ! c'est mon secret.

— Quelque coquinerie sans doute... Eh bien ! Jeandot
Perez, veux-tu te mettre à mon service pour quelques
jours ?

— Bien volontiers, monsieur ; mais... n'avez-vous pas
déjà un domestique ?

— Non, c'est un muletier que j'ai pris à Foix pour transporter mes bagages ; je l'ai congédié ce soir en arrivant
ici... Allons ! je te demande seulement quelques jours ;
puis je te laisserai tout entier à tes *spéculations* ; tu connais certainement le pays ?

— Eh ! eh ! j'ai fait aussi un peu de contrebande.

— J'en étais sûr... Ainsi, tu pourrais très bien me servir de guide sur le Montcalm ?

— Sur le Montcalm ! répéta le bohémien, dont les yeux pétillèrent de joie ; vous voulez aller sur le Montcalm ? Bonté de Dieu ! j'ai précisément affaire de ce côté.

— Alors, c'est une chose arrangée... Je te donnerai une piastre par jour, outre la nourriture, tant que tu seras à mon service, et si je suis content de toi, je doublerai la récompense.

Jeandot Perez exprima sa joie par force exclamations bizarres, force gestes et roulemens d'yeux. Cette pantomime grotesque attira l'attention des autres convives.

— Diou biban ! cria l'aubergiste d'un ton railleur de l'autre côté de la table, prenez garde à ce drôle de Geppo, monsieur le voyageur, car il m'a tout à fait la mine de vouloir vous jouer un tour de son métier... Ces bohémiens ne sont pas aimés dans notre canton depuis la fameuse histoire de la Maison-Romaine.

— La Maison-Romaine ! répéta M. Norbert d'un ton déchirant.

— Ce ne sont pas les gitanos qui ont commis le crime ! balbutia Perez, qui pâlit sous son hâle en entendant cette allusion à un événement lugubre bien connu dans l'Ariége.

— Ouais ! dit l'aubergiste, comme si les juges et les gendarmes n'avaient pas écrit sur le papier qu'une bande de scélérats de gitanos, commandés par un gredin fieffé nommé Biroben-le-Maquignon, avaient fait l'affaire... Si bien que tous se sauvèrent en Espagne, et que Biroben, depuis ce temps, n'a pas osé reparaître ici !

— Paix ! paix ! maître, interrompit Castou d'un air mystérieux en désignant Valentin, prenez garde à ce que vous dites ; il pourrait se trouver des personnes qui... des personnes que... Enfin, il vaut mieux ne pas parler de cela en ce moment.

— Tu as raison, dit l'aubergiste frappé d'une idée, je me souviens maintenant que M. Norbert était... suffit, Castou, je comprends ! Pauvre garçon ! ça t'a tout bouleversé.

Valentin, en effet, s'était brusquement levé de table et s'était retiré dans un coin du foyer alors solitaire. Il semblait vouloir se dérober à la curiosité, mais le regard obstiné de l'étranger à la moustache grise l'avait suivi.

— Perez, demanda enfin ce personnage au bohémien, connais-tu ce jeune homme ?

— N'avez-vous pas entendu dire, répliqua Perez encore troublé, qu'il s'appelle M. Valentin Norbert, et qu'il est jurat des mines de Vic-d'Essos ?

— Norbert ! répéta l'étranger en paraissant rassembler ses souvenirs ; alors ce doit être le neveu du prêtre... Mais que vient-il faire ici ?

Le bohémien cligna des yeux d'un air d'intelligence et se tourna vers son voisin de gauche : c'était précisément Castou, le jeune mineur qui avait reconnu le premier M. Valentin Norbert. Un entretien animé s'établit entre eux.

Cependant le souper s'acheva, et les convives quittèrent la table pour aller se livrer au sommeil. Alors Valentin, prenant l'hôte par la main, l'entraîna dans un angle de la salle.

— Mon ami, lui dit-il, je compte vous quitter demain matin, avant le jour ; veuillez donc régler ma dépense dès à présent. De plus, j'aurais besoin de quelques renseignemens sur le vieux berger Giuseppe, dont on a parlé ce soir devant moi.

— Giuseppe ? répliqua l'aubergiste avec étonnement. Si vous avez quelque chose à lui dire, il vous faudra aller le chercher là-haut sur le Montcalm.

— Eh bien ! j'irai.

— Hum ! c'est une entreprise que beaucoup de bourgeois ont tentée et qui n'a pas fort peu mené à bien... Du reste, je n'ai rien contre Giuseppe, quoiqu'il ait fait, dit-on, un pacte avec le diable. C'est un ancien fermier du pays, honnête, serviable, mais d'une humeur un peu sombre. Il est assez à l'aise depuis plusieurs années, cependant il s'obstine encore à conduire lui-même ses bestiaux aux pâturages des montagnes ; il passe là chaque saison, presque sans voir une figure humaine.

— Mais de quel côté se trouve sa bergerie ?

— Elle n'est pas difficile à reconnaître. De tous les pâtres du Montcalm, Giuseppe s'est établi le plus haut. Son parc et sa cabane sont situés à l'Oule-Blanche, non loin du Puits-d'Enfer, qu'habite la femme sauvage. Du pied de la montagne, l'endroit est remarquable à deux grosses roches grises qui en forment l'entrée... Diou biban ! l'Oule-Blanche se trouve précisément au-dessous de la partie du mont où se forment les avalanches. On a voulu plus d'une fois engager Giuseppe à être prudent, car il pourrait bien un beau jour rester enseveli sous la neige avec son troupeau ; mais Giuseppe est un vieil entêté, il n'agit qu'à sa guise. D'ailleurs, on croit qu'il a un charme pour prévenir un semblable malheur... Ah çà ! vous êtes donc décidé à gravir cette *pique* du Montcalm, le désespoir des chasseurs d'isards ?

— Je la gravirai avec l'aide de Dieu, et peut-être y passerai-je quelque temps.

— Quelque temps ! comme vous parlez de ça ! Mais savez-vous, monsieur, que la saison est fort avancée ? L'hiver approche, et si la tempête vous surprenait à cette hauteur...

— Giuseppe y reste bien ; son expérience pourra m'être utile. J'irai lui demander l'hospitalité.

— Mais vous serez fort mal. Dans la bergerie de Giuseppe, il n'y a ni lits, ni meubles, ni rien.

— Qu'importe ! répliqua Valentin avec une exaltation singulière, je coucherai sur le rocher s'il le faut. Mais dites-moi, mon ami, ce Puits-d'Enfer dont causait ce soir la compagnie est-il vraiment tout à fait inaccessible ?

— Miséricorde ! monsieur, vous voulez-vous aller faire là ? Sur trois côtés, le Puits-d'Enfer est entouré de rochers droits comme une muraille et de plus de deux cents pieds de haut.

— Et sur le quatrième ?

— C'est bien pis ; il y a la forêt de sapins d'une demi-lieue de large, entrecoupée de précipices, d'éboulemens encombrée de buissons et de roches... Jamais créature humaine n'a pénétré dans le Puits-d'Enfer.

— C'est que peut-être on n'a jamais essayé. Celle que vous appelez la femme sauvage ne l'habite-t-elle pas depuis longtemps ?

— La femme sauvage n'est peut-être pas une créature humaine, monsieur, car il se répand sur elle des bruits... Enfin, vous verrez quand vous y serez. Il faut tout de même avoir un bien grand désir de découvrir une mine d'or ou d'argent pour aller la chercher dans ces lieux maudits... Ensuite, me direz-vous, chacun ses affaires... Mais comment vivrez-vous sur le Montcalm ?

— C'est précisément à ce sujet que je désirais m'entendre avec vous. On doit envoyer de temps en temps à Giuseppe des provisions ?

— Oui, monsieur, tous les huit jours un de ses petits-neveux qui demeure là à l'entrée du village, lui apporte son pain.

— Ne pourriez-vous faire pour moi ce que l'on fait pour Giuseppe, en m'envoyant des vivres à l'Oule-Blanche ?

— Quoi ! vous voulez... Enfin, soit. Seulement je parierais, monsieur Norbert, que je n'aurai pas longtemps à vous fournir de vivres là-haut... Vous avez beau être du pays, quand vous aurez passé vingt-quatre heures à huit mille pieds en l'air, vous en aurez assez... Vous verrez ! vous verrez ! Souvenez-vous seulement que je vous ai averti.

Valentin annonça encore que des lettres arriveraient peut-être pour lui à l'auberge ; il pria le montagnard de les lui envoyer aussitôt par exprès sur le Montcalm ; puis ces arrangemens terminés, il gagna sa couche grossière, moins peut-être pour se livrer au repos que pour s'abandonner en liberté à ses réflexions.

Déjà la plupart des habitans de l'hôtellerie s'étaient

étendus sur des couches semblables ou sur les peaux éta-
lées par terre ; des ronflemens sonores s'élevaient de diverses parties de la salle. Quelques contrebandiers catalans, assis autour de l'âtre, causaient à demi-voix de leurs
expéditions passées ou de leurs expéditions futures. A la
lueur incertaine de la flamme du foyer, Valentin vit
l'homme à la moustache grise s'approcher à son tour de
l'aubergiste et s'entretenir avec lui chaleureusement.

II.

L'ASCENSION DU MONTCALM.

Le lendemain, au moment où les premières teintes du
jour se montraient à l'orient, Valentin Norbert sortait de
l'auberge de Suc et se dirigeait en droite ligne vers le
Montcalm. Il y avait à peine assez de lumière pour se conduire à travers ce pays accidenté, et des étoiles brillaient
toujours à la voûte bleu foncé du ciel ; cependant le jeune
homme avait été devancé par la plupart des hôtes de
l'auberge ; quelques-uns même, les contrebandiers, s'é-
taient mis en marche dès le milieu de la nuit. Mais en tra-
versant la salle où il avait couché avec tant d'autres, il
avait aperçu l'étranger à la moustache grise et le bohémien encore endormis, l'un sur un lit de paille, l'autre
tout simplement sur le plancher nu. Sans se rendre compte
de cette impression, il avait éprouvé une satisfaction secrète d'échapper aux observations de ces deux hommes,
et il respira avec délices en quittant l'enceinte fétide et
suffocante de l'hôtellerie.

Il avait fait quelques modifications à son costume pour
la pénible excursion qu'il méditait. Il s'était vêtu chaude-
ment sous sa blouse basque et avait remplacé ses gros
souliers par des espartilles de corde. L'une de ses mains
était armée de son fusil à deux coups, l'autre de son bâton
ferré ; son sac contenant ses effets et quelques provisions,
était attaché sur ses épaules. Ainsi équipé, il marchait
libre et dispos.

Bientôt il eut laissé derrière lui les bicoques du bourg
de Suc et il entra dans une contrée où les traces de culture devenaient de plus en plus rares. Un froid piquant se
faisait sentir, un de ces vents nocturnes qui soufflent dans
les vallées transversales des Pyrénées agitait le feuillage
des liéges et des châtaigniers. Un brouillard gris circu-
lait pesamment dans les basses régions de l'air ; à dix pas
en avant du voyageur, le sentier devenait invisible ; les
vallées, les gorges et les assises inférieures des montagnes
disparaissaient dans cette brume. Un profond silence régnait
autour du jeune homme ; seulement par intervalle le tin-
tement de la sonnette des troupeaux, les aboiemens de
chiens ou les cris de bergers se faisaient entendre faiblement dans le lointain.

Il marcha ainsi pendant plus d'une heure, souvent au
hasard. Le brouillard avait fini par cacher tout le paysage,
et le sentier devenait de moment en moment plus escarpé,
mais le jour croissait rapidement ; et à la blancheur phos-
phorescente des vapeurs environnantes, Valentin supposa
que leur couche était moins dense au-dessus de sa tête.
En effet, au moment où il atteignait l'extrémité d'un mamelon, premier gradin de cet immense cône qu'il allait
gravir, un changement magique s'opéra autour de lui, et
il s'arrêta frappé d'admiration.

Il aspirait un air libre et parfumé. Au-dessus de sa tête
resplendissaient de nouveau purs et sans nuages les monts
majestueux qui formaient l'enceinte de la vallée. A ses
pieds s'étendait ce brouillard épais dont il avait été enveloppé jusque-là ; on eût dit d'un vaste lac dont quelques
rochers et la pointe sur laquelle se trouvait Valentin, représentaient des îles et des îlots. L'illusion était complète:

les vapeurs unies, compactes, de couleur azurée comme
l'eau, semblaient avoir submergé le bassin verdoyant de
Vic-d'Essos. Elles ondulaient aussi comme l'eau au souffle
de la brise matinale, et elles se répandaient dans les dé-
filés, semblables à des torrens silencieux. Elles battaient
de leurs flots élastiques les bases des rocs, promontoires
bizarres qui les surmontaient. Il fallait presque un effort
de raison au jeune voyageur pour ne pas croire à une
inondation subite ; il hésitait à poursuivre sa route, qui de
l'autre côté du mamelon se plongeait dans cet océan muet
et agité.

Pendant qu'il admirait ce tableau prestigieux, la nature
sembla vouloir lui donner une idée de la puissance et de
la variété de ses effets dans les Pyrénées. Le soleil, après
avoir jeté longtemps des reflets obliques sur les hauteurs,
venait d'apparaître triomphant et superbe dans l'écartement de deux montagnes. Aussitôt les vapeurs furent bou-
leversées comme par une tempête; elles oscillèrent en
longues vagues et étincelèrent de toutes les couleurs de
l'iris ; ces légères émanations de la nuit semblaient frap-
pées de terreur et de respect à la vue de l'astre du jour.
L'harmonie se rompit ; le brouillard, comme s'il eût obéi
à l'aspiration irrésistible d'une trombe, s'éleva dans les
airs en immenses spirales, puis enfin se déchira en lambeaux qui flottèrent dans diverses directions. Un moment
Valentin ne vit plus rien ; un fragment de ce voile gigantesque l'enveloppait de nouveau, lui cachant la terre, les
montagnes et jusqu'à ce beau soleil dont il venait de contempler le réveil. Quelque chose de froid et d'humide
glissait autour de lui ; ses vêtemens se couvraient de perles brillantes comme des gouttes de rosée. Mais bientôt le
nuage s'enfuit derrière lui, et dans ce court intervalle la
scène avait changé avec la rapidité d'un décor d'o-
péra.

La vallée du Vic-d'Essos sortait verte et riante de ce
chaos ; on distinguait maintenant ses clochers, ses hautes
cheminées de forges. De toutes parts les laboureurs se
rendaient aux champs, les troupeaux aux pâturages ; les
chemins, les sentiers étaient couverts de chariots, les mulets attachés en longues files. Le village de Suc, éloigné
de plus d'une lieue, semblait, grâce à la transparence de
l'air, être encore à portée de la voix. Quant aux nuages
qui pesaient un moment auparavant sur le paysage, ils
étaient en déroute complète. Les uns se traînaient encore
dans les régions inférieures, à l'ombre des pics qui s'al-
longeait fort loin dans la plaine ; les autres continuaient
de s'élever en grises spirales vers les pics eux-mêmes ou
s'attachaient immobiles à leurs flancs ; d'autres enfin roulaient en grosses masses argentées vers les gorges profondes où ils s'engouffraient avec lenteur ; on eût dit des
bataillons d'une armée vaincue, fuyant en désordre le
champ de bataille.

Valentin, habitué aux brusques variations de l'atmosphère dans les montagnes, profita de ce moment pour
faire quelques observations importantes. Le Montcalm,
dont il venait de gravir les premiers contreforts, lui apparaissait tout entier, et il pouvait en embrasser l'ensemble d'un regard. La base était couverte de sapins qui s'élevaient environ jusqu'aux deux tiers de la hauteur ; puis
venait une zone de pâturages ; puis ce n'était plus que rocs
décharnés, glaciers, neiges éternelles jusqu'à la cime ;
cette cime elle-même semblait se perdre dans l'éther, dont
elle avait les tons bleuâtres. Le jeune voyageur n'eut pas
de peine à reconnaître la partie de la montagne où il
comptait trouver le pâtre Giuseppe, son hôte futur. Les
deux énormes roches grises qui en formaient l'entrée semblaient à cette distance plus grosses à peine que le poing,
et tranchaient vigoureusement sur la verdure un peu au-
dessus des limites de la forêt. Valentin se traça de l'œil la
route qu'il devait suivre ; puis après avoir observé attentivement certains points saillans pour lui servir au besoin
de signes de reconnaissance, il continua son chemin.

Il lui fallut une autre heure de marche pour atteindre la
lisière de la forêt. Avant de s'engager sous les noirs om-

brages de ces arbres séculaires, il fit une nouvelle halte ; les difficultés de son entreprise lui apparaissaient alors clairement. Valentin avait toujours considéré comme fort exagérés les récits des bergers et des chasseurs qui avaient tenté l'ascencion du pic; mais quand il vit suspendue sur sa tête cette imposante pyramide de granit, il commença à penser que les difficultés et les dangers dont on parlait, au lieu d'être amplifiés, restaient encore au dessous de la réalité.

Cette observation, sans refroidir son ardeur, le décida à ménager ses forces, car il sentait qu'elles allaient lui être nécessaires. Il s'assit donc sur le gazon, et tirant de son sac ses frugales provisions, il se mit à déjeuner à la hâte.

L'endroit où il se trouvait était pittoresque et délicieux; c'était une espèce de plate-forme, produite par un ressaut de terrain. Un gave, descendu des glaciers, s'engouffrait dans un ravin rocailleux; on ne le voyait pas, mais il se trahissait par son bruit continuel et par de blanches vapeurs s'exhalant à la fissure des rochers comme son haleine. Le gazon était frais, odorant, élastique; les plantes les plus belles et les plus rares s'épanouissaient de toutes parts. A côté du thym et du serpolet vulgaires se montraient les petites fleurs purpurines de la silène sans tiges, les jolies cloches bleues de la gentiane asclépiade, la blanche anémone des Alpes, les nombreuses variétés des élégantes saxifrages. Une touffe de rosage et d'azalée garantissait le voyageur contre les rayons déjà chauds du soleil levant. Le silence du désert n'était troublé que par le roulement faible et comme souterrain du ruisseau. Plus de chants de muletiers, plus de sonnettes de troupeaux; seulement par intervalles les coups secs et précipités du pivert contre les troncs vermoulus des mélèzes ou les cris rauques des oiseaux de proie, venaient éveiller l'écho de ces solitudes.

Le jeune fonctionnaire s'empressa d'expédier son modeste repas ; puis, après avoir avalé quelques gorgées d'une excellente eau-de-vie contenue dans sa gourde, il prit son fusil et son bâton pour se remettre en marche. Il se levait déjà quand deux personnes se montrèrent tout à coup à vingt pas de lui et s'avancèrent rapidement de son côté. Au premier coup d'œil il reconnut le bohémien de l'auberge et l'individu que nous avons désigné sous le nom de l'homme à la moustache grise.

Cette rencontre inattendue fit froncer le sourcil à Valentin Norbert. Il eût voulu pour beaucoup éviter ces importuns; un secret pressentiment lui disait que leur présence lui serait fatale. Mais affecter de ne pas les voir ou chercher à gagner la forêt pour se dérober à leurs yeux était impossible; d'ailleurs, pourquoi fuir devant ces inconnus? Il se décida donc à les attendre avec calme ; en un instant ils furent près de lui.

Valentin porta la main à son béret, espérant encore en être quitte pour une simple démonstration de politesse ; mais ce n'était pas le compte des importuns. Ils l'abordèrent hardiment, et pendant que le bohémien saluait d'un air respectueux, la Moustache grise s'écriait d'un ton de familiarité amicale :

— Vous avez été bien matinal, monsieur Norbert, et il nous a fallu faire de longues enjambées à travers cet infernal brouillard pour vous rejoindre. En vérité, c'était fort mal de partir ainsi seul de l'auberge sans nous informer si d'autres voyageurs ne seraient pas ravis d'entreprendre avec vous le voyage du Montcalm !

Ces paroles quasi courtoises augmentèrent encore le malaise de Valentin.

— Monsieur, répliqua-t-il d'un ton glacial, je n'ai parlé de mes projets à personne, et je ne me suis informé de ceux de personne. N'ayant pas fait d'avances, je n'étais pas en droit d'en attendre.

— C'est une erreur peut-être, dit l'étranger, déterminé à ne pas se laisser décourager par une nouvelle rebuffade; oui, monsieur Valentin Norbert, quand on occupe comme vous un poste important, conquis par le travail et le talent, quand on est chéri et respecté de toute une popula-

tion d'ouvriers, quand on a tant de titres que vous à l'estime, aux égards, à l'affection des honnêtes gens, on ne doit pas s'étonner d'être recherché avec empressement. Ceci vous explique pourquoi je n'ai pas paru m'apercevoir de vos goûts bien marqués pour la solitude, pourquoi, en apprenant que vous alliez affronter seul les dangers d'une excursion sur le Montcalm, j'ai pris la liberté de venir vous offrir ma compagnie.

Valentin rougit en recevant ces éloges à bout portant, et cette obséquiosité lui parut suspecte.

— Monsieur, reprit-il avec réserve, on vous a fort exagéré mes humbles mérites... Mais, quoi qu'il en soit de cette exagération, vous me connaissez, tandis que moi...

— Vous ne me connaissez pas ! interrompit gaîment l'étranger; en effet, j'ai cet avantage sur vous, et j'en abuserais volontiers si je n'éprouvais un désir extrême de vous exprimer d'autre sentiment que celui de la curiosité. Je me nomme Montès; je suis Espagnol et j'ai longtemps servi dans ma patrie en qualité de capitaine. Mais une vive sympathie pour la France m'a fait quitter mon pays depuis plusieurs années, et je suis retiré à Toulouse, où je vis tranquillement d'un modeste revenu. Si vous aviez fréquenté cette ville, vous sauriez que le capitaine Montès, comme on m'appelle, y jouit de quelque considération...

Valentin examinait avec étonnement ce personnage qui se présentait lui-même d'une façon si singulière. Le capitaine Montès crut qu'il hésitait.

— Allons ! monsieur Norbert, continua-t-il d'un air d'entrain et de bonhomie, mettons de côté les cérémonies... elles seraient peut-être convenables dans un salon, mais dans ce désert la cordialité et la franchise des joyeux chasseurs sont seules de saison. Puisque le hasard nous a réunis ici, dans un but commun, associons nos efforts contre cette intraitable montagne, d'abord, puis contre les ours et les chamois. Sur ma parole, vous trouverez en moi un compagnon qui ne vous fera pas défaut dans l'occasion !

Valentin éprouva un mortel embarras. Il répugnait à sa délicatesse de répondre encore par un refus aux politesses d'un homme fort honorable peut-être. D'un autre côté, il ne se souciait pas d'avouer que le projet pour lequel il venait au Montcalm ne lui permettait pas de s'adjoindre un compagnon quel qu'il fût. Pendant qu'il était dans cette perplexité, son regard tomba sur le bohémien, qui, chargé de la carabine et du sac de son maître, attendait à quelques pas, dans une attitude nonchalante, la fin de cette conversation.

Valentin avait déjà vu cet homme la veille au soir, mais, soit distraction de sa part, soit effet de l'obscurité, il n'avait pas remarqué sur cette physionomie commune les signes indélébiles de la race proscrite des gitanos. Tout à coup ses traits exprimèrent l'horreur et le mépris.

— Pardonnez-moi, capitaine Montès, dit-il avec vivacité, si je me trouve dans la nécessité de repousser votre offre. N'attribuez ce refus qu'à des circonstances... impérieuses, indépendantes de ma volonté. Cependant, je vous l'avouerai, m'eût-il été permis d'accepter votre société, la présence de cet homme qui vous accompagne eût suffi seule pour m'en détourner.

Le capitaine se montra surpris. Mais Jeandot Perez, qui jusqu'à ce moment n'avait pas paru comprendre un mot de cette conversation en français, s'écria d'un ton piteux :

— Sainte Vierge ! senor, je ne vous ai fait aucun mal ! je ne vous connais pas; je ne vous avais jamais vu avant la soirée d'hier.

— Je ne vous connais pas non plus, répliqua Valentin d'une voix sourde ; mais vous appartenez à une race de voleurs, d'assassins et de traîtres, la honte et l'effroi de l'humanité... Je ne peux voir l'un de vous sans trembler de colère, sans pleurer de douleur !

— On vous aura fait de méchans contes sur nous autres.

dit le bohémien humblement. On calomnie tant les pauvres gitanos !

Mobtès écoutait en silence. Il reprit avec empressement :

— Si je dois choisir entre vous, monsieur Norbert, et
ce malheureux vagabond que j'ai pris au hasard pour
guide et pour domestique, aucune hésitation n'est possible, et...

— Non, non, ne le renvoyez pas; peut-être ma haïne
contre cette espèce odieuse m'a-t-elle emporté trop loin...
Si vous saviez combien ce seul nom de bohémien me rappelle d'idées lugubres, d'images sanglantes, d'affreuses
terreurs !... Mais je ne voudrais pas être cause d'une injustice, même envers un individu de cette race infâme.
Gardez votre guide, et puisse-t-il vous servir fidèlement !
Quant à moi, je ne pourrais supporter plus longtemps sa
vue. Excusez-moi donc de vous quitter un peu brusquement... Adieu, monsieur, et mille grâces pour vos civi-
lités.

Il s'avança vers la forêt, laissant les deux voyageurs
stupéfaits. Impatient d'échapper à leurs obsessions, il s'engagea précipitamment dans la sapinière. Ce fut seulement
après un quart d'heure de course rapide qu'il parut ne
plus redouter d'être poursuivi; il s'arrêta donc, et s'es-
suyant le front, il chercha de nouveau à s'orienter.

D'énormes sapins formaient au-dessus de sa tête un
dôme bas et sombre. Non-seulement il ne pouvait plus
apercevoir la cime de la montagne, mais encore les
vallons et les ravins de la région intérieure avaient disparu
à ses yeux; c'était à peine si le ciel se montrait à lui par
étincelles d'un bleu éclatant à travers cette voûte continue
de feuillage noir. En poursuivant sa marche au hasard, il
s'exposait à de grands dangers et surtout à une grande
perte de temps; mais pour rien au monde il n'eût voulu
revenir en arrière, au risque de rencontrer ces hommes
qui voulaient lui imposer leur présence et leurs services.
Il résolut donc de s'en rapporter à la Providence, d'autant
plus qu'aucune erreur de route ne lui semblait possible :
il s'agissait de monter toujours. Il se mit donc à gravir la
montagne en se dirigeant, comme il le pensait, vers
l'Oule-Blanche.

A mesure qu'il avançait, la pente devenait plus ardue.
Les arbres, qui, sur la lisière de la forêt, étaient rares et
clairsemés, devenait de plus en plus serrés; quelques-
uns étaient revêtus d'une espèce de mousse parasite dont
les longs filamens blanchâtres tombaient jusqu'à terre.
Par moments l'obscurité était complète, le voyageur ne
pouvait voir les blocs de granit ou les souches contre lesquels il se heurtaient. Un morne silence régnait sous ces
lugubres abris; aucun animal, quadrupède ou volatile,
ne semblait avoir osé s'y établir; le vent lui-même ne pé-
nétrait pas dans ces branchages entrelacés et immobiles.
Une seule fois Valentin entrevit un petit oiseau; c'était un
bec-croisé qui, perché sur une branche, s'efforçait d'entr'ouvrir une pomme de pin pour en extraire la graine.

Mais cet aspect, si plein de tristesse et de désolation,
aurait eu une espèce de charme pour le jeune fonctionnaire, si des obstacles multipliés n'eussent constamment
absorbé son attention. Là une lavange, descendue des
hauteurs, avait formé une longue jetée de pierrailles, de
neige souillée, de végétaux broyés. Plus loin, une trombe avait froissé les uns contre les autres d'antiques sapins, dont les cimes brisées et pendantes le menaçaient de
leur chute. Quelquefois un rocher abrupte lui barrait le
passage, ou bien une crevasse, plaie hideuse de la montagne, s'ouvrait devant lui. A chaque instant il lui fallait
se détourner de la ligne droite pour éviter des difficultés.
Plusieurs fois même il dut revenir sur ses pas et redescendre longtemps avant de trouver un chemin au milieu
de ce chaos. A force de détours, de marches et de con-
tre-marches, il ne savait plus s'il se dirigeait encore vers
l'Oule-Blanche. Ses pieds étaient meurtris, tout son corps
ruisselait de sueur, il haletait; mais s'il s'arrêtait pour respirer, un de ces nuages qui se balançaient aux flancs de

la montagne, s'infiltrant à travers les branches entrela-
cées, venait l'envelopper d'un froid humide qui le péné-
trait jusqu'au cœur.

Au milieu de ces horribles fatigues, Valentin ne perdait ni son ardeur ni son courage. Un espoir vague le
soutenait; ne se pouvait-il pas que le hasard le conduisît
au Puits-d'Enfer, au mystérieux asile de la femme sauvage,
pour qui seule, il faut bien le dire, il avait entrepris cette
dangereuse excursion ? Il lui semblait qu'il approchait de
cette partie du Montcalm où se trouvait le Puits-d'Enfer.
Ce lieu, il est vrai, passait aux yeux des montagnards pour
être tout à fait inaccessible, mais Valentin n'ignorait pas
combien il faut se défier des rapports des Pyrénéens quand
il s'agit de localités qu'ils n'ont pas osé visiter ou qu'ils
n'ont pas eu intérêt à explorer. Il se souvenait de toutes
ces sommités réputées inabordables depuis des siècles
parmi les gens du pays et qui avaient été escaladées par
d'aventureux voyageurs venus de Paris ou de Londres. Il
ne croyait donc pas impossible de parvenir au Puits-d'Enfer à travers cette inextricable sapinière, et chaque obstacle qu'il rencontrait le confirmait davantage dans cette
pensée. Il se disait que ces ravins, ces écroulemens, ces
rochers lisses et perfides avaient dû détourner des explorateurs moins intéressés que lui au succès de l'entreprise ; il reconnaissait que le hasard l'avait servi déjà
plus d'une fois en lui faisant découvrir d'invisibles passages où il semblait impossible d'avancer d'un pas de plus.
Son opiniâtreté fébrile, sa vigueur extraordinaire, lui
avaient permis de triompher de difficultés qui eussent arrêté cent fois des pâtres indifférens ou des chasseurs be-
soigneux. A force de s'appesantir sur cette idée, il finit
par la considérer comme une probabilité, puis comme
une certitude. Souvent il tressaillait et faisait halte tout à
coup. Il avait cru voir passer une forme étrange derrière
les broussailles, un léger bruit avait frappé son oreille ;
mais il ne tardait pas à reconnaître son erreur : une branche morte était tombée d'un vieux sapin, une pierre avait
roulé sous ses pas ; bientôt tout rentrait dans le silence
et l'immobilité.

Il monta ainsi pendant trois heures, et cette infernale
forêt ne finissait pas. Pendant la dernière demi-heure, il
avait été forcé de ramper constamment sur les genoux et
sur les mains. Sa poitrine était oppressée, comme il arrive
d'ordinaire dans les hautes régions de l'atmosphère ; ses
tempes battaient avec violence ; une soif inextinguible
brûlait sa gorge, et il n'avait pour l'apaiser que l'eau-de-
vie de sa gourde, boisson peu convenable en pareille circonstance.

Enfin il crut remarquer que les arbres devenaient moins
serrés autour de lui ; bientôt en effet il reconnut à des signes certains qu'il approchait des limites de la sapinière.
Il était temps ; la force et l'énergie lui manquaient ; ses
membres meurtris et ensanglantés refusaient de se mouvoir.

A la longueur de sa marche à travers cette espèce de
forêt vierge, à l'escarpement de l'espace parcouru, Valentin croyait s'être trompé dans son évaluation de la hauteur
du Montcalm, et il s'attendait à se trouver maintenant
bien près de la cime ; aussi quel fut son étonnement quand,
arrivé à une espèce de clairière, il vit tout à coup le pic
s'élancer perpendiculairement devant lui, deux fois plus
haut que la partie qu'il venait de gravir avec tant de peine !
Un moment il pensa que l'éblouissement causé par ce cône
brillant de neige et de soleil, au sortir d'une obscurité
profonde, égarait ses sens ; mais il reconnut bientôt qu'il
n'était pas dupe d'une de ces illusions d'optique si fréquentes dans les montagnes, et qu'il lui restait bien des
efforts à faire pour atteindre le terme de son ascension.

Succombant à la fatigue et à l'épuisement, il s'était laissé
aller sur la verdure. La fraîcheur et la vivacité de l'air ne
tardèrent pas à le ranimer. Il se souleva péniblement et il
se mit à examiner l'endroit où il se trouvait.

C'était un vaste gouffre formé sans doute par l'affaisse-
ment de cette portion de la montagne, dans un de ces ef-

frayans cataclysme dont les Pyrénées présentent des traces à chaque pas. La sombre et redoutable sapinière, une chaîne non interrompue de grands rochers nus et stériles, l'entouraient d'une barrière infranchissable. Un torrent provenant du glacier, situé à un millier de pieds plus haut, formait une jolie cascade, au murmure doux et mélancolique.

Du reste, rien n'était délicieux comme ce petit vallon, tapissé de tous côtés d'herbes vigoureuses et luxuriantes. Çà et là, dans les ondulations du sol, croissaient des touffes de rhododendrons aux fleurs pourpres, des raisins d'ours aux grappes bleues, des sorbiers-des-oiseaux aux petites graines rouges. La violette biflore, la renoncule niviale, le lis des Pyrénées, le nard, exhalaient doucement leurs parfums. Les eaux de la cascade, avant de s'écouler vers la plaine par une étroite crevasse, formaient un lac en miniature d'une pureté et d'une limpidité merveilleuses. Le soleil, parvenu à son midi, caressait de ses rayons tièdes cette riante corbeille de verdure et de fleurs, posée aux flancs de ce mont superbe. Dieu semblait s'être réservé pour lui seul ce gazon vierge, ces eaux transparentes, cette cascade inconnue où la lumière se réfléchissait en rutilans arcs-en-ciel, et la présence de l'homme dans ce lieu, défendu par tant d'obstacles, était presque une profanation.

Là aussi, Valentin retrouva la nature animée. Sur ces charmantes fleurs dont les riches corolles émaillaient la terre, voltigeait le beau papillon alpestre, l'Apollon aux ailes blanches semées de larmes pourpres. Le grimpereau, ce petit oiseau farouche au plumage gris et rouge éclatant, courait sur la surface lisse des pitons. Une pétulante famille de perdrix blanches, ou lagopèdes, s'ébattait au bord du bassin, tandis qu'à une grande hauteur dans les airs, un aigle planait en poussant son cri dominateur.

Le jeune homme, après avoir payé son tribut d'admiration à cette solitude, voulut s'approcher du lac pour étancher la soif qui le dévorait depuis le matin. Mais à peine eut-il fait quelques pas qu'il resta immobile, l'œil fixe, le bras tendu.

Il venait en effet d'apercevoir une forme humaine qu'un bloc de granit lui avait cachée jusque-là. Si Valentin avait été superstitieux ou s'il n'avait pas été prévenu, il eût pu croire à une apparition surnaturelle; mais son esprit, vivement frappé d'une pensée unique, n'éprouvait aucun doute, aucune hésitation.

Un heureux hasard l'avait conduit, à travers mille dangers, au but de ses désirs; il était au Puits-d'Enfer, et la femme sauvage du Montcalm était devant lui.

Blotti derrière un saule nain, non loin du torrent, il put examiner à loisir cette singulière créature.

C'était une jeune fille, presqu'une enfant. Grande, mince et souple, ses mouvemens étaient prompts et saccadés comme ceux d'un chevreau des bois. Son vêtement consistait en une draperie bleue, d'une étoffe commune servant aux pâtres à faire leurs manteaux. Cette draperie l'enveloppait depuis la ceinture jusqu'aux genoux; ses bras, ses jambes et sa poitrine étaient nus. En revanche, son épaisse et noire chevelure tombant jusqu'à mi-jambe, lui formait un ample manteau dont elle s'enveloppait chastement. Dans cette infortunée créature, qui avait perdu tous les sentimens de la vie civilisée, un seul semblait survivre, celui de la pudeur. Du reste, ses membres, brunis par l'intempérie des saisons, endurcis par la fatigue, avaient conservé une correction étonnante. Avec sa demi-nudité, avec cette draperie coquette dans sa simplicité, avec ce manteau de cheveux noirs retenus autour du front par une liane flexible, la jeune fille du Montcalm eût été un précieux modèle pour peindre la Madeleine au désert.

Ses traits étaient beaux, mais empreints d'une sorte de rudesse; ses yeux, dont il semblait difficile de supporter l'éclat quand elle s'animait, avaient ce regard fixe et vague tour à tour, signe ordinaire d'une intelligence dérangée. L'occupation puérile qui absorbait en ce moment son attention trahissait également la faiblesse de son esprit et le désordre de ses idées.

Appuyée contre un des rochers de la cascade, ses pieds nus baignaient dans cette eau glaciale. Une de ses mains était posée en abat-jour sur son front afin de garantir ses yeux contre les rayons du soleil. De l'autre, elle tenait une branche fleurie de rosier sauvage qu'elle trempait par intervalles dans le torrent et qu'elle agitait ensuite faisant jaillir au loin des perles liquides. Quand cette rosée factice atteignait la petite famille de perdrix blanches qui s'ébattait au bord de l'eau, la jeune fille poussait un éclat de rire enfantin, dont les notes aiguës et musicales ressemblaient assez elles-mêmes au chant de certains oiseaux. Du reste les perdrix, habituées sans doute à ce jeu, ne s'en effrayaient pas; elles se contentaient de secouer leur jolie tête et leur ailes cotonneuses, quand la pluie parfumée tombait sur leur plumage. Les mouvemens de la fille sauvage étaient gracieux; sa beauté, son attitude, ses jeux candides avec ces charmans oiseaux, dans cette pittoresque solitude, formaient une scène délicieuse, pleine de fraîcheur et de poésie.

Valentin mit tout le temps d'examiner l'inconnue, et il cherchait dans sa mémoire un souvenir un peu confus pour le comparer à la réalité vivante et agissante devant lui. Il souriait, et cependant des larmes mouillaient ses yeux à contempler cette malheureuse enfant. Quant à elle, toujours occupée de ses perdrix, elle n'eût pas remarqué encore la présence d'un être de son espèce, si un mouvement involontaire de l'observateur n'eût effrayé la bande, qui s'envola avec grand bruit. Défiante et farouche comme les fugitifs eux-mêmes, la jeune fille se retourna pour connaître la cause de cette panique soudaine; alors seulement elle entrevit Valentin à travers les branchages grêles de l'arbrisseau.

D'abord elle éprouva une espèce de stupeur, suivie bientôt d'une agitation extrême. Elle jeta en arrière un regard rapide; mais toute retraite lui semblait fermée; elle était adossée à cette barrière de granit qu'un chamois lui-même n'eût osé franchir; à ses pieds était le bassin où s'engouffrait le gave; devant elle le voyageur se tenait prêt à lui barrer le passage si elle tentait de gagner la forêt.

L'habitante du Puits-d'Enfer, prise ainsi comme dans un piège, semblait méditer quelque bond prodigieux, peut-être quelque résistance impuissante. Valentin, la voyant haletante et effarouchée, n'osait ni avancer ni faire un geste.

Près d'une minute s'écoula ainsi; la jeune fille se rassura un peu. Valentin crut que des paroles amicales achèveraient de la calmer.

— Antonia! dit-il avec un accent plein de douceur, ma chère Antonia, est-ce bien vous?

Mais la voix humaine produisit sur le solitaire un effet diamétralement opposé à celui qu'il attendait. Elle tressaillit; puis, poussant un cri aigu, elle s'élança dans le lac et disparut sous l'écume de la cascade. Norbert craignit de l'avoir poussée à un acte de désespoir. Il ne put retenir à son tour un cri de terreur, et il se mit à courir vers le bassin pour lui porter secours; mais arrivé au bord, il la vit nager d'une manière bizarre et nouvelle au fond de ces eaux limpides. Au même instant, elle ressortit de l'autre côté du lac, et sans prendre le temps de secouer sa longue chevelure mouillée, elle se dirigea avec la rapidité du vent vers la forêt.

Valentin essaya de l'atteindre; mais, sur un terrain en pente et accidenté, il ne pouvait lutter de vitesse avec cette fille des montagnes; il la vit de loin s'enfoncer et se perdre dans la sapinière. Cependant il la poursuivait toujours, et, oubliant que selon toute apparence, elle ne le comprendrait pas, il s'écriait avec chaleur:

— Antonia! c'est moi... Ne me reconnaissez-vous plus?.... C'est moi, Valentin Norbert, votre ami d'enfance, votre frère... le protégé de votre bien-aimé père, de votre bonne mère... Antonia! pourquoi me fuyez-vous?

Mais ces supplications ne reçurent aucune réponse. Quand il arriva à l'endroit où il avait vu disparaître la solitaire, aucun bruit ne troublait plus le calme de ces déserts. Un moment, il suivit la trace humide que la jeune fille en fuyant avait laissée sur l'herbe : mais cette trace devenait de moins en moins distincte, et enfin elle cessa tout à fait. Néanmoins il erra longtemps dans cette portion de la forêt, où il supposait que la fugitive s'était cachée ; il fouillait les halliers, il scrutait le feuillage des sapins, en répétant d'une voix suppliante :

— Antonia ! Antonia !

Enfin, convaincu de l'inutilité de ses recherches, il remonta lentement vers le petit vallon ; un profond découragement s'était emparé de son esprit.

— Ce n'est pas elle ! murmurait-il ; non, ce ne peut pas être la douce et timide enfant que j'ai tenue tant de fois sur mes genoux... Il n'y a aucune ressemblance dans les traits, excepté dans ces grands yeux noirs qu'Antonia tenait de sa mère, la brune Espagnole. Elle eût reconnu ma voix ; elle se fût au moins rappelé son propre nom... Oui, je me serai trompé... ce n'est pas là Antonia... Antonia est morte ; il ne reste plus personne de cette chère et malheureuse famille de Villaréal !

Il revint prendre son fusil et son bâton ferré, qu'il avait laissés au bord du gave ; cependant, il ne s'éloignait pas encore.

— Et pourquoi ne serait-ce pas Antonia ? pensait-il ; l'âge, le dérangement de son intelligence, ce genre de vie inconcevable, ne doivent-ils pas l'avoir cruellement changée ? Moi même n'ai-je pas subi une transformation presque complète ? A peine adolescent au temps où je jouais avec Antonia, je suis homme aujourd'hui ; est-il surprenant que nous n'ayons pu nous reconnaître ? Elle a pris la fuite à mon approche ; et comment en serait-il autrement, quand les féroces chasseurs qu'elle a rencontrés parfois sur cette montagne l'ont traquée comme une bête fauve, et ont fait siffler leurs balles à ses oreilles ?... Que croire ? Je m'y perds... je ne sais même plus si je dois désirer de retrouver ici Antonia dans cette position misérable, ou souhaiter qu'elle soit morte comme ses pauvres parens !

Sans faire trêve à ces tristes pensées, il se mit à chercher machinalement un chemin pour continuer son voyage. Il ne fallait pas songer à revenir sur ses pas et à s'engager de nouveau dans la redoutable sapinière. Valentin était épuisé ; d'ailleurs, il ne se dissimulait pas qu'il devait à un bonheur inouï d'avoir mené à bien jusque-là une entreprise réputée inexécutable. Il ne pouvait être sûr de retrouver certains passages où il s'était glissé en rampant ; plusieurs des obstacles qu'il avait franchis avec tant de peine devaient être, par leur situation même, tout à fait infranchissables au retour. Il devenait donc absolument nécessaire de découvrir une voie directe pour gagner le sommet de la montagne,

Pendant qu'il examinait les parois perpendiculaires de cette espèce d'abîme, il aperçut au pied d'une grosse roche qui surplombait, l'entrée d'une grotte tapissée de fougères, de capillaires et d'aspleniums des Pyrénées. Il s'empressa d'y pénétrer. L'intérieur de cette grotte était assez spacieux, mais elle n'avait d'autre ouverture que l'entrée ; on eût dit de la tanière d'un ours, et il n'était pas impossible en effet, qu'il eût pour l'ouvrage de quelq'un de ces féroces animaux. A mesure même que Valentin s'habituait à la demi-obscurité qui y régnait, il apercevait des objets de nature à lui faire douter si elle ne servait pas encore de retraite à ces hôtes peu endurans. Dans un coin on voyait un énorme tas de mousse, lit certainement aussi douillet que celui où avait couché le jeune fonctionnaire la nuit précédente à l'auberge de Suc. De l'autre côté, dans une espèce d'enfoncement de la caverne, s'élevait un amas de branches de sapin. Norbert, poussé par la curiosité, écarta cette ramée. Aussitôt une grande quantité de fruits et de racine appartenant à des espèces différentes, roulèrent à ses pieds. C'étaient des faînes, des glands doux, des châtaignes, des noisettes, puis, des pommes, des poires et des cerises sauvages telles

qu'on les trouve dans les forêts ; les fruits paraissaient avoir été desséchés au soleil et on les avait enveloppés de feuilles pour les garantir de l'humidité. Outre ces provisions, il y avait encore diverses espèces de baies telles que des graines de sorbiers, des prunelles, des épines-vinettes et jusqu'à des fruits d'églantier dont la plupart, récemment cueillis, n'avaient pas atteint un degré suffisant de dessication.

L'intelligence humaine se montrait trop clairement dans ces détails pour que Valentin pût se croire plus longtemps dans le repaire d'un ours ; bientôt même il eut une preuve positive du contraire. Sur une pierre disposée en forme de siége, près de l'entrée de la grotte, il remarqua des lambeaux d'étoffe pliés avec ordre et propreté. Les yeux du jeune homme se remplirent de larmes... C'était vraiment une créature de son espèce qui habitait ce trou de rocher, qui avait réuni ces pauvres provisions : il avait découvert la demeure de la femme sauvage du Montcalm.

Rien, excepté ces débris de vêtemens, ne rappelait pourtant la vie civilisée. A quelles souffrances, à quelles horribles privations devait se résigner l'inconnue quand les effroyables tempêtes, les avalanches qui règnent pendant les deux tiers de l'année sur ces hautes montagnes l'obligeaient à rester enfermée dans ce réduit souterrain, sans feu, sans autre nourriture que ces fruits amers et repoussans ?

— Non, non, encore une fois, ce ne peut être Antonia ! disait Valentin avec désespoir ; Antonia avait été élevée dans l'abondance et la richesse ; elle fût morte avant de s'habituer à cette existence... Allons, c'était un rêve, un rêve absurde, insensé ! Celle qui a établi ici sa demeure ne peut pas être Antonia.

Néanmoins, avant de s'éloigner, il arracha quelques feuilles de scolopendre qui pendaient à la voûte, et en couvrit la pierre placée près de l'entrée de la grotte. Sur ce tapis de feuillage il déposa son pain et ses autres provisions ; puis, ouvrant son sac de voyage, il en tira une de ces longues et larges ceintures rouges dont les Catalans s'enveloppent comme les Ecossais de leurs plaids ; c'était, parmi ses effets, le seul objet qui ne lui fût pas absolument indispensable. Il plia cette ceinture avec soin et la plaça sur les retaillons d'étoffe qu'il avait trouvés dans la grotte. Ces dispositions faites, il contempla d'un air mélancolique les divers objets qu'il allait laisser à la femme sauvage.

— Humbles et chétifs présens ! dit-il d'une voix émue, et qui peut-être procureront un moment de joie à cette pauvre paria de l'intelligence !

Il soupira ; puis, après avoir promené un dernier regard autour de lui, il sortit de la grotte et se remit en marche. Sur la gauche, le mur de rochers aboutissait à un précipice effroyable dont la vue seule donnait le vertige ; il ne fallait donc pas chercher de passage de ce côté. Mais, à droite, la chaîne, s'enfonçant dans la forêt, devenait bientôt invisible ; s'il existait une brèche entre les blocs juxta posés, c'était certainement dans cette direction.

Cependant Valentin, après de longues recherches, n'avait pas trouvé la moindre solution de continuité dans le granit. Partout des surfaces polies, droites, sans une aspérité pour poser le pied, sans une touffe de gazon, sans un arbuste pour appuyer la main. Souvent même les pins et les mélèzes, en entrelaçant leur feuillage, empêchaient les approcher et de juger complétement de leurs positions. Le voyageur était déja descendu très bas et la clôture de pierre semblait s'allonger comme la forêt jusqu'à la base du Montcalm.

Pour cette fois Valentin tomba dans un abattement complet. Incapable d'avancer ou de reculer, il s'était assis sur un tronc d'arbre renversé, ne sachant plus quel parti prendre. Il ne devait compter sur aucun secours humain dans ce lieu inconnu des hommes ; il lui fallait se résigner à mourir là, à moins qu'un hasard inespéré ne le sauvât.

Pendant qu'il restait ainsi immobile et silencieux, un

frôlement se fit entendre dans les halliers à quelques pas de lui ; il retourna la tête machinalement ; un loup, au poil hérissé, sortit du buisson.

Valentin, avec l'instinct irréfléchi du chasseur, épaula son arme et tira. Le loup gronda sourdement et continua sa course ; mais il était blessé ; il laissait derrière lui une trace de sang. Le jeune homme se mit à sa poursuite, espérant trouver une occasion de lâcher son second coup sur la bête malfaisante ; mais, quand il eut tourné un obstacle qui obstruait sa marche, il n'aperçut plus rien : le loup avait disparu comme par enchantement.

Valentin se trouvait de nouveau en face des rochers maudits ; des ronces et d'autres plantes épineuses semblaient toujours en défendre l'approche. Cependant le chasseur n'hésita pas à s'engager au milieu du fourré ; il suivit la piste de l'animal blessé, jusqu'à ce qu'elle cessât tout à coup au pied de la chaîne. Alors, écartant les arbustes, il découvrit une espèce de souterrain bas et irrégulier, à l'extrémité duquel il aperçut la lumière. Aucun doute ne pouvait lui rester sur la route prise par le loup. Les traces sanglantes recommençaient à l'entrée de cette grossière galerie et se continuaient jusqu'à l'autre bout.

Norbert eut peine à retenir un cri de joie ; il avait trouvé enfin le bienheureux passage dont l'existence lui avait paru si longtemps problématique.

Dans l'immense éboulement qui, à une époque reculée, avait pressé les rochers les uns contre les autres, deux d'entre eux s'étaient soudés seulement par leur extrémité supérieure, tandis qu'un léger écartement subsistait encore entre leurs bases. L'écartement, rendu presque imperceptible par une profusion d'arbrisseaux, formait ce conduit souterrain de dix ou douze pas de longueur. Le chasseur s'empressa de le traverser et il eut la satisfaction de se trouver, à l'autre extrémité, sur une pente douce et unie, qui s'élevait sans difficultés sérieuses jusqu'à la cime du Montcalm.

— Que Dieu soit loué ! dit-il en levant les yeux au ciel avec une expression de joie profonde ; je pourrai revenir... C'est peut-être par un ordre secret de la Providence que cette pauvre créature du Puits-d'Enfer s'est rencontrée sur mon chemin et que l'existence de ce mystérieux passage m'a été révélée. Oui, quelle que soit cette fille infortunée, j'essaierai encore de la rendre au monde, aux devoirs de la vie commune... J'échouerai sans doute, car il faudrait de longs et patiens efforts pour accomplir cette tâche... N'importe ! je reviendrai !

Il examina de nouveau le lieu, afin de le reconnaître plus tard, et il continua sa route. En sortant des halliers, il retrouva le pauvre loup, qui, une jambe pendante, essayait encore de fuir. Valentin eût pu l'arrêter aisément d'un nouveau coup de fusil ; mais retenu par un sentiment de reconnaissance pour l'animal estropié qui lui avait rendu un si grand service, il l'abandonna à son sort.

Le reste de son ascension ne présenta plus que les fatigues ordinaires dans les entreprises de ce genre. Valentin traversait maintenant la région des pâturages ; les arbres ne croissaient pas à cette hauteur, et c'était à peine s'il apercevait autour de lui quelques arbrisseaux rabougris. Pendant longtemps encore, il lui fallut monter souvent en se traînant sur le ventre et en s'accrochant aux touffes de verdure. Enfin, lorsqu'il arriva, trempé de sueur, hors d'haleine, épuisé de besoin, aux deux roches grises qui formaient l'entrée de l'Oule-Blanche, le soleil était sur le point de se coucher. Depuis plus de douze heures il errait sur le Montcalm.

Néanmoins, après avoir franchi cette espèce de portique, aérien, au lieu de se réjouir à la pensée de trouver bientôt du repos, de la nourriture et un abri, toutes choses si nécessaires pour lui en ce moment, il laissa échapper une exclamation de douleur et de colère.

Il venait de voir le capitaine Montès et le bohémien Jeandot établis devant la demeure du vieux berger. Ils étaient assis sur un banc de gazon, et ils buvaient tran-

quillement du lait qu'ils puisaient dans une vaste jatte posée devant eux.

III.

L'OULE-BLANCHE.

On appelle *oules*, dans les Pyrénées, des vallées plus ou moins grandes, de forme à peu près circulaire, situées souvent à une très grande élévation. Le fameux cirque de Gavarni en est le plus remarquable exemple. Elles semblent être des bassins d'anciens lacs rompus sous l'effort des eaux qu'ils contenaient. Tel était du moins visiblement l'origine de l'Oule-Blanche, où Valentin venait d'arriver avec tant de peine. Creusée à douze ou quinze cents pieds de la crête du Montcalm, elle avait dû servir de réservoir aux eaux descendues des régions supérieures jusqu'à l'époque inconnue où la roche, rongée par l'action lente et incessante des flots, s'était partagée en deux parts. La gorge, qui avait dû être le déversoir de ce lac disparu, formait l'entrée du vallon. Son nom d'Oule-Blanche provenait de l'énorme quantité de neige qui s'y accumulait dans la mauvaise saison jusqu'à le combler.

Cependant, au moment où le voyageur franchit le portique, rien encore ne lui rappelait l'hiver dans le cirque majestueux. Il s'élevait dans le sens de la montagne, en gradins onduleux tapissés d'herbes fleuries. Des vaches rouges, blanches ou pies s'étaient éparpillées sur ce pâturage et paissaient au bruit monotone de leurs sonnettes. Quand Valentin réfléchissait aux effroyables difficultés qu'il avait eu à surmonter pour atteindre l'Oule-Blanche, il se demandait comment un troupeau entier de ces indolens et timides animaux avait pu être conduit là, malgré les rocs et les précipices.

A peu près au centre de l'Oule, on remarquait la bergerie où pasteur et troupeau se retiraient le soir. Elle consistait en un petit parc entouré d'une muraille grossière de trois ou quatre pieds de haut et en quelques constructions simples mais solides tout à fait en harmonie avec le site. La cabane du pâtre, comme l'étable des bestiaux, était bâtie en pierres sèches et recouverte en chaume qu'il fallait renouveler chaque année au printemps. De grosses cordes, appliquées sur cette légère toiture, empêchaient le vent, terrible à cette hauteur, même au milieu de l'été, de l'emporter au loin : souvent même, malgré cette précaution, le berger devait la nuit à la belle étoile quand une tempête avait dispersé dans les airs ce chaume précieux.

Au fond de la vallée, on apercevait à la clarté affaiblie d'un ciel nuageux, le patriarche de l'Oule, le chef de ce troupeau bigarré, le vieux pâtre Giuseppe. Il avait de beaux cheveux blancs qui venaient rejoindre sa barbe blanche et flottante. Debout sur un tertre de verdure, drapé dans sa cape de laine brune, appuyé sur un bâton que nous n'osons appeler une houlette, il restait dans une immobilité absolue, les yeux tantôt levés vers le ciel, tantôt baissés vers la base du mont. Il ne paraissait pas avoir remarqué la présence des inconnus qui venaient troubler sa retraite. Plongé dans un sorte d'extase, il laissait le soin du troupeau à deux énormes chiens de la belle race particulière au pays, qui parfois troublaient de leurs aboiemens sonores les échos d'alentour.

Valentin n'eut d'abord qu'une préoccupation : éviter ces deux hommes, qui, depuis la veille, s'obstinaient à suivre ses pas et à l'importuner de leur présence. Un moment la pensée lui vint de retourner à Suc ; mais le soleil se couchait, la nuit était proche ; comment redescendre la montagne dans l'obscurité ? D'ailleurs, la première impression de contrariété passée, il se demanda quels motifs sérieux il pouvait avoir de fuir désormais ces étrangers. Son entreuve avec la femme sauvage lui permettait de se relâcher un peu de sa réserve antérieure. Depuis qu'il avait à peu près reconnu l'impossibilité d'une identité entre l'habitante du Puits-d'Enfer et cette Antonia dont il lui avait donné le nom, il ne croyait plus nécessaire d'envelopper ses démarches d'un rigoureux mystère. D'un autre côté, ses préjugés contre les bohémiens en général, préjugés qui, il est vrai, tenaient à ses sentiments les plus intimes, ne pouvaient dégénérer en haine aveugle contre tous les individus de cette caste exécrée.

Valentin fit rapidement toutes ces réflexions. D'un caractère bienveillant et délicat, il éprouvait d'ailleurs un vague regret de sa vivacité du matin. De plus, si le chasseur et son guide s'étaient déjà, comme les apparences l'annonçaient, aboucbés avec le pâtre Guiseppe, pour loger à la bergerie, ce n'était pas à eux de céder la place, et Valentin pouvait avoir besoin de leur complaisance. Enfin, il se disait qu'une nuit était bientôt passée, que le lendemain, sans doute, les fâcheux partiraient de bonne heure pour aller chasser, ou pour retourner à Suc. Il résolut donc de faire, suivant une expression vulgaire, contre fortune bon cœur; et, après un mouvement d'hésitation, il aborda les étrangers avec des dispositions toutes conciliantes.

Peut-être le capitaine Montès devina-t-il ce changement et voulut-il prouver à son tour combien peu il se souvenait de la scène du matin. Il s'empressa de plonger dans la jatte de lait une coupe de bois, qu'il vint présenter obligeamment au jeune homme en lui disant d'un ton joyeux:

— Eh bien! monsieur l'ingénieur, reconnaissez-vous enfin que vous avez eu tort aujourd'hui de nous repousser sous des prétextes frivoles? Nous sommes ici depuis deux bonnes heures au moins... Mais avant de répondre, buvez ce lait; rien ne délasse et ne rafraîchit comme cette excellente boisson, après une journée de fatigue.

Ces paroles, qui témoignaient de si peu de rancune, après ce qui s'était passé, confirmèrent Valentin dans ses résolutions de sociabilité. Il remercia le capitaine d'un signe de tête, et prenant la coupe, il la vida d'un trait.

Cependant le bohémien examinait le nouveau venu d'un air stupéfait.

— Notre-Dame-d'Héas! s'écria-t-il, peut-on mettre un chrétien en pareil état?... Voyez donc, señor capitaine; ses habits sont déchirés, ses espartilles sont en lambeaux; il a les mains et le visage ensanglantés.

— En effet, dit Montès, avec l'accent d'un véritable intérêt; par où donc avez-vous passé, monsieur Norbert? A en juger sur votre extérieur, vous paraîtriez avoir voyagé non pendant un jour, mais pendant un mois dans les montagnes... Quant à nous, continua-t-il en étendant la main vers la lisière de la forêt, nous sommes venus par là, et sauf un peu de fatigue, nous n'avons pas trop souffert du voyage...

— Et moi, monsieur, répliqua Valentin en désignant un immense précipice au fond duquel on distinguait encore à travers la brume les rochers voisins de la cascade, voilà le chemin que j'ai pris; et vraiment, maintenant que je vois par où j'ai passé, je ne m'explique pas...

— De ce côté? s'écria Jeandot Perez d'un air d'incrédulité et de surprise; vous êtes venu par le Puits-d'Enfer?... Miséricorde! qui a jamais entendu parler de pareille chose? Guiseppe lui-même ne voudra pas y croire!

Valentin se détourna comme s'il eût dédaigné de répondre au gitano.

— Quel effroyable abîme! reprit Montès en contemplant le précipice. Mais, pardieu! n'est-ce pas ce canton qu'habite, dit-on, la femme sauvage du Montcalm?

— Oui, señor capitaine.

— Monsieur Norbert, qui vient de traverser ce triste lieu, pourrait peut-être nous renseigner à ce sujet? demanda Montès avec intention.

Mais Valentin ne parut pas avoir entendu cette question.

— Voilà un gîte assez peu attrayant, dit-il, en indiquant la bergerie; il faut bien aimer la chasse, capitaine Montès,

pour affronter, ne fût-ce qu'une nuit, une pareille hospitalité.

— Je l'affronterai probablement plus d'une nuit, monsieur Norbert.

— Plus d'une nuit! répéta le jeune homme avec un désappointement qu'il ne put cacher tout à fait; il serait néanmoins imprudent, m'a-t-on dit, de séjourner longtemps ici dans cette saison avancée...

— C'est une imprudence dont vous paraissez disposé à vous rendre coupable aussi bien que moi, répondit Montès en souriant; mais voyons, monsieur Norbert, continua-t-il d'un ton de bonhomie, jetons jeu sur table... Vous êtes venu au Montcalm dans un but que vous ne vous souciez de laisser pénétrer à personne, et vous avez vu d'un mauvais œil un chasseur inoffensif qui, dans son ignorance, s'était jeté tout d'abord à votre tête, espérant trouver en vous un compagnon de plaisir... Eh bien, monsieur Norbert, si nous devons habiter le même toit pendant quelques jours, expliquons-nous dès à présent, sans réticence. Je n'ai ni le loisir ni la volonté de pénétrer vos secrets; je saurai les respecter. Vous pourrez aller et venir; je ne songerai pas un instant à gêner vos démarches, pas plus que je ne désire être gêné dans les miennes. Je ne vous importunerai jamais de questions, quoi que vous fassiez. Seulement le soir, quand nous reviendrons au pauvre logis de Giuseppe, peut-être chacun de nous ne sera-t-il pas fâché de trouver quelqu'un de prêt à l'assister au besoin. Voyons, monsieur Norbert, ce petit traité de paix et d'alliance est-il de votre goût?

Cette explication nette acheva de détruire les préventions de Valentin.

— Vous avez touché juste en partie, capitaine Montès, répondit-il avec mélancolie; j'avais en effet, en venant au Montcalm des projets qui me paraissaient exiger une extrême réserve; mais depuis quelques heures tout est bien changé; mes illusions sont détruites, mes espérances renversées; les précautions deviennent inutiles. Je devrais peut-être retourner immédiatement à Vic-d'Essos; un scrupule de conscience seul me retiendra ici un peu de temps encore.

— En vérité, monsieur, vous m'étonnez... Quel événement a pu se passer ici pour changer à ce point...

— Capitaine Montès, interrompit Valentin d'un ton enjoué, vous contreveniez déjà au traité de paix que vous avez proposé vous-même... Hâtons-nous donc de le conclure, afin que vous ne soyez plus tenté de l'enfreindre.

En même temps, il tendit la main à son nouvel ami, qui la serra avec empressement.

— A la bonne heure, donc! dit le chasseur d'un air satisfait; nous devions finir par nous entendre. Quoique vous soyez un peu défiant, monsieur Norbert, je vous savais franc et loyal, car s'il faut l'avouer, j'ai beaucoup questionné sur votre compte, là-bas, à l'auberge de Suc... Mais, maintenant que nous sommes alliés, il faut nous assurer d'un gîte, car la nuit approche et le vieux Giuseppe ne se montre guère hospitalier.

— Que voulez-vous dire? demanda Valentin avec étonnement; n'avez-vous pas déjà parlé à ce brave homme? Ne vous êtes-vous pas assuré si votre présence dans sa bergerie lui agréerait?

— Eh! l'avons-nous pu?... Lorsque nous sommes arrivés il y a deux heures à l'Oule-Blanche, exténués et mourants de soif, ce vieux fou était exactement dans la position où vous le voyez en ce moment, regardant je ne sais quoi dans l'espace... Nous l'avons appelé; il n'a pas eu l'air de nous entendre. Nous avons voulu approcher de lui; ses deux énormes chiens se sont mis à grincer des dents et à rugir d'une manière menaçante; il a fallu battre en retraite. Nous lui avons crié de contenir ses chiens; il n'a pas donné signe de vie... En vérité, si le froid était plus intense, je croirais que le pauvre diable est gelé sur place.

— C'est étrange! mais alors comment cette jatte de lait...

— Elle était tout simplement là devant la porte. Ne pouvant obtenir de réponse de Giuseppe, nous avons pris la liberté de disposer de son bien... Vous avez dû juger par vous-même combien cette nécessité était impérieuse, après l'ascension du Montcalm

— L'impassibilité de ce vieillard est vraiment inconcevable; il a dû nous voir et je me demande quelle pensée peut l'occuper ainsi.

— Bah! connaissez-vous si peu ces pâtres à demi sauvages? Je gagerais que celui-ci ne pense à rien du tout.

— Si vous voulez bien le permettre, mes bons messieurs, dit timidement le bohémien Jeandot Perez, on assure que Giuseppe est sorcier et qu'il a la *double-vue*... quand il est dans un de ces accès, il ne bouge pas plus qu'une pierre, il ne voit ni n'entend : puis l'accès passé, il annonce des choses merveilleuses qui arrivent infailliblement... Ah! si l'on savait tirer parti d'un talent comme celui-là, on gagnerait bien des gros sous dans les foires!

Et Jeandot poussa un soupir. Valentin s'était détourné dès que le bohémien avait ouvert la bouche.

— La double-vue? répéta le capitaine en ricanant; ce pauvre diable n'a plus même une vue ordinaire, ou du moins elle lui est bien inutile... Mais essayons encore si nous pourrons le tirer de cet engourdissement... Venez, monsieur Norbert, la brise est glaciale, et il ne fait pas bon se trouver sur ce plateau sans abri.

Le soleil, en effet, avait entièrement disparu sous de grands nuages qui formaient eux-mêmes comme une chaîne de montagnes fantastiques, derrière les montagnes vertes et hardiment accusées des premiers plans. C'était à peine si, à la lueur fauve du crépuscule, on pouvait encore distinguer les bestiaux disséminés dans la vaste et solitaire enceinte de l'Oule-Blanche.

Au moment où les voyageurs allaient accoster Giuseppe, le singulier vieillard sortit enfin de son insensibilité. Il se redressa et tira d'une corne de bœuf suspendue à son côté quelques sons rauques et lugubres. Aussitôt, les bœufs cessèrent de paître et se réunirent avec lenteur; les chiens partirent au galop et se mirent à aboyer pour activer leur paresse. Giuseppe, comme s'il eût compté sur l'instinct de ces animaux, ne parut plus s'occuper de son troupeau et marcha vers sa demeure.

A mesure qu'il approchait, les étrangers ne pouvaient s'empêcher d'admirer sa belle et grave figure, sa contenance fière et solennelle. Enveloppé dans son manteau de couleur foncée, sur lequel ressortaient ses cheveux blancs et sa barbe blanche, coiffé du grand bonnet montagnard retombant sur l'épaule, il s'avançait d'un pas ferme et majestueux, cadencé par les mouvements de son long bâton ferré. L'étincelle qui, de loin eh loin, jaillissait de ses yeux ronds, enfoncés, aux épais sourcils, ajoutait encore au caractère imposant de ses traits.

Norbert et le capitaine Montès le saluèrent avec déférence. Giuseppe, s'arrêta brusquement et les regarda en face.

— Il y a parmi vous un pêcheur! dit-il d'une voix chevrotante qui s'alliaient la tristesse et la sévérité; il y a parmi vous un coupable dont la présence peut attirer malheur sur tous. J'ai rêvé que des mains sanglantes s'étendaient vers moi et que je voyais un méchant entrer dans ma cabane.

Les voyageurs restèrent interdits.

— Eh bien! que vous disais-je? murmura le bohémien à l'oreille de son maître; ah! s'il voulait s'entendre avec moi...

Le capitaine avait été frappé plus que tous les autres de cette étrange allocution; cependant il se remit aussitôt.

— Nous sommes tous pêcheurs, père Giuseppe, dit-il avec une douceur ironique; quant au reste, en notre qualité de chasseurs, il ne serait pas étonnant que quelqu'un de nous eût des taches de sang aux doigts...

— C'était du sang de chrétien, dit le vieillard d'une voix creuse.

Montès se tut. Giuseppe branla la tête et remua les lèvres comme s'il eût prononcé des paroles qu'on n'entendait pas; puis il se retourna vers les deux autres voyageurs. Le bohémien Jeandot obtint à peine de lui un regard froid où perçait le mépris; mais il examina longtemps Valentin Norbert; l'expression sévère de son visage s'effaça graduellement.

— J'ai rêvé encore, dit-il lentement, que je voyais entrer dans la bergerie un grand jeune homme mince, aux cheveux blonds et aux yeux bleus... Il avait à ses épaules de petites ailes d'or, et c'était un ange du bon Dieu!

— Tournez-vous bien vite, monsieur Norbert, s'écria Montès d'un ton goguenard; vous êtes blond et mince: il s'agit de voir si par-dessous ce vilain sac de peau de vache vous n'avez pas une paire d'ailerons dorés... Ma foi! si vous êtes l'ange et moi le diable, je doute fort que nous puissions vivre longtemps en bonne harmonie sous le même toit...

Valentin, en écoutant les paroles obscures et emphatiques du vieux pâtre, se demandait si cet accueil bizarre était le résultat d'un caractère aigri, d'une intelligence dérangée, ou si en effet l'habitude de la solitude avait développé chez Giuseppe quelques-unes de ces facultés mystérieuses que la science n'ose nier, sans pouvoir ni les comprendre ni les expliquer. Mais remettant à un autre temps d'approfondir cette question, il dit au vieillard :

— Ne vous offensez pas de ces innocentes plaisanteries, bon père Giuseppe. Nous sommes venus chasser sur le Montcalm, et nous vous demandons l'hospitalité dans votre bergerie, comme vous l'avez accordée souvent sans doute à d'autres chasseurs. Nous espérons ne pas vous gêner beaucoup. Nous nous accommoderons fort bien d'un lit de paille et de feuilles sèches. Quant à la nourriture, ajouta-t-il en regardant le capitaine, nous y avons tous pourvu, je pense.

— Vous pouvez l'affirmer avec assurance, répliqua Montès. J'ai donné des ordres à l'aubergiste de Suc, comme vous l'avez donné les vôtres; demain dans la matinée on viendra approvisionner notre garde-manger... Vous aurez rarement vu à l'Oule-Blanche, père Giuseppe, des repas aussi solides que ceux dont nous vous régalerons, sans compter qu'à notre départ vous pourrez faire sonner dans vos poches plus d'un écu.

Ces promesses, si séduisantes pour le commun des paysans pyrénéens, ne produisirent aucun effet sur le vieux berger. Les yeux baissés, immobile, il murmurait toujours des mots inintelligibles.

— Eh bien! mon bon père, demanda Valentin, consentez-vous à nous recevoir?

Giuseppe releva la tête.

— Mais si le pêcheur dont la main est ensanglantée, reprit-il, attirait sur ce pauvre toit le châtiment de Dieu? Nous sommes ici, messieurs, dans cette partie de la montagne où se forment la foudre et les orages; il faut être en état de grâce pour y séjourner, ne fût-ce qu'un jour, ne fût-ce qu'une heure... D'une minute à l'autre, le tonnerre et l'avalanche peuvent écraser ou engloutir l'impie. Malheur à qui se trouvera près de lui!

— Giuseppe, reprit Valentin sans s'impatienter de ces étonnantes objections, vous ne pouvez offenser Dieu et attirer sur vous sa colère en accordant l'hospitalité à de pauvres chasseurs sans abri. Si vous nous repoussiez par la nuit froide et peut-être orageuse qui se prépare, vous nous exposeriez à périr.

— Hum! grommela Montès tout bas, comme nous nous gênerions beaucoup pour nous installer dans la bergerie malgré ce vieux fou!

Le pâtre parut frappé du raisonnement de Valentin.

— Vous avez bien parlé, mon enfant, répondit-il d'un air de réflexion; venez donc tous... la vierge d'Atocha reconnaîtra les siens!

Déjà les vaches, sous la conduite des chiens exercés à ce manège, étaient rentrées dans l'étable. Au moment de soulever le loquet de bois, Giuseppe s'arrêta pour regarder la jatte de lait dans laquelle avaient bu les voyageurs. Le lait était subitement et complètement gâté.

— Voyez-vous? dit le vieillard avec un sourire amer, les

lèvres d'un méchant se sont approchées de ce lait et il a tourné aussitôt... Fassent la Vierge et Saint-Michel que la pauvre bête qui l'a fourni n'ait pas aussi sa part du maléfice !

Il se signa, puis il renversa du pied la jatte, de peur que les chiens ne fussent tentés de boire cette liqueur maudite, et il introduisit les étrangers dans la loge.

Guiseppe s'empressa de fermer le volet de bois qui protégeait l'unique fenêtre de la cabane contre la brise du soir. Puis il alluma la chandelle de résine qu'il avait faite lui-même d'un bout de corde trempé dans le suc d'un sapin, et il éclaira l'intérieur de son habitation. Elle était pauvre, comme on devait s'y attendre ; une espèce de grand coffre, formé de planches raboteuses, en était le seul meuble important. Des herbes sèches servaient de lit sur la terre nue. Dans un coin on apercevait quelques bâtons ferrés, un petit filet à prendre des truites et un mauvais fusil avec lequel le vieillard tirait sur les loups qui venaient fréquemment la nuit livrer assaut à la bergerie.

Pendant que ses hôtes se débarrassaient de leurs bagages, Guiseppe reprit avec une simplicité fort différente de son emphase habituelle :

— Ma maison offre bien peu de ressources, messieurs, pour recevoir convenablement des bourgeois comme vous; mais vous ne vous attendiez pas sans doute à trouver ici le bien-être auquel vous êtes habitués. Voici où vous coucherez, ajouta-t-il en désignant la paille et la fougère étendues sur le sol à peine nivelé de la cabane ; quant à votre souper, je vais vous offrir ce que j'ai.

Il tira du coffre une terrine de petit-lait aigre, propre à servir de boisson, un pain noir et dur, du beurre et du fromage qu'il fabriquait lui-même. Il posa le tout sur la tablette du coffre et il invita du geste ses hôtes à s'approcher.

— Vraiment, mon cher papa, dit Montès en souriant à la vue de ces chétives provisions, vos repas ne sont ni somptueux ni variés. Peste ! vous ne vous faites pas un dieu de votre ventre, à ce qu'il me semble ?

Le vieillard garda un silence digne.

— Un peu de pain et de lait donnés de bon cœur valent mieux qu'un repas délicat offert à regret, dit Valentin avec la même bienveillance.

— Heureusement, reprit Montès en ouvrant son carnier, nous n'en serons pas réduits, en attendant l'effet des promesses de l'aubergiste de Suc, au maigre ordinaire de notre hôte. Allez, allez, je suis un homme de précaution.

Il exhiba avec complaisance quelques viandes froides et une peau de bouc encore à moitié pleine d'un vin généreux ; puis il invita Valentin et le vieux berger à prendre leur part de ce souper fort confortable, vu la circonstance. Guiseppe remercia d'un signe de tête et sortit pour aller jeter un coup d'œil sur ses bêtes dans l'étable voisine. Au bout d'un moment il rentra avec les deux chiens dont nous avons parlé ; il leur donna à chacun un morceau de son pain, en coupa un plus modeste pour lui-même, puis il renvoya ses fidèles gardiens sans vouloir accepter ni pour eux ni pour lui la moindre chose de l'étranger.

Valentin, nous devons le dire, ne montra pas les mêmes scrupules ; il était jeune, robuste, la nature réclamait énergiquement ses droits. Aussi, mangeait-il avec appétit, excité du reste par le capitaine Montès, qui, tout en lui faisant, avec une politesse cordiale, les honneurs de ses provisions, prêchait fort bien l'exemple. Le bohémien, placé derrière son maître, l'était avec un grand bruit de mâchoires les reliefs abondans que Montès lui faisait passer.

Il y eut un moment de silence pendant lequel on n'entendit que le sifflement du vent autour de la bergerie. Guiseppe, après avoir expédié son frugal souper, s'était retiré à l'écart. Valentin, pour faire diversion aux phrases banales qu'il échangeait avec Montès, demanda au vieillard d'un air d'intérêt :

— Votre vie doit être bien triste ici, bon père Guiseppe ?

— Je ne m'en plains pas, répondit laconiquement le pâtre.

— Etes-vous donc seul sur la montagne ?

— Absolument seul ; les autres bergers sont retournés à leurs villages depuis quinze jours, de peur d'être surpris par les neiges d'automne.

— Et ne craignez-vous rien pour votre troupeau ? On dit que l'Oule-Blanche est particulièrement exposée aux avalanches.

— C'est vrai... et ceux qui ont affaire sur le Montcalm doivent se hâter de mettre les instans à profit. L'hiver maintenant ne se fera pas longtemps attendre.

— S'il en est ainsi, pourquoi n'avez-vous pas regagné la plaine ?

— Mon sort est entre les mains de Notre-Seigneur Jésus-Christ... mais quand il y aura du danger, *mes rêves* me le montreront.

— Vos rêves ?

Encore une fois, Valentin ne savait plus que penser. Guiseppe parlait avec une assurance et une naïveté tout à fait invraisemblables.

— Ne pouvez-vous donc vous habituer à regarder notre hôte comme un prophète ? dit Montès en plaisantant ; Guiseppe ne nous a pourtant pas caché ses talens : au premier abord il nous a reconnus, vous pour un ange, moi pour un diable... Eh bien ! vieux Guiseppe, continua-t-il en se tournant vers le pâtre, instruit comme vous l'êtes du passé et de l'avenir, vous pouvez mieux que personne nous dire ce que nous devons penser d'une de vos voisines, de la femme sauvage du Montcalm.

A cette question si directe, Valentin se redressa vivement. Le vieillard répondit avec simplicité :

— *Mes rêves* ne m'ont jamais montré la femme sauvage.

— Cependant, demanda Valentin, vous la voyez souvent sans doute ?

— Oui ; elle passe assez fréquemment près de moi, et elle s'arrête, car je ne lui fais pas peur comme les autres hommes.

— Bah ! père Guiseppe, dit Montès en riant, vous l'avez donc ensorcelée, hein ?

— De temps en temps je laisse sur son passage un peu de pain, des fruits ou même quelques morceaux d'étoffe que je vais lui apporter du village... Elle est reconnaissante pour si peu !

— Bien, bien, Guiseppe ! s'écria Valentin avec chaleur ; seul jusqu'ici vous avez eu un peu de pitié pour cette malheureuse créature que tout le monde fuit, que tout le monde persécute..... Dieu vous récompensera de ce bon sentiment !

— Sur ma parole, monsieur Norbert, dit le capitaine avec étonnement, vous connaissez cette femme ?

— Je croyais en effet, il y a quelques heures, connaître le nom et l'histoire de cette infortunée, je ne m'en défends plus, répliqua Valentin en soupirant; mais à présent je suis sûr de m'être trompé.

— Vous l'avez donc vue, monsieur Norbert?

— Je l'ai vue.

Montès et le bohémien firent un geste de surprise.

— L'existence de cette merveille n'est donc pas un conte? demanda le capitaine.

— C'est une réalité, monsieur, c'est une douloureuse réalité...

— Est-il possible ! De grâce, monsieur Norbert, racontez-nous les circonstances de votre entrevue avec cette étonnante personne.

— Je ne puis rien ajouter à ce que l'on vous a dit d'elle à Suc, sinon que, malgré l'état de dégradation où elle est tombée, elle mérite le respect et la pitié.

— Monsieur Norbert, demanda le capitaine pensif, n'est-ce pas à cause de cette femme que vous êtes venu à Montcalm ?

— Je ne le nierai plus, monsieur.

— Ainsi cette histoire de mines d'or et d'argent...

Valentin sourit,

— Peut-on empêcher les suppositions ridicules ? Mais je vois, capitaine Montès, que j'ai vivement piqué votre curiosité... J'en ai trop dit, pour qu'il me soit permis de vous taire plus longtemps les causes de ma présence ici, causes qui se rattachent à l'histoire de toute ma vie. Si donc vous n'étiez pas trop fatigué pour écouter les confidences d'un étranger...

— Je passerais au contraire la nuit à vous entendre, monsieur Norbert, s'écria Montès avec chaleur ; oui, quand même une avalanche de neige serait suspendue au-dessus de nos têtes !

Il ordonna à Jeandot Perez de prendre place sur le lit de Giuseppe, qui, enveloppé dans sa cape, dormait déjà d'un profond sommeil. Le bohémien avait écouté la conversation précédente avec une attention extrême, et il semblait désirer ardemment d'adresser à son tour quelques questions à Valentin ; il obéit à son maître, mais non sans une visible répugnance, et il alla se coucher à l'extrémité de la cabane. Cinq minutes après, on jugea à son immobilité et à ses ronflemens qu'il s'était aussi endormi. Alors Montès disposa les sacs de voyage en face l'un de l'autre, de manière à former des sièges commodes ; il posa par terre la bougie de résine, les tasses de cuir et le broc de vin ; puis, faisant signe à Valentin de s'asseoir, il se mit à rouler des cigarettes avec une dextérité qui trahissait un Espagnol.

— Ceci ne vaut guère mieux qu'un bivouac, monsieur Norbert, dit il gaîment en offrant au jeune homme une cigarette que celui-ci refusa, mais à la guerre comme à la guerre.... Eh bien ! maintenant nous pouvons causer. Parlez donc, mon jeune ami. A la première vue, j'ai ressenti pour vous un intérêt, une sympathie, que je voudrais voir se changer en amitié durable.

— Je vous remercie de ces sentimens, capitaine, répliqua Valentin avec effusion ; ils m'encouragent à mettre toute ma confiance en vous.

IV.

LA MAISON-ROMAINE.

« Vous savez sans doute, reprit Norbert en recueillant ses souvenirs, que je suis enfant de ce pays. Je suis né au petit village de Gonac, à quelques lieues de Foix. Mon père, ancien officier du régiment de Navarre, servit avec honneur sous la république, et fut tué à l'armée d'Italie. Ma mère, inconsolable, lui survécut de quelques mois seulement. Je restai orphelin et sans fortune. Heureusement Dieu avait mis près de moi un second père, dans la personne d'un oncle à qui je dois tout ce que je suis.

» Cet oncle, quoique prêtre, n'avait pas voulu émigrer en 93, et il s'était tenu caché à Gonac pendant les plus mauvais jours de la terreur. Le nom de mon père, alors sous les drapeaux, lui avait servi de sauvegarde, et il avait passé cette époque de troubles dans une retraite profonde, occupé seulement du soin de mon éducation. Lors du double malheur qui me frappa coup sur coup, le premier consul venait de réorganiser le culte catholique, et l'abbé Norbert avait été réintégré dans son ancien poste de curé du village que nous habitions. Mon digne oncle me recueillit, moi, pauvre orphelin, et il commença envers moi cette œuvre d'affection et de dévouement qui s'est continuée depuis.

» Cependant, mon bienfaiteur était pauvre ; en m'adoptant, il avait plus consulté son bon cœur que ses ressources. Il m'avait bien enseigné les connaissances qui sont la base d'une éducation soignée ; mais j'avais douze ans, il était temps de songer à mon avenir, et de s'imposer des sacrifices pécuniaires pour me mettre en état d'occuper un emploi honorable dans le monde. Or, que pouvait faire un prêtre de campagne, vivant au jour le jour, et retranchant déjà sur son nécessaire la dîme du pauvre ?

L'excellent homme se lamentait, et sa généreuse ambition pour moi lui faisait concevoir les projets les plus inexécutables.

» J'avais cette précocité que donnent le malheur et l'isolement ; je devinai les embarras de mon oncle. Je lui parlai sérieusement de me faire berger ou laboureur ; je voulus renoncer aux bienfaits de cette éducation dont pourtant je sentais déjà le prix. L'abbé Norbert m'assura que je me trompais et me tança sévèrement de ma pénétration. Il m'ordonna de m'en rapporter désormais à lui seul du soin de mon sort, et il finit par m'assurer qu'avant peu, il trouverait moyen de surmonter toutes les difficultés.

» Je n'ignorais pas quelle était sa pensée. En invoquant les services de mon père, mort pour l'Etat, il avait sollicité auprès du gouvernement une bourse pour moi au lycée de Foix. Cette demande avait peu de chances d'être accueillie ; cependant l'excellent prêtre s'y rattachait comme à une suprême espérance. Je lui promis une entière soumission ; mais je résolus en secret d'être attentif, et, si la chance tournait contre moi, de m'enfuir pour aller chercher loin de mon bienfaiteur du travail et du pain.

» La réponse attendue arriva enfin, et, comme il n'avait pas été difficile de le prévoir, elle était négative. L'abbé Norbert ne me dit rien ; la consternation profonde empreinte sur ses traits m'apprit seule qu'aucune illusion n'était plus possible désormais. Mon parti était pris ; je voulus quitter sur-le-champ le presbytère. Mais au moment de me séparer de mon seul parent, de l'embrasser peut-être pour la dernière fois, je n'eus pas le courage de lui avouer mon projet. Cette fâcheuse nouvelle l'avait comme foudroyé ; depuis plus d'une heure elle était arrivée, et il tenait encore à la main la lettre fatale. Enfin, il se leva lentement, mit le papier dans sa poche, prit sa canne et son chapeau, et sortant de la maison, il se dirigea vers la campagne.

» A quoi tient la destinée ? si j'eusse accompli mon projet précipité, Dieu sait dans quelle voie funeste et inconnue je me serais trouvé lancé, au lieu de la voie droite et régulière où je suis engagé aujourd'hui. Heureusement la réflexion modifia ma détermination ; je résolus de ne partir que la nuit suivante et de passer encore cette soirée près de l'abbé Norbert.

» Assis sur un banc de pierre, à la porte de la maison, je pleurais en songeant au bonheur calme que j'allais quitter, quand tout à coup, à l'extrémité d'un sentier, j'aperçus mon oncle. Il revenait au presbytère ; son pas était rapide, son visage animé. En me reconnaissant de loin, il me fit des signes empressés et me montra le ciel pour m'annoncer une grande et heureuse nouvelle.

» Je me levai, ne sachant que penser. Mon oncle me serra dans ses bras avec une joie frénétique.

» — Valentin ! mon cher Valentin, me dit-il d'une voix entrecoupée, la protection divine se manifeste pour toi... Tous tes vœux sont comblés. Prépare-toi à aller au lycée de Foix continuer tes études.

» Je ne pouvais en croire mes oreilles.

» — Quoi ! m'écriai-je, la lettre que vous avez reçue ce matin ne vous annonçait donc pas...

» — Elle t'annonçait que la bourse demandée pour toi avait été donnée à un autre. J'étais désespéré, mais un ami incomparable a réparé envers nous l'injustice des hommes... Viens, mon enfant, ajouta-t-il en me saisissant par la main ; je suis accouru pour te chercher. Viens donc remercier ton bienfaiteur !

» Et il voulait m'entraîner.

» — Mon oncle ! m'écriai-je, vivement ému, de grâce, ne me cachez rien. A qui devrai-je un service aussi grand ?

» — Eh ! qui serait-ce, sinon notre bon voisin le chevalier Fernand de Villaréal ?

» Je remerciai le ciel du fond de mon âme en entendant ce nom. Dans ma fière pauvreté, M. de Villaréal était, après mon oncle, le seul homme au monde envers qui je fusse disposé à contracter sans rougir une pareille dette de reconnaissance. Je suivis donc l'abbé Norbert.

» Mais avant de poursuivre, il est nécessaire de vous donner quelques détails sur cet ami généreux qui venait ainsi à notre secours.

» Il y a, à quelque distance de Gonac, au pied des montagnes, une maison isolée, de construction singulière, que ,les uns attribuent aux Romains, les autres aux Maures, et dont en réalité l'origine est à peu près inconnue. Cette habitation, devenue si célèbre plus tard à la suite d'un événement tragique auquel j'ai pris une funeste part, s'appelle la Maison-Romaine. Elle formait autrefois, avec de vastes dépendances en terres et en forêts, un fief noble appartenant à une grande famille du comté de Foix ; mais les anciens maîtres ayant été dépossédés pendant la révolution, la propriété avait été vendue au chevalier de Villaréal, riche gentilhomme espagnol qui s'y était établi avec sa femme et ses enfans. On ignorait absolument pour quelles causes M. de Villaréal était venu se cacher dans cette solitude ; mais il faisait du bien dans tout le pays ; ses manières et celles des personnes de sa famille étaient douces, bienveillantes ; on ne songea pas à interpréter contre lui le mystère dont il semblait vouloir s'envelopper. D'ailleurs le chevalier était jeune encore ; sa femme, âgée d'environ vingt-cinq ans, brillait de tout l'éclat de la beauté ; de charmans enfans étaient nés de leur union, qui semblait toujours avoir été heureuse. Peut-être la seule raison de l'isolement de cette famille était-elle dans le désir de vivre obscur et ignoré loin des troubles qui alors agitaient la France et l'Espagne.

» L'abbé Norbert avait été admis sur le pied de l'intimité dans cette maison où s'étaient conservées intactes les pieuses traditions des anciennes familles espagnoles. Moi-même plusieurs fois j'avais accompagné mon oncle à la Maison-Romaine, et j'y avais été accueilli avec cette grâce touchante, cette simplicité cordiale qui donnent du prix aux moindres paroles. Je m'étais lié d'amitié avec les jeunes fils de M. Villaréal, et, quoiqu'ils fussent moins âgés que moi, nous étions compagnons de jeux ; la bonne et naïve égalité de l'enfance effaçait la différence des conditions et des fortunes entre les petits patriciens et le neveu d'un pauvre curé campagnard.

» C'était au chevalier que mon oncle était allé demander conseil après la réception de la fâcheuse lettre, et il l'avait trouvé dans le paroxysme de la joie d'une récente paternité. Madame de Villaréal, déjà mère de deux garçons, dont l'aîné avait sept ou huit ans, venait de combler les vœux de son mari en donnant le jour à une fille. Quand l'abbé Norbert était arrivé, le chevalier avait laissé éclater ses transports à l'occasion de cet heureux événement ; mais, remarquant bientôt la tristesse de mon oncle, il lui en avait demandé les motifs de la manière la plus pressante. Le bon curé ne savait pas dissimuler ; il avait raconté ses mortels embarras à mon sujet.

» M. de Villaréal, après avoir réfléchi un moment, lui dit d'un ton attendri :

» — Le sort de votre neveu me touche vivement, mon cher curé : ce serait en effet un grand malheur si ce pauvre enfant, qui annonce de l'intelligence et de la bonne volonté, était forcé d'interrompre ses études faute de moyens. Eh bien ! ma foi, mon affection pour vous est de beaucoup plus forte que ma vanité, et il faut aujourd'hui que cette affection porte ses fruits... Écoutez-moi donc ! je peux disposer d'un peu de mon superflu suivant mon cœur. J'ai en réserve une somme assez ronde dont je comptais employer une partie en fêtes et surtout en bonnes œuvres, pour appeler les bénédictions du ciel sur l'enfant qui vient de me naître ; je changerai la destination de cet argent. Ma fille sera baptisée sans pompe et sans faste ; nos chers voisins se passeront de cadeaux et de dîners... Je placerai chez un banquier de Foix la somme que tout cela m'eût coûté ; en y ajoutant quelques économies personnelles, je compléterai la somme nécessaire pour payer annuellement la pension de votre neveu au lycée de Foix, jusqu'à la fin de son éducation... Allons !

voilà qui est convenu, et ma bonne Maria va être enchantée de cet arrangement.

» Mon oncle s'était jeté au cou de M. de Villaréal, l'avait embrassé avec effusion, puis il avait couru me chercher.

» L'abbé Norbert me donna tous ces détails pendant que nous nous rendions à la Maison-Romaine, et, comme vous pouvez le croire, ma gratitude envers le chevalier égalait au moins la sienne. A mesure qu'il parlait, je doublais le pas ; j'eusse voulu dévorer l'espace ; je m'impatientais de la marche lente et mesurée de mon tuteur.

» Bientôt nous aperçûmes la Maison-Romaine à travers les arbres. C'était une belle habitation, dont l'étrange architecture avait un caractère de noblesse et de force. Dès que j'en entrevis son toit en terrasse, ses fenêtres cintrées, ses murailles de granit fauve, je ne pus me modérer plus longtemps ; sans écouter mon oncle qui me rappelait, je pris ma course ; je franchis la porte toujours ouverte de la maison hospitalière, et je pénétrai dans le salon où se tenait d'ordinaire la famille de Villaréal.

» Ah ! monsieur Montès, quel délicieux tableau frappa alors mes yeux ! Je vivrais cent ans que le souvenir de cette scène de bonheur serait encore présent à ma mémoire, surtout quand je la compare à la terrible scène dont je fus témoin dans ce même salon quelques années plus tard !...

» Cette pièce était décorée avec un luxe simple et de bon goût. Un grand feu pétillait dans une magnifique cheminée de marbre d'un travail bien postérieur sans doute à la construction de ce remarquable édifice. Un tapis soyeux, aux brillans dessins de fleurs et d'oiseaux, couvrait le parquet ; des rideaux somptueux ne laissaient entrer qu'un demi-jour à travers les profondes embrasures des fenêtres. Devant le feu, étendue sur une ample bergère, dans des flots de dentelles et de satin, on voyait madame de Villaréal, belle et placide comme une madone italienne. Elle était encore pâle et languissante, mais une sérénité infinie régnait sur son visage ; elle souriait en écoutant son mari, qui, appuyé sur le dossier de la bergère, le visage bien près du sien, lui racontait sans doute la bonne action dont il allait lui donner sa part. Le chevalier était un grand et bel homme, véritable hidalgo, à la contenance fière, à l'œil vif, aux manières franches. Près d'eux et presque sous leurs mains, un petit berceau blanc, entouré de draperies vaporeuses, contenait l'enfant nouveau-né. Au fond de la salle, deux jolis espiègles jouaient sur le tapis en riant d'un rire argentin, à peine contenu par la présence de leurs parens.

» Malgré mon exaltation, je fus intimidé à la vue de cet intérieur si coquet et si paisible ; je restai immobile un moment sur le seuil de la porte. Mais j'avais fait un peu de bruit ; le chevalier leva la tête, il me reconnut aussitôt, et me tendit la main. Je saisis cette main que je couvris de baisers et de larmes en prononçant quelques mots sans suite.

» M. de Villaréal m'embrassa avec bonté, et me conduisit à sa femme ; elle m'embrassa à son tour comme eût pu faire ma propre mère. Tous les deux me parlaient avec douceur, cherchaient à me calmer. J'avais le cœur si gros que je ne pouvais répondre. Pour m'enhardir, la bonne Maria appela ses deux enfans, et ils vinrent aussi appuyer leurs gentils visages contre le mien ; mais le respect, la confusion, la reconnaissance remplissaient mon cœur ; j'étouffais.

» Mon oncle arriva tout en nage à mon secours. Il raconta comment, ne pouvant modérer mon impatience, je l'avais laissé en chemin, et il excusa mon introduction un peu brusque à la Maison-Romaine. Monsieur et madame Villaréal sourirent ; mais quand le digne prêtre voulut suppléer à mon trouble en les remerciant chaleureusement de leurs bienfaits, le chevalier l'arrêta :

» — Mon cher abbé, dit-il, pas de remercîmens ; car Maria et moi nous sommes convenus de rester complétement étrangers à cet acte que vous prisez tant... Si vous voulez absolument l'un et l'autre être reconnaissans à quelqu'un de ce service, transportez votre reconnaissance à celle qui vous l'a valu.

» — A qui donc, monsieur le chevalier? demanda l'abbé avec étonnement.

» M. de Villaréal souleva avec précaution le rideau de gaze qui couvrait le berceau, et nous montra la mignonne petite fille endormie.

» — A ma fille, à mon Antonia, dit-il avec attendrissement. Nous voulons que l'entrée dans la vie de cette chère enfant soit marquée par un bienfait; nous voulons que les premières paroles prononcées autour de son berceau soient des bénédictions pour elle. Pardonnez-nous, monsieur le curé, mais, nous autres Espagnols, nous sommes superstitieux..... Votre joie et celle de Valentin porteront bonheur à notre fille.

» — Oui, oui, dit la pauvre mère, les yeux humides, en passant ses deux beaux bras autour du cou de son mari, notre Antonia sera heureuse... heureuse comme moi !

» Le chevalier lui sourit et se retourna vers nous.

» — Ainsi donc, c'est convenu, reprit-il, plus de remercîmens, ni maintenant ni plus tard ; votre seule bienfaitrice c'est cette petite fille. Monsieur Norbert, mon cher Valentin, ne l'oubliez pas..... Vous bénirez, vous aimerez cette frêle créature, qui en venant au monde vous a apporté la joie, comme elle l'a apportée à son père et à sa mère.

» — Oh! qu'elle soit bénie! s'écria l'abbé en étendant la main sur le berceau, qu'elle soit bénie et que Dieu la comble de prospérités !

» — Je l'aimerai de toute mon âme! m'écriai-je à mon tour en tombant à genoux ; mon existence entière appartiendra à Antonia de Villaréal !

» Quelques jours après, à la suite du baptême qui eut lieu sans pompe et sans éclat à l'église du village, le chevalier remit à mon oncle un contrat de rente en mon nom, payable pendant dix ans chez un banquier de Foix. »

Valentin s'arrêta un moment pour contenir son émotion. Giuseppe et le bohémien semblaient endormis, à en juger par le bruit régulier de leurs haleines. Quant à Montès, il avait cessé de fumer depuis longtemps ; il restait accroupi et silencieux, le visage caché dans l'une de ses mains. La bougie de résine près du brasier jetait une lueur faible et insuffisante dans la cabane ; chaque bouffée de vent en se glissant dans les fentes du volet ou de la porte menaçait de l'éteindre.

Mais le jeune ingénieur, tout entier à ses souvenirs, paraissait avoir oublié à qui il parlait et où il était. Il continua en poussant un profond soupir :

— « J'abrégerai les détails en ce qui me concerne ultérieurement à cette époque. Que vous importeraient mes travaux de collégien, mes succès rapides, le goût qui se révéla en moi de bonne heure pour les sciences naturelles et en particulier pour la minéralogie, dont mon oncle, géologue distingué, m'avait déjà enseigné les premiers élémens? Cette période de ma vie a été tranquille, heureuse, comme celle de tout enfant studieux et docile. L'aîné des fils de M. de Villaréal n'avait pas tardé à me joindre au collége, et, par mes soins, par mon affection pour lui, j'avais cherché à reconnaître les soins de sa famille. Nous nous étions liés intimement, et chaque année, aux vacances, nous revenions ensemble à Gonac. M. et Mme de Villaréal s'étaient attachés à moi par leurs propres bienfaits et ils me traitaient à l'égal de leurs enfans. Aussi, pendant mon séjour au pays, quittais-je rarement la Maison Romaine, au grand chagrin de mon oncle, que les devoirs du sacerdoce retenaient fréquemment au presbytère.

» Je pouvais donc être témoin chaque jour de la prospérité inouïe dont la Providence se plaisait à combler ces personnes si dignes de ses faveurs. M. de Villaréal, toujours bon, simple, désintéressé, ne semblait jamais éprouver un souci ; jamais une nuance de chagrin ne venait altérer la sérénité de sa physionomie. Sa femme, toujours jeune et belle, malgré les années, ne connaissait de la vie que les joies pures, les douces émotions. L'un et l'autre voyaient avec orgueil leurs enfans croître sous leurs yeux. Dominique l'aîné, mon compagnon d'études, montrait déjà le caractère tendre, dévoué jusqu'à l'héroïsme de son aimable mère ; le cadet, au contraire, avait toute l'ardeur chevaleresque, tout le noble enthousiasme de son père, comme il en avait l'œil brillant, les traits mâles et ouverts.

» Quant à Antonia, cette sainte enfant dont la naissance avait été pour moi l'occasion d'un changement si favorable, comment vous peindre le charme si ingénu de ses premières années? A l'âge où les enfans commencent à peine à donner des signes d'intelligence, on voyait déjà poindre en elle les vertus gracieuses de Maria, les qualités solides de M. de Villaréal... Aussi, comme je l'aimais, cette mignonne Antonia ! comme je m'étudiais à lui plaire et à l'amuser ! comme j'étais heureux des sourires dont elle payait mes efforts ! Elle était mon adoration, mon idole ! elle avait pour moi comme un prestige surnaturel : tout mon bonheur présent, tous mes rêves d'avenir se rattachaient à elle. Je personnifiais en elle mon ange gardien ; je croyais par momens voir une auréole lumineuse autour de son visage rosé. Souvent je pleurais en la regardant, et la douce enfant me grondait en riant de mon émotion dont elle ne comprenait pas la cause..... J'avais tenu ma promesse à M. de Villaréal. Oh ! comme j'aimais sa petite Antonia !

» Mais il faut venir enfin à l'horrible événement qui termina brusquement cette regrettable période de mon existence.

» Un soir d'automne (il y a de cela sept ans environ) mon oncle et moi nous étions allés souper à la Maison-Romaine. Je devais partir le lendemain matin pour Foix avec Dominique; c'était donc un repas d'adieu. Après le souper, on se rassembla au salon, mais là la gaîté habituelle ne présida pas à cette réunion. M. de Villaréal, assis avec mon oncle près de la cheminée, causait en affectant une tranquillité d'esprit qu'il n'éprouvait pas. Dominique, honteux de montrer un attendrissement indigne de son âge, s'était retiré à l'autre extrémité du salon, un livre à la main, et versait des larmes silencieuses. Ces larmes, personne ne semblait les voir ; cependant Mme de Villaréal portait la main à ses yeux de temps en temps et souriait à son mari comme pour lui demander pardon de cette faiblesse involontaire. Le plus jeune garçon jouait insouciant dans un coin ; quant à moi, agenouillé devant ma charmante petite Antonia, alors âgée de six ans environ, je lui chantais une chansonnette patoise qu'elle me demandait toujours avec la constance de son âge. Les fenêtres entr'ouvertes laissaient passer un air frais ; quelques bougies éclairaient la pièce.

» Un bruit de voix et de pas se fit entendre dans la cour; un moment après, un vieux domestique sourd, qui, avec une cuisinière toulousaine, était chargé du service intérieur de la maison, vint annoncer à M. de Villaréal qu'une bande de bohémiens demandait à passer la nuit au château.

» Le chevalier écoutait toujours avec bienveillance les demandes de ce genre ; il ne renvoyait jamais le mendiant et le vagabond qui venaient réclamer l'hospitalité. Vainement mon oncle avait-il cherché à lui faire comprendre le danger de pareilles complaisances. La Maison-Romaine était complètement isolée ; les laboureurs et les pâtres attachés à l'exploitation habitaient des bâtimens situés à un demi-quart de lieue au moins. D'ailleurs, M. de Villaréal passait pour très riche ; récemment encore, il venait de recueillir une importante succession dans son pays, et on ne devait pas en ignorer dans le voisinage, puisque mon oncle, à cette occasion, avait été chargé de répandre à Gonac d'abondantes aumônes. Cette réputation de fortune, l'espoir d'accomplir un crime sans dangers, tant on savait le chevalier dépourvu de moyens de défense, ne pouvaient-ils tenter ces misérables, rebuts des deux nations, qui rôdent sans cesse sur la frontière d'Espagne? Mon oncle fit ces diverses observations d'un ton timide, tandis que le domestique attendait les ordres de son maître au sujet des bohémiens.

» — Comment ! mon cher curé, dit M. de Villaréal d'un ton de reproche, est-ce bien vous, si compatissant et si bon, qui me conseillez de fermer ma porte aux malheureux sans abri ?... Est-ce ainsi que je reconnaîtrais les biens dont Dieu me comble sans cesse depuis tant d'années ?

» — Mais, monsieur le chevalier, ces gens peuvent être des malfaiteurs, et...

» — Des malfaiteurs ? pourquoi donc ? parce qu'ils sont pauvres ? Ah ! monsieur le curé, vous allez manquer de charité en jugeant ainsi votre prochain sur de vaines apparences..... Mais voyons, reprit-il plus sérieusement, soyons justes, même envers ces gitanos. Ils peuvent être filous, mais ils ne sont pas voleurs, je veux dire voleurs déterminés et dangereux. D'ailleurs ils sont si lâches que je serais sûr de venir seul à bout de toute une bande. Quel mal pourraient-ils faire dans la maison ? mettre le feu ? Nous n'avons rien de pareil à redouter ici, attendu que des blocs de granit sont difficiles à incendier... Allons, mon voisin, ce serait une inhumanité gratuite de renvoyer ces pauvres diables fatigués, affamés peut-être et sans asile.

» Mon oncle ne dit rien, mais il secoua la tête.

» — Jérôme, reprit M. de Villaréal du ton d'un espiègle qui joue un bon tour à son précepteur, vous allez conduire ces gitanos dans la cuisine basse, là au-dessous de nous, et vous leur fournirez de la paille en abondance; puis vous leur apporterez du pain et ce que pourra contenir l'office en provisions substantielles. Mais recommandez-leur bien de ne commettre aucun dégât chez moi, sinon... je ne les accueillerai pas ainsi une autre fois.

» Le domestique sortit pour exécuter les volontés de son maître. Cinq minutes après, m'étant approché par hasard de la fenêtre, je vis à la clarté de la lune la bande de bohémiens traverser la cour. Ils avaient l'aspect le plus repoussant : des hommes aux figures sinistres étaient chargés d'instrumens de diverses professions; deux ou trois femmes revêtues de haillons, hâves, décharnées, traînaient par la main ou portaient sur leur dos des enfans demi-nus. Je détournai la tête avec dégoût.

» L'heure de nous retirer était venue; mon oncle se leva. J'allais faire mes adieux à la famille de Villaréal, que je ne devais pas revoir avant les vacances de l'année suivante, quand le chevalier m'arrêta.

» — Non, non, Valentin, me dit-il gaîment, nous n'en sommes pas encore aux adieux... Ma carriole qui doit vous conduire à Foix est assez grande pour nous contenir tous, et demain matin nous irons en famille accompagner Dominique jusqu'au presbytère; alors seulement il sera temps de nous embrasser. Prenez garde à vous, curé; cette fantaisie vous coûtera un déjeuner pour moi et pour ma suite; mais pas d'extra, je vous prie... Souvenez-vous des enfans qui s'éloignent de la maison paternelle ne mangent rien.

» Tout étant convenu pour le lendemain matin, je saluai M. et Mme de Villaréal, je serrai la main à mes jeunes amis. La petite Antonia, en apprenant mon prochain départ, s'était cramponnée à la basque de mon habit de lycéen, et ne put être apaisée que par la promesse de me revoir le lendemain. Enfin, mon oncle et moi nous reprîmes le chemin de Gonac, non toutefois sans que l'abbé fût encore recommandé au chevalier une extrême prudence à l'égard des gitanos.

» La nuit était noire quand nous quittâmes la Maison-Romaine, et nous marchâmes d'un bon pas en silence. Soit influence de l'obscurité, soit tout autre motif, je ne pouvais me défendre d'un profond sentiment de tristesse pendant ce trajet. J'avais le cœur serré, je ressentais un malaise inexprimable. Mon oncle m'a avoué plus tard qu'il avait éprouvé une sensation analogue. En dépit de son esprit juste et positif, il n'ose plus révoquer en doute, depuis cette époque, ces mystérieuses angoisses de l'âme qu'on appelle pressentimens. Arrivés au presbytère, nous

séparâmes; le curé alla donner ses ordres pour le déjeuner du lendemain, et moi je montai à ma chambre afin de préparer les livres et les effets que je comptais emporter au collège.

» Ces arrangemens me retinrent assez tard; mais je ne sentais aucune envie de dormir. Je me couchai pourtant et j'éteignis ma lumière; le sommeil s'obstina à ne pas fermer mes yeux. J'étais en proie à une anxiété singulière, inexplicable; l'air que je respirais me semblait brûlant, et cependant une sueur glacée inondait mon visage. Si par hasard je m'assoupissais à demi, d'affreuses visions ne tardaient pas à me réveiller en sursaut. Dans ces rêves confus, je me trouvais encore au milieu de la famille de Villaréal; je revoyais ces visages si connus, mais pâles, contractés par la douleur, ensanglantés. Je croyais entendre les voix de nos amis demander du secours. Il me semblait surtout reconnaître au milieu de ces voix gémissantes et plaintives celle d'Antonia. La pauvre enfant m'appelait par mon nom, implorait ma pitié, élevait vers moi ses petites mains... Ces visions, au lieu de cesser, prenaient à chaque instant un caractère plus énergique. Peut-être devaient-elles être attribuées seulement à un accès de fièvre; peut-être mon imagination, exaltée par mon prochain départ de Gonac, par les craintes de mon oncle au sujet des gitanos, était-elle la seule cause de cet état violent; mais ma raison se confond quand je songe qu'à peu près au même moment s'accomplissait, non loin de moi, un des plus épouvantables événemens dont ce pays ait gardé la mémoire.

» Espérant que l'air calmerait cette affreuse agitation, j'allai me mettre à la fenêtre. En effet, la fraîcheur de la nuit apaisa un peu l'effervescence de mon sang; le bourdonnement sourd et continu de mes oreilles s'affaiblit et cessa tout à fait. La lune éclairait un vaste paysage; la nature avait une tranquillité majestueuse qui agit peu à peu sur mes organes. J'allais regagner ma couche, quand, au milieu de ce calme absolu, deux petits cris faibles et aigus se firent entendre dans un bois de châtaigniers, à quelques centaines de pas du presbytère. Je tressaillis et je me penchai pour mieux voir. Un objet blanc, dont, vu la distance, je ne pus apprécier la forme, passa rapidement et disparut aussitôt derrière un massif d'arbres. Une minute après, une espèce d'ombre, comme celle d'un homme de haute taille, courut dans la même direction et disparut de même. Puis tout retomba dans une morne immobilité.

» Mes angoisses étaient subitement revenues, mais cette fois elles avaient changé de nature; ce n'étaient plus des songes, mais des réalités. Il me semblait que ces cris si faibles avaient été poussés par Antonia. Je fus sur le point de m'élancer par la fenêtre pour m'en assurer; un effort de raison me retint. Comment une petite fille de six ans se serait-elle trouvée si loin de la demeure de ses parens, au milieu de la nuit, dans cette campagne écartée ? Une pareille pensée ne pouvait supporter un examen sérieux. Je finis par m'irriter contre moi-même de toutes ces terreurs. J'étais dupe, me disais-je, d'une illusion de mes sens, ou du moins ce que je venais de voir et d'entendre avait certainement une explication naturelle. La réaction une fois commencée, ne s'arrêta plus. Pendant le temps que je restai encore à la fenêtre, il ne se passa rien qui pût exciter mon attention, et je demeurai convaincu que mes alarmes n'avaient aucun fondement.

» Le lendemain matin, aux premières lueurs du jour, j'étais debout. En allant rendre mes devoirs au curé, je lui racontai mes hallucinations de la nuit. Le brave homme en rit et m'obligea d'en rire moi-même; puis il se rendit à l'église pour dire sa messe, en me chargeant de recevoir nos hôtes, quand ils pourraient arriver d'un momeut à l'autre.

» Je me mis à épier sur le chemin de la Maison-Romaine la grande et lourde voiture de famille qui devait amener ses amis. Mon attente fut vaine : la voiture n'arrivait pas. L'abbé Norbert rentra et parut surpris de ce retard. L'heure convenue avec M. Villaréal était passée. J'éprouvais de vives inquiétudes, et je ne pus les cacher à mon oncle. Il me gronda fort, et je me tus.

» Une heure se passa encore. Mon oncle parut enfin partager mon anxiété. Nous allâmes jusqu'à un coude que formait le chemin : nous ne vîmes rien.

» — Décidément, il faut qu'il soit arrivé quelque chose d'extraordinaire à la Maison-Romaine, dit l'abbé Norbert avec émotion ; s'il s'agissait d'un contre-temps frivole, le chevalier m'eût envoyé prévenir.

» — Eh bien, mon oncle, demandai-je en fixant sur lui un œil ardent, ne pourrais-je pas...

» — Va, mon garçon, répondit-il d'une voix étouffée.

» Je partis comme une flèche dans la direction de la Maison-Romaine ; en quelques minutes je fus arrivé.

» Les fenêtres étaient closes et tout paraissait calme. Je pénétrai dans la cour, dont la grille ne se fermait ni le jour ni la nuit ; rien n'y annonçait les préparatifs d'un départ ; la vieille voiture était encore sous son hangar ; les chevaux piaffaient dans l'écurie. Surpris plutôt qu'effrayé, j'allais entrer dans la maison dont je voyais la porte entr'ouverte, quand je m'entendis appeler d'un petit pavillon isolé, destiné à servir de loge de portier. Je me retournai ; le vieux domestique Jérôme était à la fenêtre de ce pavillon.

» — Pour Dieu ! monsieur Valentin, me dit-il, venez me délivrer... Ces coquins de bohémiens auront commis quelque méfait dans la maison, car en partant ils m'ont enfermé ici... Depuis une heure j'appelle et personne ne répond. Les maîtres sont sans doute endormis ; mais je suis bien étonné que Marguerite, la cuisinière, ne soit pas descendue encore... Nous allons être grondés, pour sûr, car monsieur avait commandé la voiture pour six heures...

» — Et il en est huit ! m'écriai-je en allant chercher une échelle sous le hangar. Mon Dieu ! qu'est-il donc arrivé ?

» J'appliquai l'échelle contre la fenêtre, et Jérôme put enfin sortir de la loge qu'il habitait seul ; je voulus l'interroger, mais il ne savait rien, sinon qu'à son réveil, il s'était trouvé prisonnier, ce qu'il attribuait à une espièglerie des bohémiens.

» Je courus vers la maison, et Jérôme me suivit. En haut de l'escalier nous rencontrâmes Marguerite, fille vigoureuse, agile, renommée pour son activité. Elle était à genoux ; ses traits étaient décomposés, ses yeux hagards. En nous voyant, elle fit un mouvement brusque pour se relever, elle ne put y parvenir ; elle ouvrit la bouche pour nous parler, nous n'entendîmes aucun son. Je m'approchai d'elle, je l'accablai de questions ; tout ce qu'elle put faire fut de m'indiquer d'un geste énergique la porte de l'appartement occupé par la famille.

» Fou de frayeur, je m'élançai dans le salon... Jamais je n'oublierai l'horrible tableau qui frappa mes regards !

» Cette pièce élégante, théâtre de tant de félicités intimes, était complétement bouleversée. Partout les traces d'une lutte acharnée ; les fauteuils, les tables étaient renversés ; les rideaux pendaient en lambeaux ; le tapis était déchiré comme par des trépignemens convulsifs. Au milieu de ce désordre, deux personnes, deux cadavres étaient étendus dans une mare de sang, le crâne fendu par un coup de hache de bûcheron... C'étaient M. et Mme de Villaréal.

» Je chancelai, je me sentis pris de vertige ; cependant je résistai à ma faiblesse.

» — Jérôme ! Marguerite ! m'écriai-je, tout espoir n'est peut-être pas perdu... secourons-les... essayons de les ranimer !

» Jérôme et Marguerite restaient comme pétrifiés par la terreur. Je m'agenouillai auprès de madame de Villaréal ; pâle, mais belle encore, ses longs cheveux d'un noir de jais tombaient sur ses épaules demi-nues. Je saisis sa main et la portai à mes lèvres : cette main était glacée et déjà raide. Avec un courage dont je me serais cru incapable, je me penchai vers ma bienfaitrice... Hélas ! il devait laisser encore moins d'espérance que sa malheureuse femme. Son front était entièrement ouvert, son visage méconnaissable ; la mort avait dû être instantanée.

» Une pensée me soutenait encore :

» — Et mon cher Dominique ? m'écriai-je, et son frère ? et ma bien-aimée Antonia, mon ange gardien ?

» Je m'élançai vers la chambre de mes jeunes amis ; comme celle de monsieur et de madame de Villaréal, elle était de plain-pied avec le salon ; j'entrai... horreur ! je trébuchai sur le corps du pauvre Dominique ! Sans doute, en entendant les cris de ses parens que l'on égorgeait, il s'était levé pour aller à leur secours, car il tenait encore à la main un joli fusil de chasse dont son père lui avait fait cadeau un mois auparavant. Un peu plus loin, son jeune frère, armé d'un couteau de nacre qu'il n'avait pas lâché dans sa chute, gisait sans mouvement et sans vie. Tous les deux semblaient avoir été frappés de cette inexorable hache, qui avait déjà massacré leur père et leur mère, et que je vis encore dégouttante de sang au milieu du salon.

» Cette fois ma force de volonté ne me soutint pas contre la violence de mes impressions. Toute la noble famille de Villaréal avait péri dans cet épouvantable massacre. Sans nul doute la faiblesse et l'innocence de la pauvre petite Antonia n'avaient pu la sauver de la fureur des assassins ; mais il me fut impossible de continuer ces recherches ; je tombai évanoui au milieu des corps défigurés de mes amis.

» Les larmes et les sanglots obligèrent Valentin à s'arrêter.

Depuis quelques instans déjà la bougie de résine s'était entièrement consumée ; l'obscurité la plus complète régnait dans la cabane de Giuseppe. Le conteur ne pouvait donc juger de l'impression produite par son récit sur le capitaine Montès ; mais il entendait près de lui une respiration courte, stridente, irrégulière. En même temps, à l'autre extrémité de la cabane, d'autres bruits de soupirs, de gémissemens s'élevaient dans l'ombre comme l'écho de sa propre douleur. Peut-être, si son regard eût pu percer en ce moment les ténèbres, eût-il vu tous les habitans de la bergerie, le visage animé, l'oreille attentive, les yeux ardens.

Mais l'effet de son effrayante narration n'eût pu étonner Valentin, lors même que ses propres émotions ne lui eussent pas enlevé tout pouvoir d'observer.

— Ainsi donc, monsieur, demanda Montès d'une voix extrêmement altérée, c'étaient les bohémiens, n'est-ce pas, c'étaient certainement les bohémiens ?

Cette question sembla changer en rage la douleur du jeune homme.

— Eh ! qui donc eût-ce été, monsieur, sinon ces ignobles scélérats, pour qui rien n'est sacré quand le crime leur présente le plus modique profit ? D'autres créatures humaines eussent-elles pu s'acharner ainsi sur une généreuse famille qui leur avait accordé l'hospitalité ? On ne connaissait à monsieur de Villaréal aucun ennemi ; d'ailleurs, le départ précipité de la bande avant le jour, la captivité de Jérôme dans le pavillon, la rupture du secrétaire du salon, où un vol considérable en argent avait dû être commis, formaient un faisceau de preuves à peu près irréfutables contre eux. Aussi, dès le jour même, un mandat fut-il lancé contre la bande, dont le chef était connu, et des forces suffisantes furent envoyées dans toutes les directions pour l'arrêter.

» Les magistrats chargés d'instruire cette horrible affaire interrogèrent Marguerite et Jérôme, mais sans tirer d'eux aucun fait nouveau. Jérôme, enfermé dans sa loge et atteint de surdité, ne savait rien ; il put seulement fournir des détails précieux sur les principaux personnages de la horde qu'il avait lui-même introduits la veille à la Maison-Romaine, et peut-être un jour ces dépositions permettront-elles de retrouver les auteurs de ce crime abominable. Quant à la servante, son témoignage fut encore plus insignifiant ; pendant la nuit, elle avait bien cru entendre des cris du côté de la chambre de ses maîtres, mais elle n'avait pu secouer sa torpeur et s'était rendormie. Le matin, en passant devant le salon, elle avait aperçu les cadavres, et elle était restée comme paralysée par le saisisse-

25

ment. Jamais, depuis cette époque, la raison de la pauvre femme n'a pu se remettre entièrement de cette secousse.

» Mon oncle et moi nous comparûmes à notre tour devant les officiers de justice. L'abbé Norbert exposa comment nous avions quitté la veille la famille de Villaréal. Pour moi, dévoré d'une fièvre ardente, j'avais à peine la force de parler. Cependant je racontai ce que je savais, mes impressions, mes angoisses inexplicables.

Quand j'arrivai à cette espèce de vision que j'avais eue de la fenêtre de ma chambre et aux deux cris poussés, à ce qu'il me semblait, par la petite Antonia, les magistrats parurent vivement frappés; on me fit répéter ma déposition. On n'avait en effet trouvé aucune trace de la pauvre enfant. Le berceau qu'elle occupait dans l'alcôve de sa mère paraissait à peine avoir été froissé; ses vêtemens étaient restés sur un fauteuil près du lit, mais rien, ni dans la chambre ni dans la maison, n'indiquait ce qu'elle était devenue.

» La circonstance dont je parlais était donc de la plus haute importance, et on voulut l'éclaircir sur-le-champ. Pendant que les autres officiers de justice continuaient l'enquête de la Maison-Romaine, l'un d'eux me pria de le conduire à l'endroit où je croyais avoir aperçu Antonia. J'étais abîmé de fatigue et de chagrin. Je ne pouvais ni marcher ni me tenir debout; mais il y avait dans la cour et aux alentours de la maison un grand nombre de paysans attirés par la curiosité. Deux d'entre eux me prirent dans leurs bras et me transportèrent à Gonac. Je donnai au juge instructeur toutes les indications possibles; il s'empressa d'entourer de sentinelles l'enceinte désignée, et il y pénétra seul avec un greffier; mais deux heures de minutieuses investigations ne firent rien découvrir. Le lendemain, les recherches continuèrent dans un cercle plus étendu encore; même résultat négatif et désespérant.

» Ce fut pour moi le dernier coup; je fus pris d'une maladie dangereuse à laquelle je n'échappai que par miracle. Dans mon délire je revoyais la petite Antonia. Je croyais toujours être près d'elle, lui prodiguer de naïves caresses, me prêter à ses caprices d'enfant gâtée, lui cueillir des fleurs, lui chanter les chansons qu'elle aimait le mieux. Cette crise dura un mois environ. Enfin, la force de ma constitution finit par réagir contre le mal, et je me rétablis lentement.

» Pendant ma maladie, l'instruction avait constaté d'une manière à peu près indubitable la culpabilité des bohémiens; mais il avait été impossible d'arrêter un seul de ces scélérats, et la bande paraissait s'être dispersée même avant d'avoir franchi la frontière. Une obscurité complète couvrait toujours le sort d'Antonia. Il n'existait aucun indice sur sa disparition, excepté mon aventure nocturne, à laquelle, il faut bien l'avouer, peu de personnes ajoutaient foi. On avait pensé d'abord que les gitanos touchés de la beauté de l'enfant, l'avaient amenée avec eux dans un but de spéculation, et cet enlèvement était assez en effet dans les habitudes de ces vagabonds; mais ils avaient dû traverser des endroits fort périlleux pour gagner l'Espagne et voyager avec tant de rapidité que le moindre fardeau, si léger qu'il fût, les eût exposés à périr ou à être pris, en retardant leur marche. Ils avaient donc probablement trouvé moyen de se défaire d'Antonia. Sans doute, après l'avoir entraînée au loin avec eux, ils avaient égorgé l'innocente enfant et l'avaient jetée dans quelque gouffre ignoré.

» Ces suppositions avaient presque la force de la certitude, et Antonia fut considérée généralement comme ayant péri avec ses malheureux parens. La succession de la famille de Villaréal fut adjugée, sauf quelques réserves pour la forme, à un homme de loi qui vint la réclamer au nom d'un frère de M. de Villaréal, retiré en Espagne. Jamais je n'avais entendu parler de ce frère; une seule fois le chevalier avait fait allusion à lui en ma présence, mais avec une expression marquée d'embarras et de tristesse. Quoi qu'il en fût, les biens considérables de M. de Villaréal passèrent entre ses mains. Mais le nouveau propriétaire de la Maison-Romaine n'a jamais voulu ni visiter cette habita-

tion ni même venir dans le pays. Le bâtiment, inoccupé depuis l'époque du crime, est fermé constamment et comme maudit; les propriétés sont gérées par un régisseur dur et avide, qui n'a rien de commun avec les anciens bienfaiteurs de ce pauvre canton.

» Pour moi, je restai bien longtemps à me remettre de ces cruelles secousses; mais enfin la jeunesse, la religion, les exhortations de mon vénérable oncle adoucirent, sans les guérir tout à fait, les blessures de mon âme. Je retournai au collège, je me livrai à l'étude avec ardeur, je me réfugiai dans le travail, comme dans un port, contre mes souvenirs; aussi mes progrès furent-ils rapides. Au sortir du lycée, je fus admis à l'école des mines, où mes efforts, ma constante application me valurent des distinctions flatteuses; vous savez ce que je suis devenu. L'abbé Norbert, depuis la mort tragique de nos infortunés amis, a demandé son changement de résidence à l'évêque du diocèse, et il m'a suivi à Vic-d'Essos, où nous vivons dans la paix et l'obscurité. »

La voix de Valentin s'était affaiblie peu à peu, et elle s'éteignit tout à fait. On jugeait à la langueur de ses inflexions qu'il était à bout de forces.

— Et la femme sauvage? demanda le capitaine Montès. Vous ne m'avez pas encore parlé de la femme sauvage.

— N'avez-vous pas vu déjà, monsieur, le lien qui rattache la destinée de cette pauvre créature à ces lugubres événemens? N'avez-vous pas deviné déjà quel soupçon m'a poussé à venir affronter la tempête et les fatigues de toutes sortes sur le Montcalm?

» Jamais, en dépit de toutes d'opinions contraires, je n'ai cru réellement à la mort d'Antonia. Ce que j'ai vu et entendu de ma fenêtre, la nuit du meurtre, est toujours présent à ma mémoire. Au moment de cette étrange apparition, je n'étais plus en proie aux hallucinations de la fièvre, je jouissais de l'usage de ma raison; mes sens n'ont pu me tromper; ma conviction à ce sujet demeurera entière tant que je vivrai. Du reste, à force de méditer sur ces événemens, voici à quelles suppositions je me suis arrêté pour m'en rendre compte.

» La malheureuse enfant, aux cris poussés par ses parens que l'on massacrait dans la pièce voisine, avait sans doute été saisie d'une terreur profonde et avait cherché à fuir. L'instruction a constaté que M. de Villaréal, au lieu de s'enfermer dans son appartement comme mon oncle l'y avait engagé en partant, avait eu l'imprudence de laisser toutes les portes de la maison ouvertes, même la porte extérieure. La petite trouva donc moyen de gagner la cour, mais alors quelque chose donna probablement l'alarme aux meurtriers, et l'un d'eux se mit à sa poursuite. Elle dut se diriger naturellement vers Gonac et le presbytère, où elle était sûre de trouver des amis; ces faibles gémissemens que j'avais entendus à quelque distance de notre demeure étaient un appel de détresse. Mais l'enfant, se sentant serrer de trop près, avait perdu la tête et gagné le taillis, où elle comptait trouver un asile plus prompt. Or, dans ce taillis et dans les alentours, rien n'attestait qu'un crime eût été commis; nulle preuve de violence, aucun fragment de vêtement, aucune goutte de sang. D'ailleurs l'assassin devait être inquiet de ce qui se passait à la Maison-Romaine, impatient de retourner près de ses camarades; il lui avait donc fallu renoncer bientôt à sa poursuite, et ainsi la petite Antonia avait pu lui échapper.

» La principale objection à élever contre cette version était qu'Antonia vivante eût été retrouvée. On avait battu le pays à plusieurs lieues à la ronde; il y avait en effet un crime avait eu un retentissement immense; si l'enfant eût été recueillie par quelque montagnard, son nom et sa condition n'eussent pas été longtemps cachés, d'autant plus qu'elle était elle-même en état, malgré sa jeunesse, d'indiquer sa famille et sa demeure.

» Cet argument, je l'avoue, me semblait plein de sens, et je ne trouvais rien à y répondre; mais un fait parvenu jusqu'à moi tout récemment m'a paru jeter quelque jour sur des circonstances obscures jusque-là

» Le bruit s'est répandu que des chasseurs avaient aperçu cet été, sur le Montcalm, une créature mystérieuse, vivant à la manière des sauvages dans des solitudes inaccessibles. L'esprit toujours tendu vers un même but, j'ai cherché des renseignemens exacts au sujet de cette singulière personne ; j'ai questionné les gens les mieux informés, j'ai rapproché les dates, calculé les distances, et après bien des hésitations, j'ai conçu le soupçon que la femme sauvage du Montcalm était Antonia de Villaréal. »

Le capitaine Montès s'agita dans l'ombre : Valentin poursuivit :

— « L'abbé Norbert, que j'ai conservé l'habitude filiale de consulter dans les actes importans de ma vie, n'a pas voulu admettre d'abord la possibilité de cette identité. Cependant, par elle tout s'expliquerait, non-seulement dans l'histoire de la femme sauvage, mais encore dans celle d'Antonia de Villaréal. D'après les données les plus probables, et d'après ce que j'ai vu moi-même, l'habitante du Montcalm est privée de raison. Or, ne serait-ce pas miracle si la faible intelligence d'une petite fille de six ans avait résisté à ces épouvantable secousses ? La solitude n'aurait fait qu'augmenter le dérangement de ses facultés. Ainsi se justifierait fort simplement, sans parler des mauvais traitemens auxquels elle est en butte depuis plusieurs mois, l'horreur que la présence des hommes paraît lui inspirer. Peut-être dans chacun d'eux croit-elle d'abord voir l'assassin de sa famille, et à la longue, cette haine sera devenue de l'instinct. Son âge apparent, je l'avoue, présenterait quelque différence avec celui d'Antonia ; c'est une jeune fille grande, agile, forte, et Antonia aurait aujourd'hui treize ans à peine. Mais ce genre de vie si bizarre ne pourrait-il avoir développé, avec une rapidité insolite, une organisation naturellement riche et vigoureuse ?

» Mes raisons, sans convaincre entièrement l'abbé Norbert, lui ont paru néanmoins mériter une attention sérieuse ; aussi, lorsque je lui ai parlé de venir moi-même au Montcalm m'assurer si mes soupçons étaient fondés, n'a-t-il pas cherché à me détourner de ce projet. Lui et moi, nous devons tout à la générosité de cette infortunée famille de Villaréal ; si l'un de ses membres a pu échapper à l'extermination, notre fortune, notre existence, lui appartiennent... »

— Eh bien ! interrompit vivement Montès, comme s'il ne pouvait maîtriser plus longtemps son impatience, vous avez vu ce matin la femme sauvage, vous lui avez adressé la parole... vous vous étiez donc trompé ? ce n'était donc pas Antonia ?

— En vérité, monsieur, je ne sais plus que croire, répliqua Valentin d'un ton pensif ; ma visite récente au Puits-d'Enfer m'avait ôté l'espérance, et tout-à-l'heure, en récapitulant les raisons que j'ai de considérer la fille sauvage et Antonia comme une même personne, mes doutes me sont revenus... Cependant, je ne dois pas me le dissimuler, jusqu'à présent mes investigations ont eu un résultat négatif.

— Quoi ! demanda Montès avec une extrême vivacité, l'inconnue n'a-t-elle aucun signe extérieur, aucune marque particulière qui puisse servir à la reconnaître ?

— Vous m'y faites songer ! répliqua Valentin, frappé d'un souvenir ; quand la femme sauvage s'est retournée vers moi, j'ai remarqué une légère cicatrice à son front, un peu au-dessus du sourcil gauche.

— Une cicatrice au front ! répéta Montès involontairement, c'est donc elle !

— Ce fait ne prouve rien, monsieur ; Antonia enfant n'a jamais reçu de blessure au visage, du moins à ma connaissance.

Montès se tut ; mais il reprit bientôt avec son sang-froid habituel :

— Enfin, monsieur Norbert, que comptez-vous faire dans les circonstances actuelles ?

— Je ne quitterai pas le Montcalm sans avoir essayé encore une fois de discerner la vérité... Je me dois à moi-même de ne pas me laisser rebuter par les difficultés.

— Agissez comme vous l'entendrez, monsieur Norbert ; cependant il me semble à moi, d'après vos propres aveux, que la femme sauvage ne peut être Antonia de Villaréal.

— Est-ce là votre opinion, capitaine ? eh bien ! même dans ce cas, je ne me repentirai pas d'avoir accompli ce pénible voyage si je puis être utile à la pauvre solitaire du Puits-d'Enfer.

— Fort bien, monsieur ; mais permettrez-vous à un homme à qui l'âge et l'expérience donnent peut-être certains priviléges, de vous adresser une question ?

— Parlez, monsieur Montès, ne viens-je pas de vous prouver une confiance absolue ?

— Absolue, soit, quoiqu'un peu tardive ; mais je ne suis pas rancunier... Eh bien ! mon jeune ami, je vais m'expliquer avec franchise. Pourquoi, si vous supposiez que la fille sauvage du Montcalm et Antonia de Villaréal étaient une même personne, ne pas vous être fait assister dans vos recherches par ce frère de votre ancien bienfaiteur, par le tuteur naturel de l'enfant disparu ? Votre intervention dans des intérêts étrangers n'eût-elle pas alors été plus régulière, plus convenable, plus loyale ?

— Vous avez raison, capitaine : mais monsieur de Villaréal n'habite pas le pays, il n'y vient jamais. Beaucoup de temps eût été perdu à le chercher, à lui faire parvenir une lettre ; et, en définitive, je n'avais que de vagues soupçons à lui soumettre pour le décider à joindre ses efforts aux miens... Enfin, s'il faut l'avouer, le nouveau chevalier de Villaréal, peu connu du reste, n'inspire généralement ni affection ni sympathie. Mon oncle, qui était le confesseur de son frère, fronce le sourcil en parlant de lui. Il me faisait observer dernièrement d'un air timide que peut-être un homme du monde éprouverait une certaine répugnance à tenter des recherches dont le résultat serait pour lui la perte d'une fortune considérable, Antonia étant seule héritière de la famille, et...

— Votre oncle, quoique prêtre, porte volontiers des jugemens téméraires ! interrompit Montès avec amertume ; mais, à mon avis, le chevalier de Villaréal peut vivre dans une sécurité parfaite ; on ne viendra jamais lui disputer l'héritage de son frère... Les raisons sur lesquelles vous appuyez pour croire à l'existence de mademoiselle de Villaréal sont un peu frivoles ; et fussent-elles plus solides, votre témoignage seul ne suffirait peut-être pas pour faire reconnaître légalement, dans des circonstances si exceptionnelles, l'héritière d'une riche maison... Mais continua-t-il en se levant, ce long récit vous a cruellement fatigué, mon cher enfant, et vous avez besoin de repos... Je vous demanderai seulement quels sont vos projets pour demain.

— Je retournerai du Puits-d'Enfer pour chercher la femme sauvage.

— Quoi ! espérez-vous escalader ces pointes hideuses de rochers ?...

— Non, je prendrai à travers la forêt de sapins.

— Ce côté n'est donc pas inabordable, comme on le disait à Suc ?

— Je trouverai moyen de passer, répliqua Valentin sans s'expliquer davantage.

— Fort bien... Et vous ne permettriez pas, même à un ami, de vous accompagner ?

— Monsieur, je craindrais que la présence de deux personnes...

— Je comprends : s'il y a une bonne action à faire, vous voulez en avoir seul le mérite. Il suffit, monsieur Norbert ; je prétends ne vous gêner nullement : courage et votre guise. Vous ignorez en effet quel haut intérêt j'attache au résultat de vos recherches !

— Que voulez-vous dire ? demanda Valentin surpris ; Est-ce que vous connaîtriez aussi...

— Rien, rien, répondit Montès d'un ton ferme ; la nuit est avancée déjà, et vous avez besoin de sommeil. Votre main, monsieur Norbert... Elle est brûlante !

— La vôtre est glacée, capitaine ; mais je cède, car en

vérité je suis brisé, anéanti... Bonsoir et à demain.

Il s'enveloppa dans son manteau et se coucha à côté de Giuseppe endormi.

— Bonne nuit, dit tranquillement Montès.

Et il murmurait en allant s'étendre à son tour à côté du bohémien :

— Une cicatrice au front ! plus de doutes, c'est bien elle ! Il faut agir.

V.

LE PUITS-D'ENFER.

Le lendemain Valentin Norbert en s'éveillant se trouva seul dans la cabane. Se reprochant sa paresse involontaire il s'empressa de se lever ; et, bien que cette nuit passée sur la dure, après tant de secousses, eût imparfaitement réparé ses fatigues, il se disposa à reprendre sans retard l'exécution de ses projets.

Le loquet de la porte se souleva lentement, et le vieux Giuseppe, qui sans doute épiait du dehors son réveil, avança la tête avec précaution. En voyant Norbert debout, il entra et lui adressa un salut laconique ; puis, ouvrant la fenêtre, il introduisit dans la cabane un éblouissant rayon du soleil, et se mit à vaquer en silence aux préparatifs d'un frugal déjeuner.

— Bonjour, Giuseppe ; bonjour, mon hôte ! dit le jeune homme d'un ton amical, en réparant le désordre de sa toilette : en vérité, je suis honteux d'avoir dormi si longtemps. Où est le capitaine Montès ?

— Le sommeil d'un honnête homme est toujours long et tranquille, répliqua le vieillard d'un ton sentencieux ; le pêcheur au contraire ne reste pas longtemps sur sa couche, car elle lui semble hérissée d'épines et d'aiguillons.

— Hem ! fit Valentin avec une grimace, à ce compte-là je pourrais bien être un peu pêcheur, Giuseppe, car, ma foi ! votre lit de paille et de fougères ne m'a pas paru des plus doux...

— Une bonne conscience, la certitude de bien faire, donnent du courage contre le malaise et les privations... Mais, ajouta le pâtre en désignant d'un geste bienveillant le pain et le laitage étalés sur le coffre, prenez quelque chose, mon brave jeune homme, pour vous préparer aux travaux de la journée.

Valentin se mit à manger distraitement quelques bouchées.

— Quoi ! Giuseppe, demanda-t-il, êtes-vous donc seul ici ? vos autres hôtes sont-il déjà partis pour la chasse ?

— Oui, oui, ils sont partis, répliqua le vieillard en branlant la tête, selon son habitude ; mais qu'y a-t-il de commun entre vous et eux ? Ils ont du sang aux mains et peut-être de mauvais desseins dans le cœur.

— Que voulez-vous dire ?

— Défiez-vous de tous les deux... du maître surtout, murmura Giuseppe d'une voix creuse.

— Vous connaissez donc monsieur Montès et son guide ? s'écria Norbert avec vivacité ; cet étranger m'aurait-il trompé sur son nom, sur sa condition ? aurais-je eu tort de lui montrer tant de confiance ?

— Vous avez eu tort de lui révéler vos secrets.

— Mes secrets ! les connaissez-vous donc aussi ?

— Je les connais.

— Comment se fait-il ?

— Mes rêves me l'ont appris.

— Vos rêves ? reprit Valentin d'un ton d'humeur ; je vous déclare, mon brave homme, que je suis un peu incrédule sur ce chapitre... N'auriez-vous pas plutôt écouté

la nuit dernière le récit que j'ai fait de mes aventures personnelles au capitaine Montès ?

Le vieillard réfléchit.

— Me serais-je trompé ? murmura-t-il ; aurais-je entendu avec mes oreilles ce que j'avais cru voir de mes yeux ?.. C'est possible, mon Dieu ! car parfois les visions et les réalités se mêlent pour moi et je ne sais plus les distinguer les unes des autres.

Norbert le regardait fixement, comme s'il eût cherché sur sa figure vénérable un indice de malice ou de folie. L'expression candide de cette physionomie ne lui laissait aucun doute sur la bonne foi du pâtre.

— Giuseppe, reprit l'ingénieur, je vous conjure de vous expliquer plus clairement ; vous m'avez inspiré de fâcheux soupçons contre ces deux étrangers ; je vous crois trop sérieux pour avoir parlé sans réflexion... répondez donc franchement : les connaissez-vous ?

— J'ai vu une seule fois, il y a bien longtemps, celui que vous appelez le capitaine Montès, et ses traits ne se sont jamais effacés de ma mémoire.

— Voilà du moins quelque chose de positif. Eh bien, par grâce, Giuseppe, apprenez-moi ce que vous savez de lui.

— Rien de bon... mais je ne dois pas vous en dire davantage. Seulement, défiez-vous de lui ; croyez-moi, défiez-vous de lui.

— Et pourquoi ne pas m'en dire davantage ? que signifient ces réticences ? Giuseppe, c'est trop ou trop peu.

Giuseppe croisa les bras sur sa poitrine d'un air d'obstination. Valentin sentit qu'il ne tirerait rien de lui sur ce point.

— Singulier vieillard ! reprit-il. Mais si vous connaissez le capitaine Montès, il doit vous connaître aussi ?

— Je ne crois pas ; il m'a entrevu autrefois dans un moment où son esprit était bouleversé ; il m'a remarqué à peine : d'ailleurs je suis bien changé depuis cette époque !

— Allons, si vous ne voulez pas me parler de monsieur Montès, parlez-moi du moins du bohémien qui l'accompagne. Avez-vous aussi quelque raison particulière de me mettre en garde contre cet homme ?

— Peut-être ; car si je ne me trompe, ce Jeandot Perez a porté longtemps un autre nom. Dans tous les cas, il faut être en garde contre ces bohémiens ; c'est une race dure et méchante qui répond aux bienfaits par l'ingratitude et la trahison.

— Vous haïssez les gitanos autant que moi, Giuseppe. Vous auraient-ils aussi fait du mal ?

— Du mal, oui, beaucoup de mal.

— Quoi ! ces scélérats auraient assassiné quelque personne de votre famille ? auraient-ils...

— Je peux conter cela, car ce n'est pas un secret. Vous savez que j'ai vécu longtemps là-bas dans la plaine ; j'avais une belle ferme, j'étais riche ; ma porte n'était jamais fermée au malheureux. Un jour, une vieille bohémienne, malade et traînant par la main une petite fille, vint me demander l'hospitalité ; je la reçus chez moi, je lui fis donner des secours ; elle mourut néanmoins, et je restai chargé de l'enfant.

— A quelle époque ces événemens se sont-ils passés ? demanda Valentin précipitamment.

— Il y a trente ans environ ; c'était quatorze ans avant le meurtre de la Maison-Romaine.

Le jeune fonctionnaire sourit de la folle espérance qu'il avait pu concevoir un instant.

— J'adoptai donc l'enfant, continua le pâtre ; je lui fis apprendre les choses que doit savoir une chrétienne. Elle grandit et elle n'eut pas sous les yeux les mauvais exemples de ses pareilles. Je me reposais sur elle de tous les soins de la ferme. Elle était devenue une jeune fille douce, travailleuse, et elle était jolie comme une créature du bon Dieu. Que vous dirai-je, monsieur ? Malgré mon âge avancé, je devins amoureux de ma pupille, et je voulus l'épouser. C'était une sottise, et j'en fus cruellement puni. La jeune bohémienne n'avait pas oublié, comme elle le paraissait, son origine? au lieu de m'écouter, elle se laissa séduire par un vagabond d'allures suspectes ; puis, n'osant plus habiter ma maison, elle alla joindre une tribu errante qui vivait dans le voisinage. J'attendis longtemps son retour, ignorant encore l'étendue de sa faute. Quand plus tard je connus dans quel abîme de crimes et de misère elle s'était jetée, le chagrin et le dégoût me saisirent ; je gagnai la montagne, et je commençai la vie solitaire que je mène aujourd'hui.

Pendant ce court récit, les deux interlocuteurs avaient quitté la cabane.

— Giuseppe, reprit Valentin en se disposant à s'éloigner, les bohémiens vous ont fait moins de mal qu'à moi... Dans cette caste abominable, il y a quelque chose de plus hideux encore que la corruption des femmes... Mais, ajouta-t-il, un dernier mot avant de nous séparer. Vous connaissez mes intentions relativement à la fille sauvage ; les approuvez-vous? les croyez-vous exécutables ?

— Agissez avec persévérance et courage, jeune homme, dit Giuseppe d'un ton solennel, et ne vous laissez pas effrayer par les obstacles... Surtout ne perdez pas un jour, pas une heure, car votre tâche sera peut-être longue et difficile, et nul ne sait quand viendra l'hiver.

En même temps, il s'achemina vers l'extrémité de l'Oule-Blanche où il avait laissé son troupeau sous la surveillance des chiens. L'étrangeté et l'incohérence de ces discours inspiraient bien encore à Valentin quelques doutes sur le bon état de l'intelligence du vieillard ; néanmoins il remit à plus tard d'approfondir ses soupçons, et il commença à descendre le versant de la montagne du côté du Puits-d'Enfer.

Le vent de la nuit avait purifié l'atmosphère, et Norbert fut presque ébloui par le magnifique panorama qui l'attendait au sortir de l'Oule. Les montagnes couvertes de verdure et couronnées de neige formaient une grandiose ceinture à l'horizon. Le soleil dans tout son éclat inondait de lumière ce vaste paysage. Plus de vapeurs, comme la veille, pesant sur les bas-fonds ; les formes étaient d'une netteté prodigieuse, les lignes vigoureusement accusées. Seulement quelques flocons d'un blanc d'argent glissaient parfois à la crête des monts, et, poussés par une brise fraîche, voguaient, comme de petites barques aux voiles étendues, sur une mer d'azur.

Valentin reconnut avec plaisir ces signes certains d'une belle journée, malgré les fâcheuses prévisions de Giuseppe. Les saisons, il est vrai, se succèdent avec une extrême rapidité dans ces hautes régions, et les pronostics favorables n'ont guère de signification que pour vingt-quatre heures au plus ; mais sans s'arrêter à des possibilités décourageantes, il chercha du regard, au milieu du chaos d'arbres et de rochers qui l'entourait, dans quelle direction devait se trouver le passage souterrain.

Il ne tarda pas à le reconnaître, et, il tirait ses plans pour tourner les difficultés que la montagne était hérissée, quand il remarqua deux points noirs qui s'agitaient à une grande profondeur, du côté de la cascade. Après un moment d'examen, il reconnut des hommes, des chasseurs sans doute ; et vu la solitude du lieu, ce ne pouvait être que le capitaine Montès et son guide.

Comme on l'a vu, Valentin ne partageait pas complétement les craintes exagérées du vieux berger au sujet de ces deux personnes : cependant, en les voyant si près de l'habitation de la femme sauvage, il ne put se défendre de certaines appréhensions. Ensuite il réfléchit que les hasards de la chasse avaient pu entraîner fortuitement le capitaine de ce côté ; d'ailleurs les rôdeurs étant assez éloignés du passage souterrain, il était facile à Valentin de s'y rendre sans être aperçu d'eux. Aussi fit-il taire une susceptibilité trop ombrageuse, et se borna-t-il à prendre quelques précautions pour ne pas être épié à son tour.

Une demi-heure de marche le conduisit à l'entrée du passage : il se hâta de le traverser ; puis, longeant les rochers, de peur de s'égarer dans la sapinière, il remonta vers le Puits-d'Enfer.

A mesure qu'il avançait, il redoublait de précautions pour ne pas effrayer la farouche habitante de cette solitude. Il s'arrêtait fréquemment, prêtant l'oreille. Ses incertitudes de la veille étaient revenues. Allait-il trouver l'inconnue dans sa grotte ? allait-elle le fuir encore? Cette femme était-elle Antonia de Villaréal ? Ces idées, en se heurtant dans son cerveau, tendaient violemment toutes ses facultés.

Il atteignit enfin le petit vallon ; mais avant de s'y engager, il se cacha derrière un buisson, et il se livra à un examen attentif. L'aspect de ce lieu était riant et poétique comme le jour précédent ; la cascade épanchait toujours sa gerbe de cristal avec un bruit monotone et doux. Les apollons et les nacrés voltigeaient encore autour des iris aux grandes fleurs violettes, ou des lis jaunes des Pyrénées; les oiseaux du ciel pépiaient sur les arbustes ; un merle d'eau, enveloppé dans sa bulle de cristal, piétinait au milieu des truites agitées au fond du bassin. Mais rien n'annonçait la présence de la femme sauvage ; une grosse pierre, destinée à servir de clôture à la grotte, était rejetée de côté : aucun bruit ne se faisait entendre que le chant des oiseaux et le murmure du torrent.

Néanmoins ce fut seulement après avoir scruté la cime des arbres derrière lui et au-dessus de sa tête, qu'il se décida à avancer avec précaution, et il pénétra dans la grotte.

Le lit de feuilles sèches, le tas de fruits et de racines, étaient dans l'état où Valentin les avait laissés. Sur la tablette de pierre se trouvait encore le pain qu'il y avait déposé ; mais la ceinture catalane avait disparu.

— Elle est donc venue ? dit-il avec une explosion de joie : elle a dédaigné ces alimens auxquels elle n'est plus habituée, mais elle a pris l'écharpe dont elle connaît l'usage, ainsi donc elle reviendra... Je vais l'attendre... Oui, dussé-je passer la journée entière, je l'attendrai !

Craignant d'effrayer l'inconnue et de la faire fuir sans retour s'il se montrait à elle inopinément, il alla se poster de nouveau dans un creux de rocher, derrière de hautes fougères. De là il embrassait la lisière de la forêt de sapins et le vallon tout entier sans pouvoir être aperçu lui-même, excepté de ces rochers inabordables du haut desquels se précipitait le gave.

Pendant plus d'une heure il resta dans une immobilité complète. L'aigle n'avait pas l'œil plus perçant, le chamois l'oreille plus fine que l'hôtesse du Puits-d'Enfer : elle devait être effarouchée par ses diverses rencontres des jours précédens ; il fallait donc redoubler de précautions pour ne pas lui donner l'alarme.

Enfin Valentin reçut la récompense de sa patience et de ses efforts. Il lui sembla voir s'agiter quelque chose dans la sombre profondeur de la forêt, et bientôt il reconnut avec certitude la fille sauvage du Montcalm.

Comme elle se dirigeait vers la grotte assez lentement, il fut facile à l'observateur de prendre une idée plus exacte que la veille de cette merveilleuse créature. Ses traits hâlés étaient vraiment d'une beauté remarquable, bien qu'ils n'exprimassent pas cette douceur de la femme civilisée, et la légère cicatrice que le jeune homme avait déjà remarquée la veille ajoutait encore au caractère un peu hardi de sa physionomie. Par sa taille, bien prise, annonçait une organisation robuste, déjà faite aux pénibles conditions d'une existence anormale. Une chose frappa surtout Valentin : l'inconnue s'était parée de l'écharpe rouge qu'il avait laissée dans la grotte lors de sa première visite. Cette longue et ample ceinture, jetée naturellement autour d'elle, lui donnait l'apparence d'une belle statue antique. Un des pans était relevé sur son épaule et contenait des racines et des fruits de baies que la jeune fille venait de récolter dans la forêt. Son bras nu et arrondi, sortant de dessous un manteau de cheveux noirs, soutenait ce fardeau par un mouvement gracieux.

Sa démarche présentait aussi un caractère particulier. Même en ce moment où rien ne pouvait exciter sa défiance il y avait qu??? chose de furtif et de saccadé dans son

pas. Ses pieds effleuraient à peine la terre. Comme la biche, elle avançait par petits bonds, l'oreille au guet, toujours prête à partir avec la rapidité du vent à la moindre alarme. Son corps avait contracté l'habitude d'un petit balancement plein de souplesse et d'abandon. Elle produisit sur Valentin une impression encore plus vive que la première fois ; et en effet, avec ses mouvemens onduleux, ses draperies éclatantes, ses yeux purs, son teint animé par un léger incarnat, résultat de l'exercice, sa marche leste et provocante, elle semblait, au milieu de ce paysage vierge, entouré d'effrayantes barrières, l'habitante d'un monde à part, l'Ève d'un nouvel Éden.

La jeune inconnue elle-même avait conscience de sa beauté. Tout en marchant, elle s'observait avec complaisance ; son écharpe rouge surtout paraissait exciter sa fierté. De temps en temps elle en caressait doucement les plis dérangés par sa marche rapide à travers les halliers, et souriait à sa parure en montrant des dents blanches comme une rangée de perles.

A la vue du petit lac, elle poussa un cri de joie et courut de ce côté. Elle entra jusqu'à mi-jambe dans cette eau limpide, mais froide comme la neige dont elle provenait, et elle parut trouver un vif plaisir à admirer son image réfléchie au-dessous d'elle. Elle se redressait dans tout l'orgueil de ses nouveaux atours ; elle prenait diverses attitudes, comme fait la coquette devant son miroir, puis elle partait d'un éclat de rire frais et argentin.

— Pourrait-on reprocher aux femmes, pensait Valentin, l'instinct de plaire, inné chez elles comme la pudeur ? Cet instinct est antérieur à l'intelligence et à l'éducation, il agit sur l'enfant et sur la pauvre insensée !...

Norbert, en se livrant à ces réflexions, n'oubliait pas les doutes qu'il s'était promis d'éclaircir dans cette entrevue, mais ses irrésolutions ne faisaient qu'augmenter. La sauvage avait bien la couleur des yeux et des cheveux d'Antonia ; son rire naïf rappelait bien celui de la charmante petite fille ; mais pour saisir des points sérieux de ressemblance entre elles s'ils existaient, il eût fallu pouvoir approcher l'inconnue, et le moindre mouvement devait la mettre en fuite ; il eût fallu lui parler, et elle avait perdu l'usage de la parole ; il eût fallu consulter ses souvenirs, et elle semblait avoir tout oublié.

L'habitante du Puits-d'Enfer se lassa enfin de s'admirer elle-même. Elle sortit du bassin, non sans se retourner plusieurs fois pour prendre congé de sa gracieuse image, et elle se dirigea vers la grotte. Mais bientôt elle ralentit sa marche et regarda à droite et à gauche d'un air effaré ; ses organes délicats avaient perçu quelque sensation nouvelle ; elle éprouvait une inquiétude vague, une cause mal déterminée ; l'instinct l'avertissait que tout n'était pas à sa place ordinaire autour d'elle.

Tout à coup elle s'arrêta, les yeux tournés vers la touffe de feuillage qui cachait Valentin. L'observateur n'avait fait aucun mouvement qui pût le trahir ; c'était à peine si un faible intervalle entre deux branches laissait apercevoir une partie de son visage. Cependant la sauvage se mit à pâlir et à trembler ; elle s'agitait avec anxiété, hésitant entre la curiosité naturelle à son sexe et son horreur pour l'espèce humaine, n'osant regarder et ne pouvant se décider à fuir.

Sûr d'avoir été découvert, Valentin ne songea plus à se cacher. Évitant les mouvemens rapides, capables d'effrayer cette agile personne, il éleva lentement sa tête au-dessus du buisson. L'inconnue fit un soubresaut et recula d'un pas ; elle resta immobile et attentive.

Ce succès enhardit Valentin ; peut-être la jeune fille lui reconnaissait-elle pour lui avoir fait la veille le cadeau dont elle était si fière. Sans se montrer complètement, il l'appela avec douceur :

— Antonia !... Antonia de Villaréal !

Une sorte d'émotion se trahit sur le visage de l'inconnue en entendant ce nom.

— Antonia, reprit-il en donnant à sa voix les intonations les plus caressantes, les plus mélancoliques, avez-vous donc oublié Valentin, Valentin Norbert, votre ami d'enfance ?

Soit que la répétition des mêmes mots eût frappé la jeune fille, soit que ces accens doux et tristes eussent charmé son oreille, elle donna quelques marques d'intelligence. Après avoir regardé fixement Norbert, elle parut réfléchir ; puis ses lèvres remuèrent comme si elle eût cherché à répéter un des noms que l'on venait de prononcer. Évidemment, elle faisait des efforts impuissans pour obliger sa langue rebelle à produire des sons inconnus ou peut-être oubliés. Enfin, ne pouvant y parvenir, elle poussa un nouvel éclat de rire dont les gammes aiguës et folles dominèrent le murmure de la cascade voisine.

Ce résultat, puéril en apparence, était en réalité très significatif : il prouvait qu'avec un peu de patience, et un peu de temps, il était possible de se faire entendre de la jeune sauvage. Valentin, plein d'espoir, prononça plusieurs fois de suite et en s'arrêtant après chaque syllabe le nom d'Antonia.

— An...to...nia ! répéta distinctement la jeune fille.

Et elle ajouta presque aussitôt avec moins de difficultés encore :

— Val...entin !

Puis elle rit encore aux éclats.

Cette fois, Norbert, transporté de joie, oublia sa prudence ; il se dressa de toute sa hauteur en s'écriant :

— Est-ce elle ?... Mon Dieu ! serait-ce donc Antonia !

Et il s'élança, les bras ouverts.

La jeune fille, épouvantée de cette brusque irruption, laissa tomber son fardeau et courut avec une rapidité inconcevable vers les rochers. Si Valentin avait eu la présence d'esprit de se taire et de ne pas avancer davantage, peut-être la sauvage, par un caprice de sa nature inconstante, se fût-elle arrêtée bientôt. Mais emporté par son ardeur, il la poursuivit en lui adressant d'instantes prières.

Il comptait peut-être que la fugitive ne pourrait franchir la chaîne de rochers qui formait l'enceinte du Puits-d'Enfer ; mais il ne connaissait pas encore les ressources étonnantes de la fille sauvage. Sur le penchant du plus escarpé de ces rocs se trouvaient d'imperceptibles saillies cachées par des touffes de capillaires et d'aspleniums. Grâce à ces plantes parasites et aux rugosités du granit, elle escalada la pointe avec une rapidité qui tenait du prodige ; à voir l'agilité, la souplesse, l'aisance de ses mouvemens, on eût dit qu'une force surnaturelle la soutenait en l'air sur ce plan perpendiculaire au sol. Valentin se sentit pris de vertige ; il s'arrêta et ferma les yeux, car il s'attendait à la voir tomber et se briser misérablement. Quand il les rouvrit, la solitaire était parvenue au faîte du pic et sa taille élancée se dessinait d'une façon pittoresque sur l'azur du ciel. Elle jeta un regard moqueur à son adversaire épouvanté, fit entendre une dernière fois son rire enfantin, comme pour le narguer, et disparut.

Valentin restait cloué à la même place, honteux et consterné.

— Imprudent que je suis ! disait-il dans sa colère contre lui-même, par deux fois différentes, j'ai commis la même faute... J'allais peut-être enfin avoir le mot de cette énigme indéchiffrable.

En ce moment l'explosion d'une forte carabine retentit tout à coup derrière les rochers ; puis un cri bizarre, long et déchirant, s'éleva dans la même direction. Valentin reconnut la voix perçante de la sauvage.

Il pâlit ; mais il croyait encore s'être trompé. L'écho pouvait avoir répercuté en le renforçant le bruit d'un coup de feu tiré à une grande distance ; de pareils effets d'acoustique ne sont pas rares dans les montagnes. Bientôt cette espérance ne fut plus possible : un petit tourbillon de fumée s'éleva à la cime du pic, comme pour désigner l'endroit précis où l'explosion avait eu lieu.

Valentin attendit un moment dans une anxiété affreuse. La femme sauvage, blessée et poursuivie sur l'autre revers du rocher, allait peut-être chercher un refuge dans sa grotte, et alors il se fût empressé de la secourir. Rien ne parut ; le plus morne silence régnait partout.

— Quelqu'un de ces féroces chasseurs montagnards aura encore tiré sur cette malheureuse fille, dit Valentin avec un blasphème. Ces brutes sanguinaires ne peuvent s'habituer à voir en elle une créature humaine. Ils l'ont blessée, tuée peut-être !... Mais, j'y songe, ajouta-t-il en se frappant le front, tout à l'heure en venant ici, j'ai aperçu le capitaine Montès et le bohémien de ce côté... Oui, eux seuls chassent aujourd'hui sur la montagne, eux seuls ont pu... Que ce soit une erreur ou un crime, malheur à eux ! ils me rendront compte du sang versé !

Il ramassa son fusil et son bâton ; puis, convaincu que ce serait folie de chercher à gravir les roches, il prit en courant la route ordinaire du passage souterrain.

VI.

LA PEYRADE DU MONTCALM.

Nous devons ici revenir un peu en arrière pour apprendre au lecteur comment Montès et son guide le bohémien s'étaient trouvés absens de la bergerie le matin, au moment du réveil de Norbert.

Avant le jour, Montès avait senti quelqu'un quitter avec de grandes précautions la couche commune de paille et de fougère. Le capitaine avait ses raisons particulières pour être attentif à tout ce qui se passait autour de lui ; il se souleva sur le coude et se mit à épier, autant que le permettait l'obscurité, ce compagnon par trop matinal. Celui-ci rampa sur les genoux et les mains jusqu'à l'autre extrémité de la cabane ; là, il se redressa, rôda autour des bagages des voyageurs, ainsi qu'on put juger à un léger cliquetis des bâtons ferrés et des fusils ; puis il souleva le loquet de bois et sortit sans bruit comme un chat aux aguets.

La porte à peine refermée, Montès fut debout. Reconnaissant à une certaine agitation que Giuseppe, son voisin, venait aussi de s'éveiller, il lui annonça précipitamment et à voix basse qu'il partait avec le bohémien pour la chasse ; puis il alla prendre son sac, sa carabine, et sortit.

Au dehors, un pâle crépuscule annonçait déjà l'aurore. Du seuil de la bergerie, Montès aperçut Jeandot Perez descendant lentement la montagne, comme s'il eût voulu gagner le village de Suc. Le chasseur, irrité de cette fugue sournoise, ne mit pas hésiter à la poursuite du bohémien et l'atteignit enfin à la sortie de l'Oule-Blanche.

Le gitano, au moment où Montès se montra tout à coup, comptait dans le creux de sa main calleuse une certaine quantité de pièces de cinq francs. Il devint livide, et il eût bien voulu pouvoir s'échapper. Mais l'ancien officier espagnol était robuste, armé, et sans doute, au besoin, il n'eût pas reculé devant un parti extrême. L'honnête Jeandot Perez crut donc nécessaire de payer d'assurance, et il se hâta de cacher l'argent dans une poche secrète.

Montès l'aborda d'un air goguenard qui ne présageait rien de bon.

— Où allez-vous donc à pareille heure, mon excellent guide ? dit-il en patois montagnard, qu'il parlait avec facilité ; au diable, sans doute, ou à quelque autre vilain endroit convenable pour un coquin de gitano comme vous.

— Sainte Vierge ! senor, répliqua le bohémien avec une tranquillité affectée, je voulais seulement me dégourdir les jambes ; j'étouffais dans cette étable là-bas...

— Oh ! le délicat petit maître !... Et c'est sans doute par distraction qu'en partant pour cette promenade de santé vous m'avez emporté mon argent ?

— Moi ? je n'emporte rien.

— Misérable menteur ! dit Montès avec une expression terrible en brandissant sa carabine, vous ne m'avez pas pris de l'argent... là... dans mon sac de chasse ?...

Jeandot n'osa plus affecter la même assurance.

— Ah ! oui, je sais, balbutia-t-il une misère... Je m'en vais vous expliquer la chose. Pour des raisons à moi, je ne veux plus rester sur le Montcalm ; je veux m'en aller à mes affaires d'un autre côté, je ne veux plus vous servir... Sachant bien que vous ne me laisseriez pas partir aisément, l'idée m'est venue de décamper sans votre permission...

— Ainsi donc tu partais ? demanda Montès tout pensif.

— Oui, ma foi !... Vous me deviez deux piastres pour mes deux journées de service, mais je n'ai pas osé vous déranger de votre sommeil ; j'ai mis la main dans le sac où je vous ai vu serrer de l'argent, et...

— Et tu as tout pris.

— Ai-je tout pris ?... Au fait, je n'y voyais pas, et les écus m'ont paru, j'en conviens, un peu épais et un peu lourds... Mais, ajouta Jeandot d'un air de condescendance, si par hasard je m'étais trompé d'un ou deux, je suis prêt à vous les rendre, car je suis un honnête homme.

Et il porta lentement la main à sa poche.

— Non, garde tout, j'en ai d'autres, lui dit Montès d'une voix brève.

Jeandot paraissait stupéfait de cette mansuétude et de cette générosité. Le capitaine reprit :

— Marchons... nous sommes ici trop près de la cabane ; tu vas m'accompagner à la chasse.

Il traversa rapidement le défilé de l'Oule-Blanche. Le bohémien le suivait avec une répugnance visible. Au bout de quelques pas, il s'arrêta court.

— Décidément, dit-il avec insolence, je n'irai pas plus loin. Mon âne m'attend là-bas à l'auberge de Suc, et je veux voir...

— Comment, drôle ! s'écria Montès furieux en le saisissant au collet, je me laisse voler par toi, et tu oses ouvrir la bouche en ma présence !

— Voler ! répéta le bohémien d'un air de fierté blessée ; ne venez-vous pas de me donner librement cet argent ? Voler ! Il est bien dur pour un homme d'honneur de s'entendre dire de pareilles injures. Sainte Vierge ! moi voler ! moi, un bourgeois qui a des papiers et qui a exercé un état à la face du public !

Montès l'enveloppa d'un regard plein de mépris et de dégoût ; mais cachant aussitôt cette impression, il ordonna au gitano de s'asseoir sur une roche, s'assit près de lui et dit d'un ton calme :

— Expliquons-nous, Jeandot ; puis, si tu veux absolument me quitter, je ne te retiendrai plus... Ecoute : tu avais certainement des motifs pour venir au Montcalm, lorsque je te rencontrai il y a deux jours à l'auberge de Suc ; tu ne le nieras pas.

— Ça pourrait bien être, répondit le bohémien cauteleusement.

— Et ces raisons, veux-tu me les dire ?

— Ma foi ! l'affaire est tombée dans l'eau maintenant ; je n'ai donc plus à craindre de concurrens, et je vais vous exposer la chose... Je venais d'avoir des désagrémens à la foire de Beaucaire au sujet de mon âne, et je rôdais là-bas du côté de la Catalogne, ne sachant trop comment gagner ma vie, quand j'entendis parler de la femme sauvage du Montcalm. Je me fis conter ce qu'on en savait. Pardieu ! me dis-je, voilà un coup de fortune ! J'ai déjà montré des femmes sauvages, et je connais la partie : il y a tout profit là dedans... J'ai voyagé avec deux sauvages : l'une mangeait des cailloux, l'autre des poulets vivans ; c'était de l'or en barre. Enfin l'idée m'est venue de m'arranger avec la femme du Montcalm. Je sais la manière d'enjôler ces friponnes-là : avec un verre d'eau-de-vie et une pièce blanche, on leur fait signer un écrit, quand on s'y prend adroitement. D'ailleurs, celle-ci est, dit-on, toute jeune, et ça n'est pas encore bien malin... Or donc, je suis monté sur mon âne et je suis accouru à Suc sans rien dire à personne, car il y en a plus d'un de par le monde qui ne se gênerait pas pour me souffler mon affaire... Vous savez, il y a des vauriens comme ça, qui vous ôteraient le pain de la bouche.

Montès ne put s'empêcher de sourire; cependant il demanda à Jeandot d'un ton sérieux :

— Eh bien ! pourquoi as-tu renoncé si vite à ce beau plan ?

— Pourquoi ? Eh ! n'avez-vous pas entendu la grande histoire du senor Valentin Norbert ? La sauvage est fille d'un riche monsieur, elle est noble. Le senor veut l'apprivoiser et en faire une femme comme une autre. Je lui cède la place ; il serait trop fort pour moi !

— Ainsi donc, reprit le capitaine, tu as écouté cette nuit les paroles de M. Norbert ? Tu as osé nous épier ?...

— Que voulez-vous, c'était malgré moi ; d'abord, je voulais dormir, mais on a fini par parler si haut...

— Enfin, je ne vois pas là un motif de me quitter d'une manière aussi brusque. Rien ne te presse ; et en restant près de moi quelques jours encore, tu gagnerais assez d'argent pour remonter un peu tes affaires.

— C'est vrai, monsieur, dit le bohémien d'un air obstiné ; mais, s'il faut l'avouer, l'ingénieur de Vic-d'Essos est si méchant pour les pauvres gitanos ! il me fait de si gros yeux !... J'aime mieux ne pas me trouver à sa portée.

Le capitaine Montès lui posa une main sur l'épaule.

— Ne serait-ce pas aussi, demanda-t-il d'une voix sourde, que tu étais de la bande de Biroben, le chef des meurtriers de la Maison-Romaine, et que tu as peur d'être reconnu ?

Toute la dissimulation du bohémien ne l'empêcha pas de manifester une terreur extrême à cette question.

— Biroben ! bégaya-t-il, comment savez-vous... le jeune senor n'a pas nommé Biroben !

— Mais je connaissais depuis longtemps cette histoire dans les plus grands détails... Ainsi donc je ne me suis pas trompé, tu étais de cette bande de coquins qui se sauvèrent en Espagne à l'époque du crime et dont la justice française n'a pu jusqu'ici arrêter un seul !

— Non, non, je n'en étais pas, répliqua le gitano dans une angoisse inexprimable ; je suis un honnête homme, j'ai des papiers... D'ailleurs ce n'est pas la bande de Biroben qui commit le crime, je suis prêt à en jurer.

— Et comment le sais-tu si tu n'y assistais pas ? demanda Montès avec ironie ; tu viens de prononcer une parole imprudente, Jeandot ; seule elle suffirait pour te mettre dans de grands embarras, si tu l'avais prononcée devant les juges !

— Je ne crains pas les juges, répliqua Jeandot d'un ton qui démentait ses paroles ; j'ai eu affaire à eux ces derniers temps pour des peccadilles, et ils n'ont pas été trop méchans.

— Oui, mais si quelqu'un était venu leur dire que le soidisant Jeandot Perez appartenait autrefois à la bande de Biroben... Car tu en étais, j'en suis sûr.

Le bohémien jeta sur lui un coup d'œil rapide, pensant peut-être à lui arracher sa carabine. Mais le vigoureux capitaine était sur ses gardes ; Jeandot Perez, peu fourni de courage du reste, comprit que la violence ne lui réussirait pas.

— Mon bon senor, dit-il d'un ton patelin, je n'oserais pas contredire un bourgeois comme vous. Mais je vous le jure par tous les saints du paradis, ni moi ni mes amis n'avons commis le crime de la Maison-Romaine. Autrefois nous pouvions bien tordre le cou à une poule ou deux en rôdant autour d'une ferme, dérober un chaudron qu'on nous aurait confié à raccommoder, peut-être même donner un mauvais coup dans un cas d'absolue nécessité ; mais aucun de nous n'eût été assez méchant pour massacrer cette pauvre famille et ces petits enfans.

— Qui donc alors ?...

— J'ai entendu parler de cette triste aventure... Un homme qui s'était joint à la bande et que personne ne connais-

sait fut le seul coupable. On l'appelait le *Charbonnier*, parce que...

Montès l'interrompit par un sourire d'incrédulité.

— Garde cette fable absurde pour le moment où tu paraîtras devant un tribunal. Toi et tes amis, n'étiez-vous pas dans la maison la nuit du meurtre ? n'avez-vous pas participé au vol ? n'avez-vous pas pris la fuite après le crime ? ne vous êtes-vous pas cachés depuis ?... On ne croira pas à ta justification. Enfin je ne suis pas ton juge, moi... Il me semble cependant que tu es bien prompt à prendre la mouche ; car, enfin, ce M. Norbert ne te connaît pas. D'après son aveu, il ne vous a vus, toi et ta bande, que la nuit, quand vous traversiez la cour de la Maison-Romaine.

— C'est vrai, monsieur, mais le hasard est si grand... On ne sait pas ce qui peut arriver... Et puis ce Giuseppe est sorcier tout de bon... Je ferai bien, je crois, d'aller passer quelque temps en Andorre, ou même en Espagne. Puisque vous avez cru me reconnaître, d'autres pourraient s'y tromper aussi.

— Reste à savoir si je te permettrai de partir. Il me serait très facile de m'emparer de toi et de te conduire au plus prochain village ; au besoin je n'aurais qu'à élever la voix, et M. Norbert s'empresserait de me prêter main-forte pour arrêter un des assassins de la famille de Villaréal !

Le bohémien joignit les mains d'un air d'angoisse.

— Vous ne serez pas si dur que ça, mon bon senor ! J'en prends à témoin Notre-Dame-de-Puycerda et le grand saint Michel ! nous n'avons pas fait le coup de la Maison-Romaine... là vrai !... sur mon honneur ! Nous aurions eu trop peur... Et maintenant, laissez-moi aller, je vous prie. Pourquoi voudriez-vous perdre un pauvre diable ? Je ne vous ai pas fait de mal, à vous !

— Qu'en sais-tu ?

— Vraiment ?!... Seigneur mon Dieu ! comment ai-je pu causer du dommage à un si brave homme ! Malheureux pêcheur que je suis !... mais voyons, du temps de ma bande (à supposer toujours que j'aie été des gens de Biroben), quelqu'un de nous vous aurait-il joué un vilain tour ?... nos garçons auraient-ils oublié de rendre une casserole de cuivre à votre ménagère, ou bien nos femmes auraient-elles détourné une partie de la laine en tondant vos brebis ?... Que voulez-vous, monsieur, les temps sont souvent durs ! on a beau dire aux femmes et aux garçons, on n'en peut venir à bout... Mais j'y songe, dans quelque foire du voisinage vous m'aurez acheté un âne ou un cheval, car j'étais maquignon alors ! N'est-ce pas cela ?... oui, et vous n'aurez pas été content du marché !

— Ce qui doit arriver souvent à tes pratiques, dit le capitaine, qui paraissait prendre plaisir à la frayeur et aux grotesques suppositions du gitano ; mais ne te creuse pas inutilement la cervelle pour savoir où tu m'as vu, ajouta-t-il d'un ton plus grave, cela n'importe ni à tes affaires ni aux miennes. Rassure-toi, je n'aurai pas de mauvaises intentions à ton égard si tu te montres docile à mes volontés.

— Commandez, senor ; je suis prêt.

— Non-seulement je ne te dénoncerai pas, mais encore si tu suis scrupuleusement mes ordres, je te ferai rentrer en Espagne par prudence d'ici à peu de jours, je te rendrai le plus riche gitano de l'univers... Tu connais sans doute les quadruples espagnols ?

— J'en ai beaucoup entendu parler, mon bon maître ; mais une seule fois j'en ai vu un dans la poche d'un muletier des Asturies... c'est diablement beau ! et ça reluit fièrement au soleil.

— Eh bien ! j'ai quelque part cinq de ces beaux quadruples d'or... Quand tu voudras, ils seront à toi.

— A moi ! répéta Jeandot Perez ébloui ; que faut-il faire ?

Montès réfléchit un moment.

— Tu t'es vanté de bien connaître le Montcalm ?

— Vous avez vu hier comment je vous ai conduit lestement à l'Oule-Blanche, pendant que le senor ingénieur se déchirait les membres dans la sapinière ?

— C'est vrai !... maintenant il s'agit de me conduire par le chemin le plus court au Puits-d'Enfer.

— Au Puits-d'Enfer ! mais n'avez-vous pas entendu dire que cet endroit était inaccessible ?

— Oui, et c'est une erreur sans doute, puisque M. Norbert y a pénétré dès la première tentative... il l'a affirmé devant toi.

— Etes-vous bien sûr que M. Norbert ne se soit pas trompé ?

— Il n'a pu se tromper ni vouloir me tromper.

— Et moi, j'affirme, monsieur, que je ne connais pas une créature humaine capable d'une pareille chose... J'en prends à témoin tous les chasseurs, tous les contrebandiers des Pyrénées françaises et espagnoles !

Le gitano parlait avec une conviction réelle, et il n'y avait pas moyen de suspecter sa bonne foi.

— C'est inconcevable ! murmura Montès rêveur ; eh bien, maître Jeandot, comment comptais-tu donc joindre la femme sauvage pour lui adresser les propositions de société ?

— Je vais vous dire, senor... j'ai pris des informations fort exactes. On ne peut entrer, à la vérité, dans le Puits-d'Enfer, où habite la sauvage ; mais elle passe très souvent au milieu d'une jonchée de pierres voisine du Puits-d'Enfer et qu'on appelle la *Peyrade*... C'est là que des chasseurs l'ont aperçue plusieurs fois, c'est là que dernièrement ce butor de Jacquet a tiré sur elle.

— Norbert ne va pourtant pas de ce côté, murmura le capitaine comme à lui-même ; eh bien, tant mieux ! il serait possible... Allons, conduis-moi à la Peyrade, ajouta-t-il brusquement en se tournant vers le bohémien. Nous avons déjà trop perdu de temps.

— Et qu'y ferons-nous, senor ?

— Tu le sauras bientôt... Marche le premier et obéis ponctuellement si tu veux que nous restions amis.

— Mais, senor, je ne comprends pas...

— Tu n'as pas besoin de comprendre.

Le gitano fit une grimace. Cependant il précéda Montès avec soumission.

Revenons maintenant à Valentin.

Le jeune homme, en proie aux plus mortelles inquiétudes, se dirigeait en toute hâte vers l'endroit d'où semblait partie l'explosion d'une arme à feu ; mais il lui fallait faire un assez long détour, et dans sa précipitation il s'égara plusieurs fois. Enfin il atteignit le passage souterrain et s'empressa de le traverser. Mais plus d'une heure s'était écoulée depuis le moment où il avait entendu le coup de fusil ; il était possible qu'il retrouvât à la même place les auteurs de cette alerte.

Au sortir du passage il examina avec empressement toute la partie visible de l'horizon. La plus complète solitude régnait autour de lui. Il eût pu se croire seul avec les corbeaux et les aigles dans ces déserts aériens. Cependant il finit par remarquer un individu, dont la distance ne lui permettait de distinguer ni le costume ni les traits, descendant la montagne au-dessous de lui, dans la direction de Suc. Quel était cet homme ? Était-ce lui qui venait de tirer un coup de feu ? La chose n'était pas impossible ; mais alors, le personnage en question devait, aussitôt après l'événement, avoir fait grande diligence, car il était déjà fort loin. Valentin eut d'abord la pensée de se mettre à sa poursuite afin de l'interroger ; mais la réflexion l'arrêta. Cette poursuite pouvait être longue et infructueuse ; il valait mieux s'assurer sans retard de ce qui s'était passé derrière les rochers du Puits-d'Enfer. Il reprit donc son premier dessein, et sans s'inquiéter davantage du rôdeur inconnu, il se mit à longer extérieurement la barrière granitique pour se rapprocher de la cascade. Après une marche pénible, il atteignit la Peyrade du Montcalm.

Ce lieu était encore plus sauvage et plus désolé qu'aucun autre de cette affreuse montagne. Il était encombré

de pierrailles, débris hideux des avalanches qui tombaient des crêtes du Montcalm et venaient se briser contre l'enceinte extérieure du Puits-d'Enfer. Dans les crevasses, on eût pu trouver encore des glaçons et des amas de neige souillée. La vue était étroite et bornée, excepté du côté du pic, dont le cône majestueux semblait toucher le ciel. Sur tous les autres points on n'apercevait qu'arbustes rabougris, roches en dissolution et bouleversemens. Du reste, là comme plus bas, une immobilité morne ; jamais pied humain ne semblait s'être posé sur ce sol maudit.

Valentin savait cependant combien cette apparence était trompeuse ; de là étaient partis certainement le coup de fusil et les cris de détresse qui étaient parvenus jusqu'à lui au Puits-d'Enfer. Il reconnaissait parfaitement, à la forme particulière de la cime, le pic dont la fille sauvage avait gravi le revers avec une agilité si surprenante ; mais rien ne trahissait plus le drame sanglant qui avait eu lieu peut-être en cet endroit une heure auparavant.

Alors il se mit à appeler de toute sa force. Il se tourna dans diverses directions, en se servant de ses deux mains disposées en forme de cornet pour renforcer sa voix. Mille échos lui renvoyèrent ses appels en les scindant d'une manière bizarre ; quand ils s'éteignirent, un funèbre silence régna de nouveau dans ces vastes solitudes.

Si Valentin n'avait pas été sûr du témoignage de ses sens, il n'eût pas poussé plus loin ses perquisitions ; mais au moment où le découragement commençait à s'emparer de lui, une découverte, futile en apparence, ranima son ardeur. C'était une bourre de papier récemment brûlée et exhalant encore une forte odeur de poudre. Il n'y avait donc plus de doute sur la place occupée par le tireur inconnu ; il s'agissait seulement de savoir contre qui il pouvait avoir exercé sa funeste adresse.

Son attention se tourna d'abord sur le rocher voisin de la cascade. La pente en était encore inaccessible, mais incomparablement moins raide que le versant opposé. A l'aide de touffes d'herbes et d'arbustes qui croissaient çà et là, Valentin essaya de faire quelques pas sur cette surface dangereuse ; il fut bientôt forcé de s'arrêter : il eût fallu des échelles ou des crampons de fer pour parvenir plus haut. Cependant cette tentative eut un résultat important ; comme il regardait attentivement autour de lui, il aperçut une feuille d'arbre sur laquelle brillait une large goutte d'un sang vermeil encore et fraîchement répandu.

Valentin laissa échapper un cri de douleur.

— C'est donc vrai ? On l'a tuée !

Mais la réflexion vint encore corriger ce que cette opinion contenait de trop absolu. Quel intérêt pouvait-on avoir à assassiner une femme inoffensive ? et à supposer qu'un chasseur brutal, comme il s'en était trouvé déjà, l'eût frappée par inadvertance ou autrement, qu'était devenu le corps de la victime ? Excepté cette goutte de sang qui semblait tombée d'une étroite corniche située aux deux tiers du rocher, rien n'annonçait qu'un meurtre eût pu être commis.

— Eh bien ! dit Norbert, dussé-je périr à la peine, je pénétrerai le secret de cet inconcevable événement. J'ai aperçu des cordes et des coins de fer dans la bergerie, je vais aller les chercher... J'implorerai l'aide du capitaine Montès, de Giuseppe, ou du bohémien lui-même s'il le faut, et avec leur secours je graviraj ces rocs inabordables... J'en fouillerai avec soin chaque recoin ; je saurai enfin si cette malheureuse enfant a péri par un lâche et gratuit assassinat !

Cette détermination prise, il s'empressa de la mettre à exécution. Il eut peine à sortir de l'espèce de chaos au milieu duquel il était engagé ; mais ni l'escarpement de la montagne ni les grosses pierres qui cédaient sous ses pas ne purent ralentir sa marche. Après avoir couru vingt fois le risque d'être écrasé par les blocs mobiles, ou de rouler avec eux au fond du précipice, il atteignit un sol moins tourmenté et aperçut en tournant sur la gauche le portique gigantesque de l'Oule-Blanche.

Il allait le franchir quand il s'entendit appeler d'une

voix haletante : c'était le capitaine Montès qui gravissait l'autre revers du Montcalm.

Le chasseur avait fort piteuse mine ; ses vêtements étaient souillés de terre, ses mains et son visage couverts de contusions. Sa carabine et son carnier de chasse avaient disparu. Il marchait avec peine et paraissait épuisé de fatigue.

Valentin, malgré ses préoccupations, ne put s'empêcher d'être touché des souffrances apparentes de son compagnon.

— Au nom de Dieu ! capitaine, demanda-t-il, d'où venez-vous ? vous serait-il arrivé quelque accident ?

— Oui, oui, il m'est arrivé un accident, répliqua Montès avec une sorte de gémissement ; mais, par pitié, monsieur Norbert, accordez-moi le secours de votre bras, ou je n'aurai jamais la force d'atteindre la bergerie de Giuseppe.

Valentin s'empressa de le soutenir, et ils s'acheminèrent vers l'Oule-Blanche.

— Mais enfin, reprit-il, que s'est-il passé, capitaine ? qui vous a mis en si triste état ? où est votre guide, le bohémien ?

— Le bohémien ! dit Montès, le visage pourpre d'indignation, en serrant les poings ; maudit soit le moment où j'ai pris à mon service un pareil coquin ! J'en suis cruellement puni, et désormais, monsieur Norbert, je partagerai votre haine contre toute cette exécrable race... Quant à celui-ci, je le jure, il me paiera le tour qu'il m'a joué.

— De grâce, que vous a-t-il donc fait ?

— Ce qu'il m'a fait ? Ne le voyez-vous pas ? Il m'a dépouillé et s'est enfui avec mon bagage, en me laissant dans la plus affreuse position...

— Il vous a volé ? interrompit Valentin d'un air étonné ; cela est-il possible ? Vous êtes évidemment plus vigoureux que lui ; vous aviez votre carabine et il était sans arme... Je ne m'explique pas...

— Attendez ; vous allez juger combien j'ai été imprudent et stupide. Déjà, ce matin, j'avais eu occasion de reconnaître la scélératesse de ce drôle, et je lui avais sottement pardonné. Après m'avoir promené dans les endroits les plus difficiles de la montagne, il m'a conduit à un vallon aride et désolé où il m'a invité à me reposer. J'étais harassé ; je n'avais pas pris le temps de déjeuner avant de partir ; j'avais grand besoin d'un peu de nourriture et de repos ; je me suis donc couché épuisé à l'ombre d'une roche. Me voyant si abattu, le misérable m'a enlevé ma carabine et mon carnier comme pour m'en débarrasser officieusement, et, pendant que je le croyais occupé à préparer le repas, il a pris la fuite. Je dois avouer que peu d'instans auparavant, j'avais eu la maladresse de laisser voir au gitano une ceinture bien garnie de quadruples d'Espagne ; comme cette ceinture me gênait dans ma marche, j'avais profité d'un moment où il avait le dos tourné pour la glisser dans mon carnier ; mais il m'avait aperçu sans doute, et la tentation aura été trop forte pour lui. Quoi qu'il en soit, je ne suis pas homme à me laisser voler ainsi tranquillement deux fois de suite. En voyant détaler ce brigand, je me suis mis à sa poursuite ; il s'est retourné et m'a couché en joue avec ma propre carabine. Je le croyais trop lâche pour tirer : d'ailleurs j'étais trop furieux d'avoir été pris pour dupe ; aussi n'ai-je pas moins continué à le serrer de près. Mais n'étant pas habitué à marcher sur ce terrain tourmenté, je bronchais à chaque pas. Tout à coup le pied m'a manqué ; j'ai roulé dans un ravin, où je suis resté étourdi et presque sans connaissance... Vous voyez les suites de ma chute !... Mon voleur a profité de cet accident pour s'échapper. Sans doute il gagnera la frontière d'Espagne et mener joyeuse vie à mes dépens. Pour moi, tout brisé et ne sachant de quel côté me diriger, j'ai erré au hasard sur la montagne, et c'est à grand'peine que j'ai pu me traîner jusqu'ici.

Ce récit ne parut nullement invraisemblable à Valentin ; il avait une aversion sans borne pour les bohémiens, et,

de leur part, aucun méfait ne lui semblait impossible. Il était donc préoccupé d'une seule chose : concilier l'aventure de Montès avec l'évènement du Puits-d'Enfer.

— L'audace de ce malfaiteur est vraiment extraordinaire, reprit-il ; et cependant, capitaine, il vient peut-être de se commettre, non loin d'ici, un crime plus abominable encore.

— Un crime ! dit Montès en tressaillant ; et qui en est l'auteur ?

— Je l'ignore encore, mais Dieu sans doute nous le fera connaître... Capitaine Montès, n'avez-vous pas longé le Puits-d'Enfer, il y a deux heures, avec votre guide ?

— Jeandot eût pu vous le dire ; quant à moi...

— Je croyais cependant vous avoir reconnus l'un et l'autre.

— Au fait, c'est possible... Sais-je où je suis allé, ce que j'ai vu, par où j'ai passé ?

— Et n'avez-vous pas tiré un coup de carabine ?

Montès resta un instant sans répondre.

— Non, reprit-il enfin, je suis sûr de n'avoir pas déchargé mon arme une seule fois dans la matinée.

— Alors, c'est encore cet infâme bohémien qui aura tiré sur la femme sauvage et qui l'aura tuée.

— Tué la femme sauvage ?

Valentin raconta ce qui venait de se passer au Puits-d'Enfer. Le capitaine l'écouta attentivement :

— C'est un malheur immense, dit-il avec émotion, et vous ne pouvez comprendre à quel point le sort de cette enfant m'intéresse... mais je veux croire encore que vos craintes sont vaines. Si un pareil crime n'était pas inutile à Jeandot, je l'accuserais sans hésiter d'en être l'auteur, car il a dû passer à l'endroit dont vous parlez pour descendre dans la plaine ; mais comment supposer que cet homme ait osé, sans motifs et dans un moment où il devait craindre d'être poursuivi, assassiner cette créature inoffensive ?

— Vous ne connaissez pas cette race indigne de Parias... chez eux le mal est un instinct, comme chez la bête féroce ! Ils trouvent dans le meurtre une horrible satisfaction.

Pendant cette conversation, ils étaient arrivés à la bergerie. Giuseppe ne s'y trouvait pas, et la cabane était comme abandonnée. Valentin offrit ses secours à Montès pour panser les meurtrissures qu'il s'était faites dans sa chute ; mais le capitaine le remercia.

— Ce n'est rien, ce n'est rien, dit-il ; je ne suis pas une petite maîtresse... un peu d'eau suffira... Je ne vous retiendrai pas longtemps, monsieur Norbert ; je me sens déjà beaucoup mieux...... Je vais vous accompagner au Puits-d'Enfer, et nous rechercherons ensemble le corps de cette pauvre fille.

— Quoi ! monsieur, vous voulez, dans l'état où vous êtes.....

— Je vous accompagnerais, Norbert, eussé-je un bras cassé, ce qui n'est pas heureusement... Je ne pourrai peut-être vous être d'un grand secours, mais le zèle suppléera à la force.

Valentin se repentit de s'être défié un instant d'un compagnon si dévoué. Il reprit :

— Capitaine Montès, reprit-il d'un ton cordial, n'écoutez pas trop les inspirations de votre bon cœur. Je crains.....

— Allons, allons, ne perdons pas de temps. Vous ne me connaissez pas encore complétement, monsieur Norbert, et ce que vous appelez générosité n'est peut-être que la conscience d'un devoir sacré... Vous saurez bientôt quel intérêt puissant j'ai dans cette affaire, car je veux me montrer confiant avec vous comme vous avez été confiant avec moi... Mais, au nom du ciel ! n'oublions pas que peut-être cette pauvre petite respire encore et que de prompts secours peuvent la sauver !

Valentin n'avait pas besoin de cette incitation, car il bouillait d'impatience ; il ne songea même pas à demander au capitaine l'explication de ses demi-mots. Il se mit à rassembler les cordages et les pitons de fer que Giuseppe tenait en réserve dans un coin de la cabane pour les circonstances de ce genre. Montès, après s'être humecté le visage et les mains avec de l'eau fraîche pour enlever la poussière et le sang qui les souillaient, avala un coup d'eau-de-vie, força le jeune homme d'en faire autant, et il annonça qu'il se sentait entièrement rétabli. Il voulut même avoir sa part du fardeau jusqu'au Puits-d'Enfer, et il se chargea des objets les moins lourds, malgré les instances de l'ingénieur.

Au moment de partir, le capitaine, arrêtant son compagnon par le bras, lui dit d'un ton grave :

— J'ai réfléchi à l'accusation que vous avez portée contre le bohémien, monsieur Norbert, et il ne serait pas impossible qu'elle se trouvât fondée.

— Sauriez-vous, capitaine, quelque particularité de nature à la justifier ?

— Peut-être... d'abord le gitano n'a pas perdu un mot de votre récit de la nuit dernière.

— Que m'importe ! l'histoire de la famille de Villaréal n'est-elle pas connue de tout le pays ?

— Sans doute ; mais elle avait pour Jeandot Perez un intérêt particulier. Le soupçon ne vous est-il donc pas venu, comme à moi, que mon guide avait pu faire partie de la bande de Biroben-le-Maquignon ?

— Que me dites-vous ?

— Une vérité qui pour moi maintenant est claire comme la lumière du jour.

— Et cet homme s'est échappé ! s'écria Valentin en fureur ; la haine instinctive que j'éprouvais contre lui ne me trompait donc pas ? C'était un des assassins de la famille de Villaréal !... Oh ! capitaine, pourquoi ne m'avoir pas prévenu plus tôt ?

— Aujourd'hui seulement j'ai conçu des soupçons quand j'ai vu la terreur que lui inspirait votre présence. En affectant beaucoup d'assurance... je suis parvenu à lui imposer assez pour le décider à couvenir de tout, peut-être n'ai-je pas encore poussé assez loin mes investigations, mais si jamais le hasard ramenait ce scélérat sur mon chemin... Quoi qu'il en soit, l'assassinat de la femme sauvage doit commencer maintenant à vous apparaître sous son véritable aspect.

— Tout mon sang bout à la pensée que je me suis trouvé si près d'un de ces monstres, sans en faire justice... Cependant, je vous l'avoue, capitaine, je ne vois pas à mon tour quel intérêt pouvait pousser ce misérable à un nouveau forfait.

— N'avez-vous pas dit la nuit dernière qu'Antonia de Villaréal et la fille sauvage du Montcalm étaient une même personne ?

— J'ai exprimé un doute à cet égard, mais je n'ai pu présenter ce doute comme une certitude, car même en ce moment, après une seconde entrevue avec cette infortunée, je n'oserais rien affirmer.

— Un doute suffit pour décider un pareil coquin aux dernières extrémités... D'ailleurs, pourquoi Jeandot Perez n'aurait-il pas quelque moyen particulier de reconnaître positivement Antonia de Villaréal de l'habitante du Puits-d'Enfer ? Une circonstance mystérieuse, un signe extérieur connu de lui seul...

— Mais encore une fois, capitaine, même en admettant ces suppositions, quel motif aurait eu ce brigand de s'acharner sur une faible enfant échappée au massacre de sa famille ?

— Réfléchissez donc... et si cette enfant, cette petite Antonia, qui fut poursuivie avec tant d'acharnement par un des assassins, avait vu commettre le crime ? si elle en connaissait les auteurs ? si, quand l'usage de la langue et l'intelligence lui seront rendus, elle pouvait dénoncer les coupables ?

Valentin se frappa le front.

— Oui, oui, vous m'ouvrez les yeux, dit-il avec désespoir ; ce lâche scélérat dans sa frayeur exagérée n'y aura pas regardé de si près et aura frappé une étrangère... car ce n'est pas Antonia ! Je suis cause du malheur de cette pauvre sauvage ; j'ai attiré sur elle l'attention du meurtrier... sans moi elle serait encore libre et heureuse dans sa solitude !

Et il versait des larmes.

— Ne prenez pas trop au sérieux de simples soupçons ; ils n'ont peut-être rien de fondé, dit Montès avec émotion ; songeons plutôt à la réalité et allons à la recherche de cette femme... morte ou vivante, nous saurons enfin qui elle est.

— Et quelle qu'elle soit, s'écria Valentin avec exaltation nous la sauverons... s'il est possible de la sauver !

Ils étaient sortis de la cabane et marchaient avec ardeur. Au moment où ils approchaient de l'entrée du vallon, le bruit de plusieurs voix vint frapper leurs oreilles ; presque aussitôt quatre hommes, tournant l'angle du rocher, se montrèrent à quelque distance.

De ces quatre personnes, deux étaient de robustes montagnards chargés de bagages et de provisions. Devant eux marchaient l'aubergiste de Suc chez lequel Valentin et Montès avaient logé deux jours auparavant, et enfin le bohémien Jeandot Perez, qu'on ne devait guère s'attendre à revoir à l'Oule-Blanche en ce moment.

A la vérité, le gitano ne semblait nullement y revenir de son plein gré, car il était prisonnier au milieu des trois autres hommes. L'aubergiste surtout surveillait ses mouvemens avec une attention particulière et le menaçait fréquemment de la carabine du capitaine Montès dont il s'était emparé. Perez estimait trop la vie pour ne pas tenir compte de ces démonstrations, il suivait donc les autres sans résistance et affectait même un air d'insouciance et de tranquillité.

A sa vue Norbert et Montès pâlirent.

— Il s'est donc laissé prendre ? murmura le capitaine.

Valentin jeta son fardeau et courut au devant des voyageurs.

— Voilà l'assassin ! s'écria-t-il ; Dieu n'a pas voulu que son crime restât longtemps impuni ! Malgré l'horreur qu'il m'inspire, je saurai bien lui arracher la vérité.

Montès parut pendant quelques secondes en proie à une extrême agitation ; mais presque aussitôt il rasséréna son visage et rejoignit Norbert.

VII.

L'INTERROGATOIRE.

Le bohémien, de son côté, ne semblait aucunement redouter une confrontation. Sans tenir compte de la présence de Valentin, que l'excès même de l'indignation empêchait de parler, il s'avança hardiment vers son ancien maître.

— Vous allez voir, vauriens, dit-il à ses gardiens, si un honnête garçon comme moi doit être traité ainsi... Voici le senor Montès lui-même ; demandez-lui s'il se plaint de son guide... Voyons, capitaine Montès, répondez : ne suis-je pas un brave homme ? Vous ai-je causé quelque tort ?

— Infâme ! s'écria Valentin révolté de tant d'insolence, oses-tu bien, après avoir commis un meurtre...

— Paix ! monsieur Norbert, interrompit le capitaine avec calme ; paix, de grâce ! Il est accusé, nous devons l'interroger froidement, sans l'accabler d'injures. Procédons avec méthode... Et d'abord je demanderai à ces bonnes gens comment ils ont pu avoir la pensée de ramener ici le gitano contre son gré.

— Diou biban ! monsieur, la chose est fort simple, répliqua l'aubergiste ; ce matin, ces deux garçons et moi nous sommes partis du village pour vous apporter chez Giuseppe vos valises et des provisions, comme nous en étions convenus. Au pied de la montagne, nous avons aperçu tout à coup ce coquin de gitano ; il marchait rapidement et semblait vouloir se cacher ; mais nous étions sur la corniche de Malateste et il n'y avait pas moyen. J'étais assez surpris de le trouver sans vous dans cet endroit, sachant que vous l'aviez engagé pour vous servir. Cependant nous allions le laisser passer tranquillement quand j'ai remarqué qu'il portait votre belle carabine rayée de Saint-Etienne et votre carnassière toute neuve. Ça m'a donné des soupçons, car les bohémiens sont sujets à caution. Je l'ai accosté, je l'ai questionné, il a bredouillé des balivernes. Moi, je ne suis pas facile à *moucher*, voyez-vous ? Il m'a paru qu'il y avait du louche dans cette affaire. Je n'ai fait ni une ni deux, j'ai empoigné le drôle, et je l'ai ramené à l'Oule-Blanche afin de tirer la chose au clair. Maintenant c'est à vous de savoir si ce sac et cette arme de prix...

— Le bon senor Montès me les a donnés, interrompit le bohémien avec une grande assurance ; ah ! c'est un fier maître, le capitaine, et joliment généreux !... Voyant que le sac et la carabine étaient de mon goût, il m'a dit rondement : « Garde-les... ils sont à toi ! » N'est-ce pas, capitaine Montès, vous m'avez dit cela ?

— Comment ! tu oses encore soutenir ce mensonge en présence de ces honorables messieurs ? reprit l'aubergiste, et tu crois qu'on se laissera prendre à cette *couleur* ?... Le capitaine t'a donné le sac, fort bien ; mais par saint Michel ! malgré sa générosité, il n'a pu te donner ce qui est dedans.

Et il tirait du carnier dont il était porteur une ceinture de cuir contenant une somme assez considérable.

— Cette ceinture est à moi ! s'écria Jeandot avec la même persévérance naïve ; elle contient mes économies. Je suis un commerçant, moi ; j'ai des papiers... j'ai gagné de l'argent dans les foires, et tout mon magot est là... Mais voyons, mon bon senor, ajouta-t-il en souriant et en se retournant vers Montès, dites-leur donc que ce sac, la carabine, les quadruples, tout m'appartient légitimement !

Le capitaine, impassible jusqu'à ce moment, le foudroya d'un regard.

— L'audace de cet homme me confond, dit-il à Norbert, et il a dû longuement pratiquer le crime pour persister avec une pareille effronterie dans un système de défense aussi absurde. Je lui ai pardonné ce matin un méfait moins grave, et il compte de nouveau sur mon indulgence ; il s'est trompé... Je vous remercie, mes amis, ajouta-t-il en s'adressant aux montagnards, d'avoir arrêté ce voleur ; il faut maintenant le livrer à la justice.

Le bohémien se mit à trembler de tous ses membres, pendant qu'une grande stupéfaction se reflétait sur son visage bronzé.

— Voyez-vous ça ! quand je disais ! s'écria l'aubergiste triomphant.

— Mais cela n'est pas ! reprit Jeandot d'un ton piteux en s'adressant à son ancien maître ; vous savez bien, mon bon senor... vous m'avez promis...

Valentin, par déférence pour Montès, s'était contenu avec peine jusqu'à ce moment ; il s'écria avec impétuosité :

— Tu oses nier un vol si évident ? Eh bien ! nieras-tu aussi l'assassinat dont tu viens de te rendre coupable au Puits-d'Enfer, sur la personne de la femme sauvage du Montcalm ?

A ces mots d'assassinat et de femme sauvage, l'attention des auditeurs redoubla. L'aubergiste et ses deux garçons déposèrent leur charge à terre pour mieux écouter. Le bohémien lui-même, après avoir entendu cette accusation si nettement formulée, parut arrivé au comble de la terreur.

— Qui a dit cela ? demanda-t-il d'une voix très émue. Le senor capitaine m'accuse-t-il aussi d'avoir tué la femme sauvage ?

— C'est moi qui t'accuse ! s'écria Valentin avec force. J'ai entendu le coup ; je t'ai vu fuir un moment après, puis j'ai trouvé du sang au bas du rocher.

— Et le capitaine n'a pas cherché à me disculper ?

— Sais-je ce que tu as fait après m'avoir volé mon arme ? dit Montès brusquement.

Le bohémien baissa la tête sans rien dire. Valentin interpréta ce silence comme un aveu.

— Ainsi donc c'est toi ? reprit-il avec agitation ; tu as été assez lâche... Eh bien ! réponds-moi avec franchise, et peut-être pourrai-je encore commander à la colère qui me pousse à t'étrangler de mes propres mains... Où se trouvait cette malheureuse lorsque tu l'as frappée ? Est-elle morte sur le coup ? Où l'as-tu vue tomber ? Parle, parle, au nom de Dieu qui doit te punir !

— Je suis innocent, répliqua Jeandot atterré ; demandez au senor Montès.

— Comment scélérat ! voudrais-tu faire supposer...

— Les gitanos peuvent être des scélérats quand la misère les pousse ; mais il y a des messieurs, des bourgeois plus scélérats encore... Si l'on ne me soutient pas, si l'on m'abandonne ainsi, parce que j'ai eu la sottise de me jeter dans un piège, on pourra s'en repentir !

— Que veut-il dire ? s'écria le capitaine avec mépris ; il me menace, je crois !

— Je ne menace pas... Mais vous le savez mieux que personne, je ne vous ai pas volé et je n'ai pas tué la femme sauvage... Dites-le donc hautement, je vous en supplie.

— Un misérable de la bande de Biroben est bien capable d'avoir commis ce nouveau meurtre.

— Oh ! pour le coup, c'est trop fort ! s'écria le bohémien hors de lui : eh bien, puisqu'il en est ainsi, je dirai, moi, la vérité... C'est le capitaine Montès qui a tiré sur la femme sauvage ; puis il m'a donné sa carabine et son argent en m'intimant l'ordre de fuir au plus vite. Je ne m'expliquais pas d'abord ses libéralités ; mais je les comprends maintenant... Il a voulu rejeter sur moi le crime dont il est seul coupable, et malheureusement il a réussi !

Cette accusation semblait si absurde que l'aubergiste et les montagnards éclatèrent de rire.

— Imposteur ! s'écria Valentin hors de lui, nous supposes-tu assez insensés pour ajouter foi...

— Laissez-le se défendre librement, monsieur Norbert, interrompit Montès ; peut-être au milieu de ces grossiers mensonges, recueillerons-nous des aveux importans... Parle, Jeandot, ajouta-t-il avec calme ; ta justification, quelle qu'elle soit, ne doit pas être restreinte, et personne ne te maltraitera, parce que tu appartiens déjà à la justice.

Le bohémien semblait épouvanté des charges accablantes qui s'élevaient contre lui.

— Je le vois bien, reprit-il avec découragement, je suis perdu... les apparences me sont contraires et si je raconte exactement ce qui s'est passé, on ne me croira pas... je le raconterai cependant, et peut-être un jour aura-t-on la preuve de mon innocence. Ecoutez-moi donc, bonnes gens, vous surtout, monsieur Norbert... vous êtes un honnête jeune homme, malgré votre haine aveugle contre les pauvres gitanos... Donc, ce matin, je l'avoue, je voulais gagner au pied avec quelques écus appartenant au capitaine...

— Vous l'entendez déjà ? dit Montès.

— Ces explications sont inutiles ! s'écria Valentin ; nos instans sont précieux, et...

— Encore une fois, monsieur Norbert, je vous supplie de le laisser parler sans contrainte.

— Oui, oui, dit Jeandot d'un air sombre, vous vous croyez bien sûr de me faire passer pour un menteur, et vous êtes tranquille... Mais je mets ma confiance dans Notre-Dame d'Héas, et si toutefois cette grande Sainte-Vierge daigne s'occuper de moi !... Je disais donc que ce matin le capitaine Montès, en me voyant sortir, s'était mis à ma poursuite. D'abord c'étaient des injures, des menaces ; puis il a fini par se radoucir entièrement, et il m'a promis, si je voulais lui obéir avec ponctualité, sans demander d'explications, de me rendre riche pour toute ma vie. Alors il m'a ordonné de le conduire le plus près possible du Puits-d'Enfer, à un endroit où je supposais que pouvait passer la femme sauvage. J'ai obéi. Arrivés à la Peyrade, je ne pensais pas que nous eussions la chance de rencontrer de sitôt la dame en question ; nous nous sommes assis derrière une roche pour l'attendre, et je me suis endormi. J'ai été réveillé par un coup de carabine parti tout près de moi, et suivi aussitôt de cris perçans... En une seconde j'ai été debout... Le capitaine venait de tirer sur un objet qui s'agitait en haut du rocher ; il se baissait pour mieux voir à travers la fumée... J'ai regardé dans la même direction, et j'ai aperçu une créature bizarre avec de longs cheveux et une espèce de vêtement rouge ; j'ai reconnu la femme sauvage du Montcalm. Elle bondissait comme une chèvre, mais elle chancelait et paraissait blessée... Tout à coup elle est tombée dans une espèce de crevasse et je ne l'ai plus vue.

— Elle était morte? demanda Valentin tout haletant.

— Cela ne serait pas impossible... c'est même probable... mais je n'ai pas eu le temps de faire d'autres observations. J'étais encore tout abasourdi de cette aventure, quand le senor Montès s'est approché de moi. Il paraissait aussi calme que s'il venait de tirer sur une perdrix blanche, et il souriait : « Voici le moyen de gagner ton argent, m'a-t-il dit presque à voix basse ; ce coup de fusil va certainement attirer ici M. Norbert, que j'ai entendu tout à l'heure, là, derrière les rochers... Il nous a servi de rabatteur de gibier. Prends ceci et sauve-toi... il faut que ce soir tu aies passé la frontière d'Espagne. Oublie ce que tu as vu et ne remets jamais les pieds en France, ou tu y laisseras ta peau... » Là-dessus il m'a donné le carnier, la ceinture et la carabine toute fumante encore. J'étais fort embarrassé ; mais je ne pouvais empêcher une chose faite, et d'ailleurs je n'avais pas le temps de réfléchir. J'ai donc pris machinalement ce qu'on m'offrait et je suis parti pendant que le capitaine se sauvait du côté opposé. J'allais gagner la frontière, sans même songer à réclamer mon pauvre âne qui est encore à l'auberge de Suc, quand on m'a arrêté et ramené ici.

Ce récit, malgré de nombreuses invraisemblances, avait captivé fortement l'attention des auditeurs. Valentin lui-même s'était un peu éloigné de Montès par un mouvement involontaire, et en ce moment les conseils de Giuseppe lui revenaient à l'esprit. Mais le capitaine ne paraissait nullement s'émouvoir de l'impression produite par cette accusation. Il avait ouvert une petite valise apportée par l'un des montagnards, et il feuilletait tranquillement des papiers qu'il en avait tirés.

— Capitaine Montès, reprit enfin Norbert avec un certain embarras, je ne saurais ajouter foi à ces monstrueuses calomnies ; cependant peut-être jugerez-vous convenable de me donner quelques explications...

— Ah! ah! en sommes-nous là? demanda Montès en souriant ; est-ce mon tour de subir un interrogatoire?... Monsieur Norbert, continua-t-il sans cesser d'examiner ses papiers, mon honnête guide, en nous contant cette belle histoire, a oublié seulement, comme le personnage d'une vieille comédie, de le mettre sous la garantie de son véritable nom... Or, je viens de faire une découverte qui vous éclairera complètement sur l'authenticité de cet ingénieux roman. Monsieur Norbert, le soi-disant Jeandot Perez n'est autre que Biroben lui-même, Biroben-le-Maquignon, chef des assassins de la Maison-Romaine !

Valentin poussa un cri de rage.

— Cela est faux ! s'écria le gitano tremblant ; cela est faux, mes bons senors, je ne suis pas Biroben... Biroben est mort depuis longtemps.

Mais sa frayeur elle-même l'accusait.

— Biroben-le-Maquignon ! le fameux Biroben ! dit l'aubergiste en s'avançant avec curiosité ; voyons-le donc. On prétend qu'il sait prendre toutes sortes de figures et jouer toutes sortes de personnages !

— Jésus, mon Dieu ! c'est une calomnie ! répéta le bohémien.

Valentin, d'abord interdit, lui sauta à la gorge et le secoua avec vigueur.

— Es-tu Biroben ? demanda-t-il.

— Il essaierait vainement de le nier, reprit Montès avec assurance ; lisez, monsieur Norbert, un coup d'œil suffira.

Et il présenta au jeune homme les papiers qu'il tenait à la main.

— Qu'est ceci? demanda Valentin.

— Les signalemens de tous les gitanos qui composaient la bande de Biroben, à l'époque du crime, et celui de Biroben lui-même. Voyez ; la taille, les traits, tout se rapporte à ces renseignemens recueillis par les magistrats. Remarquez surtout cette légère déviation de l'épaule droite que le soi-disant Jeandot Perez s'efforce vainement de dissimuler, puis cette ancienne brûlure à la lèvre inférieure...

Valentin suivait attentivement les indications du capitaine.

— Oui, oui, c'est lui, dit-il enfin avec une émotion profonde ; que Dieu soit loué ! je pourrai du moins venger mes infortunés amis ! Emparons-nous de lui, ajouta-t-il en s'adressant aux montagnards, il ne faut pas qu'il nous échappe.

En un clin d'œil, Biroben-le-Maquignon fut solidement attaché avec les cordes apportées dans une autre intention.

— Non, non, il ne faut pas qu'il nous échappe, répéta Montès, en aidant lui-même à garrotter le bohémien, il nous donnera peut-être la clef de bien des secrets.

Valentin se retourna vivement vers le capitaine.

— Monsieur, dit-il avec autorité, vos actions et vos paroles sont incompréhensibles. Il n'est plus temps de rien cacher, si vous ne voulez inspirer à votre tour d'étranges soupçons. Quel intérêt prenez-vous à ces événements ? Par quel hasard ces papiers se trouvent-ils si à propos entre vos mains, ici, dans ce lieu désert où vous êtes venu, dites-vous, pour vous récréer en chassant l'isard ? Je vous somme, au nom de l'honneur, d'avouer avec franchise...

— Mes aveux seront francs et complets comme je vous l'ai promis, monsieur Valentin, dit Montès avec simplicité, car je me reproche d'avoir gardé si longtemps un rigoureux incognito... Je suis venu sur le Montcalm dans les mêmes intentions que vous ; mais ce que votre dévouement pour la famille de Villaréal vous a fait faire, le devoir me le commandait à moi.

— Quoi ! monsieur... Vous seriez donc ?...

— En Espagne comme en France, on m'a toujours appelé le capitaine Montès ; mais, depuis la mort de mon frère aîné, je peux ajouter à cette qualification modeste celle de chevalier de Villaréal... Oui, monsieur Valentin, je suis l'oncle de cette jeune Antonia que vous avez tant aimée.

Valentin manifesta une grande surprise en entendant cette révélation ; cependant il ne fit pas un mouvement pour se rapprocher de Montès. Celui-ci remarqua cette froideur.

— Vous ne me connaissez pas, reprit-il d'un ton mélancolique, et vous n'avez eu aucune occasion d'apprécier mes sentimens pour ma famille. Vous avez quitté Gonac avec votre oncle peu de temps après la catastrophe, et moi, par un sentiment que vous comprendrez, même de la part d'un soldat, je n'ai jamais eu le courage de mettre le pied à la Maison-Romaine... Cependant, l'éloignement ne m'a fait oublier aucun de mes devoirs. Depuis cette époque, je n'ai eu qu'à d'obtenir vengeance pour mon frère, ma sœur, et mes neveux assassinés, et de retrouver cette pauvre Antonia... si en effet elle a survécu à cette nuit de deuil et de sang.

— Ainsi donc, monsieur, demanda Valentin vivement, vous avez cru comme moi, et en dépit de tant d'opinions contraires, que la malheureuse enfant avait pu échapper aux meurtriers?

— Comme vous, monsieur Norbert, j'ai douté. Après avoir longuement médité sur cette lugubre affaire, j'ai conçu les mêmes espérances que vous et j'ai cherché à les réaliser par les mêmes moyens. Voilà pourquoi je suis venu au Montcalm... Je ne pouvais vivre heureux dans l'opulence quand ma nièce était en proie peut-être aux plus horribles privations.

— Ce sont là des sentimens dignes d'un Villaréal, dit Valentin avec chaleur ; mais de grâce, monsieur, pourquoi ne m'avoir pas appris plus tôt....

— Je n'ai fait qu'imiter votre réserve à mon égard, répliqua Montès en souriant ; par respect pour mon sang, monsieur Valentin, devais-je me hâter de révéler l'état de dégradation auquel je supposais tombée ma nièce unique ? Je voulais que plus tard, alors qu'elle serait rendue à la société, nul ne pût lui reprocher cette douloureuse période de sa vie ; dans ce but, je croyais convenable de couvrir mes démarches du plus profond secret... D'ailleurs, je vous l'avouerai franchement, monsieur Norbert, j'ai été un peu piqué d'abord de voir un étranger s'immiscer ainsi dans des intérêts qui me touchaient de si près. Peut-être même ai-je laissé percer quelque aigreur dans mes observations de la nuit dernière... J'étais jaloux de votre dévouement pour cette pauvre jeune fille, dernier rejeton d'une famille chère. Je mettais une sorte de point d'honneur à agir seul, afin de mériter seul la reconnaissance de ma parente après le succès.

La physionomie de Norbert s'éclaircit tout à fait.

— Je ne peux vous en vouloir, dit-il, d'une réserve honorable que j'ai éprouvée moi-même... Eh bien ! monsieur de Villaréal, puisque nous avons ainsi une communauté d'affections, de sentimens et d'obligations, associons-nous maintenant et unissons nos efforts dans un même but... Y consentez-vous ?

— De toute mon âme, répliqua le capitaine avec cordialité.

Il fut convenu que Montès et Valentin, assisté des deux montagnards, iraient sur-le-champ à la recherche de la fille sauvage, du côté de la Peyrade, tandis que l'aubergiste se chargerait de conduire Biroben à Suc. Ce parti pris, on allait se mettre en route après avoir déposé les bagages dans un creux de rocher, où l'on devait les reprendre le soir, quand l'aubergiste rappela vivement Valentin.

— Un moment, monsieur l'ingénieur ! s'écria-t-il, ces arrestations et ces pourparlers m'ont fait oublier une commission dont je suis chargé pour vous...

— Qu'importe ! s'écria Norbert avec impatience ; vous vous en acquitterez plus tard.

— Attendez..... attendez-donc..... vous m'aviez recommandé de vous apporter ici vos lettres : en voici une très pressée, venant de Vic-d'Essos.

— Une lettre pressée de Vic-d'Essos ? Mon oncle, mon second père, serait-il malade ?

Un coup d'œil jeté sur la suscription le rassura, car il avait reconnu l'écriture de l'abbé Norbert lui-même. Il rompit le cachet ; dès les premières lignes, il fit un mouvement de surprise.

— C'est inconcevable ! murmurait-il ; mais on se trompe sans doute.

Et il se mit à relire la lettre attentivement.

Les assistans l'entouraient bouche béante sans oser l'interroger.

— Monsieur Norbert, demanda enfin Montès, me jugerez-vous assez votre ami pour me faire part de la nouvelle qui vous émeut à ce point ?

— Oui, oui, monsieur de Villaréal, car cette nouvelle vous intéresse autant que moi-même.

— De grâce alors, de quoi s'agit-il ?

— Nous nous sommes trompés l'un et l'autre, comme nous en avions déjà le pressentiment : la femme sauvage n'est pas votre nièce !

Montès se redressa brusquement.

— C'est impossible ! répliqua-t-il ; je veux dire comment peut-on avoir la certitude...

— Mon oncle m'apprend l'arrestation à Foix d'une bohémienne de la bande de Biroben. Elle est accompagnée d'une jeune fille que l'on suppose avoir été volée dans son enfance ; l'âge de cette jeune fille, son extérieur et d'autres circonstances semblent se rapporter à Antonia de Villaréal... L'autorité a commencé une enquête ; mon oncle et moi nous sommes appelés en témoignage, et sans doute déjà on vous a adressé à Toulouse l'invitation de vous rendre aussi à Foix pour une confrontation juridique. Mais lisez, lisez vous-même.

Et il tendit la lettre au capitaine.

Elle ne contenait pas d'autres renseignemens. L'abbé Norbert, après avoir exprimé brièvement à son neveu quelques regrets de son absence, le pressait de venir lui-même sur le champ à Foix pour aider à la découverte de la vérité dans cette ténébreuse affaire.

Villaréal, après cette lecture, resta un moment plongé dans une méditation profonde.

— Eh bien, capitaine, demanda Valentin, quel parti comptez-vous prendre ?

— Et vous, monsieur Norbert ?

— Je devrais peut-être, monsieur, suivre les prescriptions de mon oncle, et partir immédiatement pour la ville. Mais, je ne m'en cache pas, ce retour précipité me laisserait un regret.

— Lequel ?

— Le sort de cette pauvre créature qu'on appelle la femme sauvage du Montcalm m'occupe toujours... A différens titres, je me considère comme la cause de son malheur. Je désire donc ne pas m'éloigner avant de savoir si mes secours ne lui seraient pas nécessaires.

— Quel intérêt peut-elle vous inspirer désormais ? Ce n'est pas Antonia.

— Nous marchons d'incertitudes en incertitudes, monsieur. D'ailleurs, quelle que soit la malheureuse victime de la férocité de Biroben, j'éprouve pour elle une aussi vive sympathie que je pourrais en éprouver pour Antonia elle-même !

— S'il en est ainsi, Norbert, reprit Montès, je vous laisserai accomplir seul cet acte d'humanité. Pour moi, n'ayant pas les mêmes raisons de retarder mon départ, je vais vous quitter sur-le-champ. Nous pouvons encore gagner la plaine avant la nuit ; à Suc, je prendrai un cheval ; demain, dans la matinée, je serai à Foix. Je ne veux pas perdre une minute pour retrouver ma pauvre pupille, la fille de mon frère chéri.

— Partez donc, Montès, dit Valentin d'une voix émue, nous nous reverrons bientôt... Je vais passer le reste du jour en recherches, hélas ! peut-être inutiles... mais demain soir je vous rejoindrai. Et si vous revoyez Antonia de Villaréal avant moi, dites-lui... mais c'est un rêve et je n'ose y croire.

L'aubergiste et les montagnards n'avaient pas compris grand'chose à ces explications ; mais le bohémien les avait écoutées avec une extrême attention : il semblait occupé à classer dans son cerveau des événemens contradictoires et incohérens.

— Il est de la plus haute importance, reprit Montès en désignant le prisonnier, que cet homme soit remis au plus tôt entre les mains de l'autorité, car, dans les circonstances présentes, ses aveux, s'il se décide à en faire de sérieux, nous seront d'une grande utilité... Cependant, monsieur Valentin, si notre hôte et ses gens veulent vous assister dans vos périlleuses recherches au Puits-d'Enfer, je me charge de conduire seul ce coquin jusqu'au plus prochain village. Ses bras sont attachés, et cette corde lâche qui lui retient les jambes l'empêchera de courir sans l'empêcher de marcher. Je le surveillerai avec soin et j'aurai ma carabine toute prête. Je me fais fort de l'amener ainsi à Suc et de le remettre à la brigade de gendarmerie.

— Non, non, s'écria l'aubergiste, vous ne connaissez

pas Biroben, capitaine ; vous ne vous imaginez pas tout ce qu'il y a de ruses infernales dans la tête de ce gaillard... J'ai entendu plus d'une fois conter ses fredaines ; il vous échapperait certainement si vous étiez seul à le garder. J'ose dire que si je vous accompagnais, la chose lui serait moins facile, mais...

— Eh bien, pourquoi ne m'accompagnez-vous pas ? demanda Villaréal.

— Dame ! je pourrais être bien utile aussi, là-bas sur les rocher du Puits-d'Enfer, à ce bon monsieur l'ingénieur qui m'a promis de faire avancer mon neveu aux mines de Vic-d'Essos. J'ai l'habitude de ces promenades en l'air, car j'ai déniché plus d'une fois des aigles sur les pics de Fontargente ; et puis, s'il faut l'avouer, je ne serais pas fâché de voir enfin cette fameuse femme sauvage dont on parle tant... Pourquoi, monsieur, n'amèneriez-vous pas avec vous Oliba, ce grand garçon que voici? il a le poignet solide et il vous guidera dans les meilleurs chemins.

— Soit, dit Montès, mais j'eusse très bien pu venir à bout d'un homme garrotté et désarmé...

— Partons donc ! s'écria Valentin.

On se remit en marche aussitôt. Norbert, l'aubergiste et un des montagnards étaient chargés des cordes et des outils nécessaires pour l'escalade. Montès et Oliba, qui portait la valise du capitaine, gardaient le prisonnier. Montès avait armé ostensiblement sa carabine et paraissait prêt à tuer Biroben plutôt que de le laisser échapper. Celui-ci, fort alarmé, ne faisait aucune résistance.

Les deux troupes suivirent la même direction jusqu'à la lisière de la forêt de sapins. On pressait le pas, car le soleil commençait à s'incliner vers la cime des monts, et les voyageurs ne devaient pas manquer de besogne pour le reste de la journée. Au moment de se séparer, Montès de Villaréal s'approcha de Valentin avec cordialité.

— Les circonstances ne permettent pas de longues protestations, dit il en lui secouant la main ; mais vous et moi, monsieur Norbert, nous nous entendrons désormais, je l'espère.

— Je l'espère aussi, capitaine ; pardonnez-moi mes premiers soupçons. Je vous les expliquerai plus tard, et vous n'aurez pas de peine, j'en suis convaincu, à m'en faire rougir... Au revoir donc... Demain soir, je vous retrouverai à Foix.

Ils échangèrent encore quelques protestations amicales.

— Veillez bien sur le gitano, capitaine, dit l'aubergiste, qui venait de faire à Oliba des recommandations minutieuses ; ne le perdez pas de vue... car il a la malice du diable.

— Je le sais ! dit Montès sèchement.

— Et puis, continua l'aubergiste à voix basse en désignant Oliba, ne vous fiez pas trop à ce pauvre garçon. Il est fort comme un taureau, mais simple comme un enfant.

— Vraiment !

— Comptez sur votre carabine plutôt que sur les cordes qui attachent Biroben.

— Ne craignez rien, mon brave, répliqua le capitaine avec une espèce d'impatience.

Il adressa un dernier signe d'adieu à Valentin, et il continua à descendre la montagne avec le gitano et Oliba, pendant que l'ingénieur et ses deux compagnons longeaient obliquement les rochers du Puits-d'Enfer.

VIII.

LE DÉPART.

Il était nuit close quand Valentin et ses deux compagnons rentrèrent à la bergerie de l'Oule-Blanche ; leurs pénibles recherches étaient restées sans résultat. Vainement avaient-ils gravi, au moyen de cordes et de grapins, la partie la moins ardue des rochers, ils n'avaient plus aperçu aucune trace de la femme sauvage et bientôt l'obscurité les avait forcés d'interrompre leurs dangereuses investigations.

Giuseppe était depuis longtemps de retour à l'habitation et il avait fait quelques préparatifs pour les recevoir. La paille du lit avait été retournée, les provisions apportées le jour même étaient disposées sur le bahut ; deux chandelles de suif, fichées dans des écorces de bouleau, éclairaient somptueusement la cabane. Il n'adressa aucune question aux voyageurs et il ne parut pas surpris à la vue des deux nouveaux hôtes qui avaient remplacé les premiers. Cet homme singulier semblait agir et penser d'après des mobiles inconnus au reste de l'humanité ; il comprenait ou devinait tout par une espèce d'intuition que les gens du pays qualifiaient de sorcellerie. Du reste, ni l'aubergiste ni son compagnon n'eussent été en état de satisfaire sa curiosité ; la force leur manquait, ils étaient exténués. Valentin, non moins accablé, mais surtout par la souffrance morale, s'était jeté sur un siége, en proie à ses réflexions. En allant et venant autour de lui, Giuseppe le regardait d'un air d'intérêt. Deux ou trois fois ses lèvres s'agitèrent comme s'il eût voulu lui adresser la parole, mais elles ne produisirent aucun son distinct, et le bonhomme finit par se retirer dans un coin de la cabane en branlant la tête, suivant son habitude.

Valentin en effet était désespéré du mauvais succès de ses dernières démarches. L'image de la fille sauvage, ensanglantée et mourante, se présentait sans cesse à son esprit. Il se reprochait d'être venu sur le Montcalm ; il se disait que sa présence avait porté malheur à cette pauvre créature. Puis il faisait de brusques retours sur lui-même et cherchait à modérer cet excès d'affliction.

— Pourquoi tant m'occuper de cette étrangère? pensait-il ; je ne lui dois rien désormais qu'un sentiment de pitié... Si j'ai été indirectement la cause de son malheur, j'ai fait tout ce qui était humainement possible pour lui porter secours au cas où elle en aurait encore besoin. Dans le cas contraire, elle a dû perdre sans regret une existence misérable... Sa mort sera vengée ; que puis-je de plus pour elle?.. Oui, maintenant il faut l'oublier ; je ne veux plus songer qu'à Antonia... Antonia de Villaréal, la fille de mon bienfaiteur, a seule droit à mon entier dévouement. Allons! il le faut ; je partirai demain.

Mais, en dépit de lui-même, des larmes coulaient le long de ses joues et une douleur poignante lui étreignait le cœur.

La nuit se passa comme la précédente. Aux premières lueurs du jour Valentin fut debout. Il s'empressa d'éveiller ses deux compagnons et il les invita à tout préparer pour le départ. Giuseppe avait déjà quitté la bergerie ; Valentin se mit à sa recherche. Bien qu'il ne considérât plus ce vieillard que comme une espèce de fou exalté dont l'âge et la solitude avaient troublé les idées, il désirait lui faire certaines recommandations pressantes avant de quitter le Montcalm.

Un brouillard épais cachait les immenses lointains des Pyrénées ; mais ce brouillard ne ressemblait plus aux vapeurs ondoyantes et légères qui deux jours auparavant se jouaient gracieusement dans la plaine. Il était mat, lourd glacial. Le soleil ne se manifestait sur cette surface cotoneuse que comme une large tache jaunâtre mal formée et dénuée de rayons.

Au risque de s'égarer, Valentin allait s'engager dans ces brumes, quand de sonores beuglemens partis de fort près lui firent retourner la tête. Contre son attente les bestiaux étaient encore dans le petit parc attenant à la cabane. Au milieu d'eux, Giuseppe, enveloppé dans sa cape et appuyé sur son bâton, semblait plongé dans cette contemplation bizarre dont les effets étaient toujours un sujet d'étonnement pour ses hôtes. Autour de lui allaient et venaient les deux énormes chiens, qui, en pareille occasion, empêchaient de l'approcher.

Valentin l'appela sans trop espérer de réponse; mais, à sa grande surprise, Giuseppe tressaillit au premier bruit et s'approcha vers lui de son pas grave et cadencé.

Norbert le salua amicalement, le remercia de son hospitalité, et lui annonça son projet de quitter immédiatement le Montcalm.

— Je le sais, je le sais, interrompit Giuseppe; il est temps en effet. Mais la pauvre fille du Puits-d'Enfer, allez-vous l'abandonner ainsi?

— Quoi! Giuseppe, ignorez-vous donc le triste événement d'hier?

— Je vous avais averti de vous défier de la *main sanglante*, dit le vieillard avec son hochement de tête ordinaire, vous n'avez pas voulu me croire...

— Non, je ne vous ai pas cru, Giuseppe, parce que vous avez refusé de me donner les raisons de cette défiance... Si, comme tout le porte à le croire, vous connaissiez déjà cet exécrable meurtrier de Biroben, vous eussiez dû me le nommer tout d'abord. Quant à l'autre personne contre qui étaient plus particulièrement dirigées vos insinuations malveillantes, c'est un homme honorable dont il m'est impossible de suspecter la loyauté, et désormais je ne souffrirai pas qu'on le calomnie sans preuves... Le chef actuel de la famille de Villaréal a droit à mon respect et à ma confiance!

Giuseppe devint pensif.

— Ainsi donc c'était bien eux! grommela-t-il; Dieu connaît le fond des cœurs et sait la vérité. La jeunesse est présomptueuse même dans ses bons sentiments, surtout la jeunesse des villes!

Le reste de ses paroles était inintelligible. Valentin reprit après une pause:

— Il me reste à vous demander encore un service avant mon départ, bon père Giuseppe, et vous ne me refuserez pas, je l'espère. Si dans vos courses errantes vous découvriez le corps de cette pauvre fille, rendez-lui les derniers devoirs et dites pour elle une prière.

— Quelle preuve avez-vous qu'elle soit morte?

— A votre tour, auriez-vous quelque motif de penser qu'elle est encore vivante?

— Peut-être... Jeune homme, vous ne devez pas partir sans vous être assuré positivement si celle que vous veniez chercher ici n'a pas le plus puissant besoin de votre aide.

— Celle que je venais chercher ici ne s'y trouve pas, et des devoirs impérieux m'appellent ailleurs... Cependant le sort de cette malheureuse inconnue, qu'on nomme la femme sauvage du Montcalm, me touche vivement, et je vous prie, si vous la rencontriez morte ou vivante...

— Ne me chargez de rien, interrompit brusquement le pâtre en se redressant.

— Et pourquoi cela, Giuseppe?

— Je vais quitter la montagne avec vous à l'instant même... Vous le voyez, je n'ai pas conduit le troupeau au pâturage, et il attend.

— Comment! vous allez partir aussi?

— L'heure est venue... J'ai vu en rêve l'Oule-Blanche remplie de neige jusqu'au-dessus du toit de la cabane; j'ai entendu mugir les vents d'hiver et rouler les avalanches... Les mauvais jours vont commencer... si je n'obéissais sans

retard à mes rêves, mes pauvres bêtes et moi nous péririons ici... Oui, oui, il est temps, il est temps...

Et il se mit à rassembler ses bœufs avec activité.

Valentin réfléchit que le vieux pâtre avait pu reconnaître à certains pronostics infaillibles les approches de l'hiver; il fallait donc renoncer à sa dernière espérance.

— Une fatalité poursuit cette pauvre enfant! murmurat-il en soupirant; que Dieu ait pitié d'elle!

Et il alla rejoindre ses compagnons.

Les préparatifs de Giuseppe ne furent pas longs; il se contenta d'enfermer dans le coffre les vases de bois et les grossiers ustensiles à son usage; il plaça ses vêtemens de rechange dans un bissac qu'il jeta sur son épaule; puis il prit son bâton à la main, fit un signe de croix comme pour mettre sous la protection divine cette humble demeure qu'il ne devait peut-être plus revoir, et il sortit en fermant la porte au loquet. Aussitôt la troupe entière se mit en marche pour gagner la plaine.

L'aubergiste et son aide, chargés de quelques effets, s'avançaient les premiers; puis venait Valentin, le fusil sur l'épaule, cherchant à percer du regard la brume épaisse qui l'enveloppait. Giuseppe, qui le suivait, se retournait de temps en temps pour voir encore une fois sa cabane. Derrière lui on entendait les cloches argentines du troupeau. Les bœufs marchaient lentement et comme à regret. Ils semblaient comprendre qu'ils allaient échanger pendant plusieurs mois, le gazon parfumé, l'air pur du Montcalm pour la litière fétide, l'atmosphère humide de l'étable; leur contenance était triste et morne. A l'arrière-garde, dans le brouillard, des aboiemens vigoureux retentissaient par moment, annonçant que les chiens de garde surveillaient les retardataires et gourmandaient leur paresse.

La route était facile et il n'y avait aucun danger de s'égarer avec des guides à qui toutes les parties du Montcalm étaient familières. Valentin se livrait donc avec sécurité à ses réflexions, quand des exclamations poussées par les deux personnes qui formaient la tête de la caravane attirèrent son attention. Ils avaient fait halte et causaient chaleureusement avec un homme qui s'était trouvé tout-à-coup devant eux. C'était Oliba, le montagnard chargé la veille de conduire au village Montès de Villaréal et le bohémien prisonnier.

Valentin pressa le pas, impatient d'avoir des nouvelles de ces deux personnes qui, à des titres différens, l'intéressaient vivement. Lorsqu'il atteignit les interlocuteurs, l'aubergiste s'écriait d'un ton animé:

— Il s'est enfui! vous avez laissé fuir ce coquin de Biroben... Ce n'est pas possible, Oliba, tu veux te moquer de nous! *Diou biban!* tu mériterais...

— Cela est pourtant, maître, répliqua Oliba avec timidité; le malfaiteur nous a échappé hier au soir avant même que nous fussions au pied de la montagne, et sans doute il aura profité de la nuit pour gagner la frontière.

— De qui parlez-vous? s'écria Valentin, vous ne voulez pas dire que cet exécrable assassin a trompé votre surveillance?... le capitaine Montès ne l'eût pas souffert.

Oliba baissa la tête.

— Ceci est vraiment inconcevable! reprit l'aubergiste; je gage que ce butor d'Oliba aura fait quelque gaucherie?

— Non pas, maître, je vous assure. Jugez-en plutôt: Nous étions arrivés à la Pierre-de-Gargantua, là-bas, sur le bord de la sapinière. Je marchais le premier avec la valise du capitaine: le bohémien, soigneusement attaché, venait sur mes talons, puis derrière lui ce monsieur Montès, la carabine au poing. Plusieurs fois ils ont échangé quelques mots à voix basse, mais je n'ai pas compris ce qu'ils se disaient. Tout à coup, j'ai entendu un cri, et j'ai vu le gitano se sauver du côté de la forêt, la corde qui attachait ses mains et celle qui retenait ses jambes pour l'empêcher de courir avaient été tranchées net comme avec un couteau. J'ai jeté aussitôt ma valise à terre, et je me suis élancé à la poursuite de Biroben.

— Et le capitaine, monsieur de Villaréal, qu'a-t-il fait? demanda Valentin.

— Plus de mal que de bien, monsieur. J'allais peut-être atteindre le brigand, quand le capitaine m'a crié : « Ne bouge pas, je saurai bien l'arrêter ! » Au même instant, il a tiré un coup de carabine, et la balle a sifflé à mes oreilles. Je suis resté immobile et tout étourdi ; quand la fumée du coup a été dissipée, je n'ai plus vu Biroben.

—Oh ! le capitaine le haïssait autant que moi ! dit Valentin, que l'amour de la vengeance rendait cruel en ce moment ; et le gitano a été tué ou tout au moins blessé ?

— Ni l'un ni l'autre, monsieur ; nous avons retrouvé la balle dans le tronc d'un sapin... Sans vous offenser, vous autres messieurs de la ville, vous n'êtes pas de grands tireurs, car vraiment le coup semblait plutôt dirigé sur moi que sur Biroben.

— Et vous n'avez pas fouillé la forêt ? vous n'avez pas fait de nouvelles recherches pour retrouver ce scélérat ?

— Si, certainement, monsieur ; mais autant vaudrait chercher une aiguille dans une botte de foin qu'un homme dans la sapinière du Montcalm, surtout aux approches de la nuit... Nous nous sommes inutilement déchirés la figure et les mains dans les broussailles ; il nous a fallu reprendre seuls le chemin du village.

Tous les voyageurs s'étaient groupés autour d'Oliba. Giuseppe lui-même avait arrêté son troupeau et s'était avancé pour écouter.

— Je m'y perds ! reprit enfin l'aubergiste ; c'était moi qui avais attaché les pieds et les mains de Biroben. La corde était forte, les nœuds étaient solides, et j'aurais défié ce brigand de les briser !

— Aussi, maître, à mon avis, dit le montagnard, les cordes n'ont-elles pas été cassées, mais coupées...

— Coupées ! et qui donc aurait pu faciliter l'évasion du criminel ? s'écria Valentin.

Oliba parut déconcerté par cette impétuosité.

— Je ne sais pas, monsieur, répliqua-t-il, mais ce n'est pas moi sûrement... ensuite on peut se tromper... peut-être en effet la corde n'a-t-elle pas été coupée, car enfin je n'ai rien vu, moi : je tournais le dos au prisonnier.

Norbert frappa du pied avec impatience.

— Imbécile ! explique-toi donc franchement, reprit-il ; voudrais-tu nous faire entendre que le capitaine Montès a pu volontairement laisser échapper le gitano ?...

— Je ne dis pas cela, monsieur... Ensuite, peut-être Biroben avait-il, suivant l'habitude des Espagnols, un couteau caché dans sa manche, et il aura trouvé moyen de le faire glisser jusqu'à sa main...

— Oui ! oui ! ce doit être cela ! s'écria l'aubergiste ; j'aurais dû songer à le fouiller, mais on ne s'avise jamais de tout..... On m'a conté tant de méchans tours de ce gueusard de Biroben !

— Eh bien ! maître, vous ne savez pas encore le meilleur de ces tours ! dit le montagnard d'un air de confusion ; je vous l'ai gardé pour la fin.

— Quoi donc ? qu'y a-t-il encore ?

—Vous vous souvenez que le gitano, l'autre soir, en arrivant à l'auberge, était monté sur un âne ?

—Oui, une pauvre bête pelée et rogneuse qui ne valait pas le licou.

— Donc, hier, en rentrant tout penaud à l'auberge, je me disais : « Pardieu ! si le maître nous a échappé, il nous reste au moins la monture ! » J'ai trouvé, en effet, l'âne dans l'écurie avec les bagages du gitano... un mauvais bissac qui contenait quelques haillons. « C'est bon ! ai-je pensé, nous verrons s'il viendra les chercher ! » Je me suis couché dans l'écurie, comme à l'ordinaire ; l'âne était attaché à deux pas de moi, et le bissac me servait d'oreiller.

— Eh bien ?

— Eh bien ! ce matin en m'éveillant, l'âne et le bissac, tout avait disparu. Ce Biroben est le diable en personne !

L'aubergiste et le compagnon d'Oliba partirent d'un éclat de rire ; mais ils se turent aussitôt par respect pour le jeune ingénieur, que cette gaîté intempestive paraissait importuner.

— Ainsi donc l'assassin s'est échappé ! murmurait Valentin avec rage ; le crime de la Maison-Romaine ne sera pas vengé cette fois encore ! Plus d'espoir d'arracher de précieuses révélations au principal coupable. Après ce dernier meurtre, il n'osera jamais rentrer en France... Quel démon infernal s'acharne donc contre la pauvre Antonia ?

— Qu'a fait le capitaine Montès après cet événement ? continua-t-il d'un ton plus calme en s'adressant au nouveau venu ; est-il déjà parti pour Foix ?

— Il a couché cette nuit à Suc, répondit Oliba, enchanté d'échapper enfin aux railleries dont son maître et l'autre montagnard se disposaient à l'accabler ; il s'est mis en route aujourd'hui avant le jour avec un muletier de Sentenac, en me chargeant de vous apprendre ce qui s'était passé et de vous annoncer qu'il allait vous attendre où vous savez.

— C'est bien ; il me rappelle mon devoir... Allons, mes amis, ajouta Norbert d'une voix étouffée, reprenons notre route ; j'ai hâte de quitter cette fatale montagne.

On obéit en silence, et la caravane continua de descendre le versant du Montcalm.

Valentin, en proie aux plus pénibles réflexions, s'avançait machinalement le long de ces grands rochers dont la ligne tortueuse, se perdant dans le brouillard, formait l'enceinte du Puits-d'Enfer. Tout à coup il sentit une main toucher doucement son épaule.

— Ecoutez-moi, jeune homme, lui dit Giuseppe d'un ton moins mystérieux qu'à l'ordinaire, et répondez avec franchise. N'est-il pas vrai que votre esprit n'est pas tranquille, et qu'en quittant le Montcalm, vous sentez comme un poids sur votre conscience ?

— Que ce soit par sortilège ou autrement, vous avez deviné juste, Giuseppe, je l'avoue ; plus je m'éloigne de ces lieux funestes, plus je sens mon cœur se serrer... Cependant il ne me reste rien à faire ici ; je n'ai négligé aucun devoir, je n'ai reculé devant aucun dévouement.

— Oui ; mais vous avez cru trop facilement à de vaines apparences.

— Que voulez-vous dire, Giuseppe, au nom du ciel ?

— Eh bien, puisqu'il faut l'avouer, la femme sauvage du Montcalm n'est pas morte hier, comme vous le pensiez... Avant la fin du jour, elle avait regagné sa grotte... Allez au Puits-d'Enfer, vous la trouverez.

— Vous l'avez donc vue ?

— Qu'importe si je l'ai vue avec les yeux du corps ou avec ceux de l'esprit ?

— Cet homme me rendra fou ! s'écria Valentin. Mais il ne sera pas dit que je me laisserai prendre à des momeries... Mes instans sont comptés, je ne dois pas m'arrêter plus longtemps ici.

— Quoi ! même si la petite là-bas était Antonia de Villaréal ?

— Elle ne l'est pas.

— En avez-vous la preuve ? Que pouvez-vous conclure de vos courtes visites à la grotte, de quelques paroles échangées avec la pauvre sauvage ?

— Mais ignorez-vous que l'on a reconnu à Foix une jeune fille...

— Il n'y a là-dessous qu'une intrigue, peut-être... La bonne Vierge fera briller la vérité.

L'agitation de Norbert était devenue extrême.

— Un mot, un seul ! reprit-il. Prétendez-vous imputer à un pouvoir surnaturel la connaissance que vous avez de ces faits, ou bien parlez-vous d'après des suppositions et des considérations humaines ? Donnez-moi une seule raison de penser que vous n'êtes ni un insensé ni un imposteur, et je suivrai aveuglément vos conseils.

Une légère rougeur colora les joues bronzées du vieillard ; cependant il répliqua sans colère :

— Doutez du mon pouvoir si vous voulez, ce doute est permis, car je ne suis qu'un homme, mais tenez compte de ma prière. Je vous le répète, si vous portez quelque intérêt à la fille sauvage, allez encore une fois au Puits-d'Enfer.

Giuseppe parlait d'un ton d'assurance, et Valentin ne pouvait révoquer en doute sa bonne foi. Il réfléchit que la solitude, qui parfois engendre la folie, avait peut-être modifié dans un sens particulier l'intelligence du vieux berger. N'était-il pas possible que, du haut des rochers où il passait de longues heures en observation, il eût aperçu certains événemens dont, par un trait inexplicable de son caractère, il désirait faire attribuer la connaissance à une faculté occulte de divination ? N'y avait-il pas autant d'orgueil que de malice dans sa prétendue sorcellerie? Ne se pouvait-il pas enfin qu'à force de vouloir paraître sorcier, il eût fini par se persuader à lui-même qu'il l'était ? Ces sortes d'aberrations mentales n'ont rien d'étonnant pour ceux qui ont étudié avec soin les effets d'un isolement absolu sur certains esprits.

Cette hypothèse, il est vrai, n'éclaircissait pas complétement toutes les prétendues prédictions de Giuseppe ; mais, dans le cas actuel, ses avertissemens n'en méritaient pas moins une attention sérieuse.

—Eh bien! soit, dit enfin Norbert, je risquerai encore cette démarche... Fût-elle inutile sous d'autres rapports, elle servira du moins à rassurer ma conscience.

— Partons donc ! dit le pâtre résolument.

— Quoi ! Giuseppe, voudriez-vous m'accompagner ?

— Oui, je suis certain que je vous serai utile.

— En quoi ?

— En beaucoup de choses... J'ai mon idée... Et d'ailleurs, ajouta-t-il en élevant son bras vers le ciel brumeux, je me défie du temps.

— Je croyais que le soin de votre troupeau...

— Mes voisins se chargeront de le conduire jusqu'au village, et les chiens suffiraient seuls au besoin.

Il appela Oliba et lui confia la garde de ses bœufs ; il dit aussi quelques mots aux énormes mâtins à demi sauvages qui lui obéissaient au moindre signe, et ils répondirent par des aboiemens significatifs, comme s'ils eussent promis d'exécuter ses ordres. Pendant ce temps, Valentin avait prévenu l'aubergiste de son projet de rester encore quelques instans sur le Montcalm avec le vieux pâtre ; il lui recommanda de n'avoir aucune inquiétude s'il ne rentrait que le soir à l'auberge; puis, laissant le montagnard tout interloqué de cette résolution subite, il rejoignait rapidement Giuseppe.

IX.

LA TOURMENTE.

Valentin et le berger marchaient en silence au milieu des broussailles qui hérissaient cette partie du Montcalm. De temps en temps Giuseppe observait à la dérobée le jeune homme, comme s'il eût voulu deviner où on le conduisait. En voyant Valentin s'arrêter au pied d'un roc plus élevé, plus abrupte que les autres, une vive stupéfaction se peignit sur son visage, et quand le guide, écartant quelques arbustes feuillus, lui montra l'entrée du souterrain dont il devait la connaissance à un loup blessé, il ne put retenir une exclamation de surprise.

— Vous ignoriez l'existence de ce passage ? lui dit Valentin avec un sourire mélancolique; ce secret a jusqu'ici protégé la pauvre femme sauvage contre les importuns et peut-être contre ses ennemis. Promettez-moi si, en dépit denos fatales prévisions, elle existait encore, de ne jamais indiquer à personne le chemin du Puits-d'Enfer.

Mais le vieux pasteur ne parut pas disposé à avouer son ignorance.

— Je connais le Montcalm dans tous ses recoins, répliqua-t-il laconiquement.

Il s'interrompit pour observer avec inquiétude une es-pèce de duvet blanc et léger qui venait de s'arrêter sur la manche de sa cape.

— Eh bien, qu'y a-t-il donc ? demanda avec impatience Valentin, qui craignait quelque nouvelle momerie.

— Ne voyez-vous pas ?... c'est un flocon de neige....

— Eh ! qu'importe ?

— Déjà ! murmura le vieillard comme à lui-même, j'aurais dû les avertir de presser la marche du troupeau ; mais les signes de la tempête n'ont pas dû leur manquer plus qu'à nous ; ils se tiendront sur leurs gardes, et sans doute ils sont déjà bien près de la plaine...

— Par votre salut éternel ! Giuseppe, reprit l'ingénieur en se glissant dans la fente de rocher, ne nous faites pas perdre un temps précieux !

Le berger regarda le ciel noir et bas, grommela quelques paroles inintelligibles et entra à son tour dans le passage.

Pendant le reste du trajet, jusqu'au Puits-d'Enfer, les voyageurs eussent pu recueillir à travers les feuillages serrés des sapins plusieurs autres flocons de neige ; mais cet incident si alarmant pour Giuseppe était à peine remarqué de Valentin Norbert. A la vérité, tout restait calme autour d'eux; pas un souffle d'air ne frémissait encore dans la forêt. Mais une seule nuit avait fait de cruels ravages dans le petit vallon, retraite habituelle de la fille sauvage. La gelée avait subitement flétri les fleurs qui l'embellissaient la veille ; elles pendaient inertes et décolorées sur leurs tiges noircies. L'hiver s'était abattu tout à coup sur ce point privilégié de la montagne ; plus de joyeux insectes, plus de chants d'oiseaux, plus de soleil se jouant à travers les aiguilles de roches ou frangeant de pourpre et d'or la gaze argentée de la cascade. Le Puits-d'Enfer n'était plus qu'un gouffre ténébreux, creusé par un torrent, au-dessus duquel un ciel de plomb commençait à répandre en abondance ses flocons silencieux.

Mais Valentin ne prit pas le temps d'examiner ces tristes changemens ; il courut avec impatience vers le lac en appelant Antonia ; rien ne répondit à ce nom. Il pénétra dans la grotte ; la femme sauvage ne paraissait pas y être revenue depuis la veille; tous les objets étaient à la place où il les avait laissés lors de sa dernière visite. Partout la solitude et l'abandon.

Il sortit désespéré, et il rejoignit le vieux pâtre, qui marchait lentement, examinant les localités avec un soin extrême.

— Vous vous êtes trompé, Giuseppe, lui dit-il tristement ; cette malheureuse enfant est certainement morte dans une fente de rocher, où elle deviendra la proie des loups de la montagne...

Le vieillard resta un moment sans répondre.

— Non, non, murmura-t-il enfin tout pensif; elle est blessée... elle ne saurait être loin !

Puis, se tournant vers son compagnon ,

— Monsieur Norbert, nous allons tenter une dernière expérience... si elle ne réussit pas, alors seulement il n'y aura plus d'espoir.

— Que voulez-vous faire ? demanda Valentin avec étonnement.

— Vous allez le savoir... Quand vous étiez enfant et quand vous jouiez avec la petite Antonia, n'avez-vous pas dit que souvent vous lui chantiez des chansons dont elle prenait plaisir à répéter les refrains?

— Oui, oui, murmura Valentin en soupirant à ce souvenir ; mais pourquoi cette question ?

— Et parmi ces chansons, continua le vieillard, n'en était-il pas une que vous chantiez de préférence aux autres, que l'enfant répétait le plus fréquemment et le plus volontiers?

— Il est vrai. J'avais composé moi-même une chansonnette patoise que j'avais adaptée à un air espagnol... Cette pièce, à peine rimée et telle qu'un écolier pouvait la faire, s'appelait les Oiselets d'hiver ; c'était une plainte naïve sur le sort des pauvres petits oiseaux, qui, après avoir égayé nos jardins, au printemps, périssent de faim et de froid pendant la mauvaise saison... Antonia aimait beaucoup cette chansonnette ; elle la savait par cœur, et cependant elle me la redemandait toujours. Elle ne manquait jamais de pleurer en l'écoutant, mais elle me remerciait de ma complaisance par un sourire !

— Et... vous souvenez-vous encore de cette chanson ?

— Je m'en souviendrai toute ma vie.

— Eh bien, monsieur Norbert, chantez-la donc et d'une voix haute, pour qu'on puisse vous entendre de loin.

Cette proposition bizarre fit faire un soubresaut à Valentin. Il craignit un moment quelque nouvelle velléité magique de Giuseppe ou même une grossière plaisanterie ; mais l'air sérieux du vieillard excluait cette dernière pensée. D'ailleurs il était à remarquer que depuis qu'ils se trouvaient au Puits-d'Enfer, le pâtre n'avait plus ses allures mystiques d'autrefois. Soit que l'incrédulité et les railleries de Norbert lui eussent imposé, soit tout autre motif, il avait pris un ton simple, naturel, quoique ferme et résolu. Son regard, vague et indécis d'ordinaire, brillait d'in telligence. Le jeune ingénieur réprima un premier mouvement de colère.

— A quoi bon, Giuseppe ? demanda-t-il ; je ne vous comprends pas... Quelle oreille pourrait m'écouter dans ce désert ?

— Essayez toujours... Mais par la bonne Vierge d'Héas ! dépêchez-vous. D'une minute à l'autre la tempête va se déchaîner, et alors, eussiez-vous la voix aussi forte que le tonnerre, vous ne pourriez vous faire entendre au milieu des mugissemens du vent... Voyez déjà !

Et il montrait la neige qui tombait autour d'eux avec une abondance toujours croissante.

Valentin entrevit comme un éclair lumineux la pensée de l'ingénieux vieillard.

— Ah ! j'y suis enfin ! s'écria-t-il en se frappant le front ; comment cette idée ne m'est-elle pas venue plus tôt !...

— Essayez donc, et surtout efforcez-vous de retrouver l'accent, l'expression que vous aviez autrefois, quand vous faisiez verser des larmes à la petite Antonia... Mais attendez... Ici, votre voix serait étouffée par le bruit du torrent.

Il conduisit Valentin au pied d'un sapin rabougri, à deux pas de la grotte. De ce nouveau poste, la voix, renforcée par les roches voisines, devait s'étendre au loin du côté de la forêt, au milieu du calme momentané de la nature.

Valentin se disposait à tenter l'étrange expérience que lui avait suggérée le vieux pâtre.

— Un moment encore ! dit Giuseppe avec solennité en s'acheminant vers le rocher déjà blanc de neige.

Il pria pendant quelques minutes, puis il se leva.

— Maintenant ! soupira-t-il.

Le jeune homme commença son chant aussitôt ; c'était une de ces faciles compositions, en patois méridional, dont les productions de Despourrières ou de Jasmin donnent la plus belle et la plus complète idée. L'air en était doux, traînant, peut-être même un peu monotone ; mais la voix du chanteur était forte, bien timbrée, et le souvenir qui se rattachait pour lui à ce chant enfantin la rendait vibrante.

Après le premier couplet, Valentin fit une pause. Cet effort lui avait cruellement coûté ; ses yeux étaient pleins de larmes. Il promena lentement son regard autour de lui.

— Rien encore ! murmura Giuseppe avec agitation.

— Il n'est que trop vrai, Giuseppe ! vous vous êtes trompé.

— Continuez, continuez, et pensez à Antonia de Villaréal.

Ce nom rendit au jeune homme toute son énergie. Il reprit son chant avec plus d'accentuation et de sentiment qu'auparavant. Toute son âme avait passé dans sa voix. Le ciel brumeux, la neige muette, la nature âpre et grave ajoutaient un charme sauvage à cette poésie toute primitive.

Enfin, Norbert sentit Giuseppe lui presser vivement le bras ; il s'arrêta et prêta l'oreille.

Dans les profondeurs de la forêt, une voix faible et plaintive s'essayait à répéter le refrain de la chanson ; on

eût dit d'un de ces lutins dont les légendes allemandes peuplent les lieux déserts et qui tournent en dérision les accens humains par une imitation maladroite.

Valentin était fort ému ; son cœur battait avec violence ; il retenait son souffle. Giuseppe, au contraire, semblait triomphant.

— Elle vient ! murmura-t-il ; chantez encore... Voici le moment de la crise.

Valentin obéit.

Alors quelque chose s'agita du côté de la sapinière, et une forme vaporeuse se dessina dans l'ombre. L'apparition s'avançait pas à pas, comme entraînée vers le chanteur par une force irrésistible. Au moment où Valentin se tut, elle s'arrêta sur la lisière de la forêt, et on reconnut la femme sauvage du Montcalm.

Rien n'était changé dans son extérieur ; seulement ses draperies étaient disposées avec moins de grâce que la veille, et son visage avait sous le hâle une pâleur fort sensible, même à distance. Ses mouvemens semblaient aussi maladifs et languissans, par opposition avec cette pétulance enfantine, cette vivacité espiègle dont Valentin avait été frappé dans ses visites précédentes. Elle observait les deux hommes d'un air d'inquiétude farouche et retournait fréquemment la tête, comme si elle eût voulu rentrer dans la forêt ; mais un pouvoir invisible l'enchaînait à la même place, et elle était comme ballottée par des sentimens contraires. Après avoir fait un mouvement pour fuir, on la voyait se pencher en avant pour saisir au passage les sons qui charmaient son oreille. Elle s'essayait gauchement à les reproduire ; mais comme elle n'y parvenait pas à son gré, elle se dépitait contre elle-même, et poussait une espèce de gémissement plein d'impatience et de douleur.

— Elle n'a pas fui en nous voyant, murmura Giuseppe avec satisfaction. Mais êtes-vous sûr, monsieur Norbert, que nulle personne au monde, excepté Antonia de Villaréal, ne connaissait la chanson des *Oiselets d'hiver* ?

— Nulle autre qu'elle et ses deux malheureux frères.

— Il suffit. . . . . Votre tâche n'est pas encore finie ; reprenez donc, mais cette fois sans élever la voix, absolument comme au temps où vous chantiez dans le beau salon de la Maison-Romaine... Voyez, elle-même vous en supplie !

En effet, pendant cette conversation, la solitaire semblait passer tour à tour de la prière à la menace. Tantôt elle prenait une attitude triste et caressante, tantôt elle s'irritait et frappait du pied, comme une enfant gâtée à qui l'on refuse de rendre un jouet favori.

Valentin se remit à chanter sur un ton bas et contenu. A mesure que sa voix reprenait des proportions ordinaires, l'action en semblait plus puissante sur la femme sauvage. Elle s'avançait insensiblement, et bientôt elle se trouva à quelques pas seulement du chanteur. Tout son corps frissonnait ; et elle faisait entendre des sons entrecoupés, essais encore bien imparfaits de paroles humaines. Jamais Valentin n'avait vu la jeune fille de si près.

— C'est bien elle, dit-il à demi-voix en évitant tout geste capable d'effrayer la sauvage, je reconnais maintenant ces yeux noirs, cette coupe de figure hardie, cette bouche mutine ; ma première pensée avait été une inspiration d'en haut ! J'ai enfin retrouvé Antonia de Villaréal.

Ce nom fit tressaillir la jeune fille, et elle le répéta plusieurs fois de suite avec véhémence.

— Pauvre Antonia ! reprit Norbert doucement, avez-vous aussi reconnu votre ami d'enfance, votre cher Valentin ?

— Valentin... Antonia... répéta la solitaire avec un accent qui donnait à ces deux mots seuls l'éloquence d'un long discours.

Ces deux mots semblaient en effet composer pour elle le vocabulaire de la langue humaine. Il y avait tour à tour dans sa voix, en les prononçant, de la prière, de la joie et de la terreur ; enfin son agitation devint telle que ses jambes fléchirent et qu'elle parut près de tomber en faiblesse.

En la voyant chanceler, Valentin hésitait encore à porter la main sur elle, car il n'avait pas oublié l'excessive irritabilité de cette organisation exceptionnelle. Cependant, il s'élança assez vite pour la soutenir dans ses bras quand elle s'évanouit tout à fait.

— Elle est à nous ! elle est à nous ! s'écriait-il avec ivresse.

— Prenez garde, elle est blessée ! dit Giuseppe ; c'est même pour cela que nous sommes parvenus à nous emparer d'elle... Si elle avait eu encore toute sa vigueur, nous eussions échoué peut-être.

Il écarta les grands cheveux noirs qui formaient comme un manteau à la fille sauvage et il montra une plaie encore saignante à l'épaule gauche. Cette blessure ne semblait pas dangereuse, mais la pauvre enfant avait dû perdre beaucoup de sang, ce qui expliquait l'état de faiblesse et d'épuisement où elle se trouvait.

— Voyez, dit Giuseppe en branlant la tête, celui qui a dirigé cette balle était un adroit tireur, mais il n'avait pas calculé les mouvements vifs et saccadés de cette agile personne, il avait ajusté la poitrine et il n'a atteint que l'épaule... Eh bien, jugez de la force prodigieuse de notre prisonnière ; malgré la perte de son sang, elle n'a pas cessé depuis hier de gravir les roches, de grimper aux arbres, de franchir les fondrières comme autrefois ; l'émotion seule a pu l'abattre et la dompter.

— Si pourtant cette blessure était vraiment dangereuse ! dit Valentin avec anxiété ; dans cet affreux désert nous n'avons à espérer aucun secours...

— J'ai pansé fréquemment les blessures de nos chasseurs sur la montagne. J'essaierai de soulager cette jeune fille en attendant les secours d'un chirurgien.

— Eh bien, hâtez-vous, bon Giuseppe ; la plaie pourrait s'envenimer, et...

Comme il parlait encore, il se fit dans le ciel jusque-là si calme un changement extraordinaire. Un mugissement sourd retentit semblable au roulement lointain du tonnerre ; en même temps un immense tourbillon de neige s'éleva vers le sommet de la montagne comme emporté par une force invisible. Cependant, rien n'avait bougé encore au Puits-d'Enfer ; la neige continuait de tomber en flocons larges et réguliers, l'eau de la cascade faisait toujours entendre son bruit monotone.

— Voici le vent ! s'écria Giuseppe avec force. Portons cette pauvre petite à la grotte, monsieur Norbert... Allons, mettons-nous bien vite à l'abri, si nous ne voulons périr avec elle.

Valentin ne demanda pas d'explications ; il connaissait trop bien les tempêtes des Pyrénées pour ne pas prévoir quelle effrayante perturbation se préparait, quel effet destructeur allait produire cette trombe en s'engouffrant dans la conque étroite du Puits-d'Enfer. Il saisit dans ses bras la jeune fille, toujours privée de connaissance, et s'élança vers son dangereux fardeau vers sa grotte.

Au moment où il allait l'atteindre, l'ouragan éclata sur le vallon. Le fracas de la cascade cessa tout à coup, et Valentin, levant machinalement les yeux, aperçut les eaux du torrent, sous la forme d'une écume blanche, emportées dans les airs avec des monceaux de neige, des vapeurs phosphorescentes, des tourbillons de sable, de branches de sapins, de pierres, de plantes brisées. D'instinct, le jeune homme serra la pauvre blessée contre sa poitrine et se cramponna au sol ; Giuseppe se jeta ventre à terre. Malgré ces précautions, ils se sentirent soulevés l'un et l'autre par les puissantes aspirations de la trombe.

Mais le plus fort du péril n'était pas passé encore ; le vent, après s'être pour ainsi dire surchargé de ce gigantesque fardeau, le laissa retomber brusquement : glaçons, arbustes entrelacés, masse d'eau écumeuse, fragmens de granit, tout s'abattit à la fois sur le Puits-d'Enfer. On entendit les arbres se briser sous cette charge terrible, les rochers se heurter en bondissant contre le flanc de la montagne, l'eau du bassin jaillir impétueusement hors de ses rives. Si les deux hommes et la jeune fille ne se fussent pas trouvés un peu abrités par une roche saillante, ils eussent été perdus sans ressources. Mais heureusement l'énorme masse croula principalement sur la sapinière, et ils n'eurent d'autre mal que d'être ensevelis à moitié dans le sable.

Un calme funèbre suivit cette convulsion de la nature ; la tempête parut épuisée par ses violences mêmes. Le torrent seul reprit avec une force nouvelle son cours un moment suspendu, et attaqua en mugissant les obstacles qui embarrassaient son lit.

— Maintenant, maintenant, s'écria Giuseppe, ne perdons pas une minute... la seconde rafale sera peut-être plus redoutable encore que la première... Venez, venez !

Ces encouragemens étaient inutiles ; le jeune homme reprit Antonia dans ses bras et l'emporta vers la grotte. Giuseppe les rejoignit avec une légèreté qu'on ne devait pas attendre de son âge, et ils se trouvèrent enfin tous en sûreté dans le creux du rocher.

Il était temps ; l'orage se déchaîna de nouveau dans le Puits-d'Enfer, qui jamais n'avait mieux mérité son nom. Les vents, descendus des cimes supérieures, s'engouffraient dans cette espèce d'entonnoir et y produisaient des bouleversemens étranges. En un instant, les enfoncemens s'élevaient en collines et les hauteurs semblaient se creuser en abîmes. Les formes et les aspects changeaient incessamment suivant les caprices de la tempête. C'était un chaos, un désordre affreux, au milieu duquel les eaux du gave, torturées sans relâche, se frayaient un passage en grondant.

Mais ni Valentin ni Giuseppe ne pensaient déjà plus à l'épouvantable cataclysme du dehors. Agenouillés devant la jeune fille évanouie, ils s'occupaient de lui donner les soins qu'exigeait impérieusement son état. Giuseppe, en sa qualité de sorcier, avait quelques connaissances pratiques en médecine et en chirurgie ; il examina la blessure avec attention. La balle avait sillonné l'épaule, sans offenser l'os, et était ressortie par derrière ; il lava la plaie pendant que Valentin, tirant du linge de son havre-sac, préparait de la charpie et des compresses. Bientôt la fille sauvage fut pansée aussi bien que le permettaient les circonstances. Alors ils la portèrent avec précaution sur son lit de feuilles et s'occupèrent de la faire revenir à elle.

Giuseppe profita d'un intervalle de calme entre deux coups de vent pour aller puiser de l'eau fraîche dans une tasse de cuir ; il y mêla quelques gouttes d'eau-de-vie, et composa ainsi une espèce de cordial qu'il fit glisser entre les lèvres serrées de la jeune fille. Ranimée par cette boisson fortifiante, elle s'agita sur sa couche et rouvrit enfin les yeux.

Ses protecteurs avaient beaucoup redouté ce moment. Peut-être la solitaire, en reprenant connaissance, allait-elle chercher encore à fuir. Valentin et Giuseppe se préparaient déjà à une lutte qui pouvait avoir du danger pour tous, mais leurs craintes étaient vaines. Soit que le sang qu'elle avait perdu eût adouci son humeur farouche, soit que l'idée du bien-être relatif qu'elle éprouvait après une nuit de souffrance, s'associât pour elle à la présence de ces hôtes nouveaux, la malade se contenta de les regarder avec de grands yeux étonnés. Elle tenta bien de se soulever, mais ce mouvement indiquait plus de surprise que d'effroi.

— Faites-lui encore une fois entendre votre voix, dit le pâtre.

Valentin obéit avec une patience que soutenait la certitude du succès. Il s'assit près de la jeune fille, aperçut ce chant naïf dont il avait éprouvé déjà les heureux effets. La malade écoutait dans une sorte d'extase. Elle voulut plusieurs fois imiter ces notes si délicieuses à son oreille, mais découragée par l'impuissance de ses efforts, elle s'interrompait aussitôt. Souvent aussi un gémissement arraché par la douleur la forçait de s'arrêter. Enfin son attention parut se ralentir sans être lassée; ses paupières s'appesantirent; et, cédant à la faiblesse et à l'épuisement, elle s'endormait, le sourire sur les lèvres, comme un enfant bercé au bruit d'une chanson familière dans les bras de sa nourrice.

De peur de troubler son sommeil, Giuseppe et Valentin se retirèrent vers l'entrée de la caverne. Le jeune ingénieur était plein de confiance et de joie; il se croyait sûr d'avoir retrouvé Antonia de Villaréal, de pouvoir la rendre à la société, à la vie civilisée. Le pâtre au contraire était sombre et muet.

— Eh bien, père Giuseppe, quel parti allons-nous prendre maintenant? demanda Norbert; cette pauvre créature a besoin de secours plus efficaces que ceux que nous avons pu lui donner.... Il serait urgent de la transporter à Suc ou dans quelque autre endroit habité.

— En effet, répliqua le vieillard tristement, il m'a semblé qu'elle ressentait déjà des frissons de fièvre... Sa blessure, envenimée par la fatigue et les agitations, n'a pas non plus une bonne apparence...

— Eh bien! Giuseppe, ne pouvons-nous faire un brancard avec des branches de sapins? Nous placerons dessus ma chère Antonia, et nous la porterons ainsi jusqu'à la prochaine habitation.

Le berger étendit la main vers le vallon. Les arbres se tordaient et se brisaient avec fracas; la neige était roulée en masses énormes que le vent faisait voltiger en l'air et qu'il laissait retomber ensuite à grand bruit, comme si la montagne s'abîmait. La nature semblait ivre ou folle; à voir la lutte effrayante des élémens dans cette étroite enceinte de rochers, on eût cru le globe entier menacé d'une destruction prochaine.

— Par une tempête pareille, dit Giuseppe avec solennité, deux hommes, fussent-ils des géans, ne sauraient avancer de vingt pas hors d'ici sans périr.

Cette vérité était évidente pour Valentin lui-même; cependant il cherchait encore à se faire illusion.

— La tourmente passera vite, dit-il, et dès qu'elle commencera à s'apaiser...

— Nul ne peut dire combien elle durera... Et d'ailleurs, lors même qu'elle s'apaiserait à l'instant, nous ne pourrions regagner la plaine avec une charge, si légère qu'elle soit... Les arbres sont renversés, les abîmes cachés sous la neige, les rochers déplacés... Des endroits où nous eussions pu passer avec une complète sécurité il y a quelques heures ne sauraient être franchis maintenant par cinquante hommes endurcis aux fatigues et disposés à se soutenir les uns les autres.

— Allons donc! vous exagérez certainement le danger. Tous les points de la montagne n'ont pas été bouleversés comme celui-ci.

Le vieillard se pencha hors de la grotte et ramassa une poignée d'herbes sèches à demi ensevelies sous la neige.

— Voyez-vous ceci? demanda-t-il avec un sourire amer; ce sont les fougères et la paille qui vous ont servi de lit, la nuit dernière, dans ma cabane de l'Oule-Blanche... Ainsi mon rêve s'est accompli... ma bergerie a été renversée; les débris ont été dispersés par la tourmente!

— Mais alors que faire? s'écria Valentin consterné; Dieu ne m'a-t-il rendu Antonia que pour me condamner à périr avec elle?... Voyons, Giuseppe, vous avez l'expérience de ces montagnes, vous savez ce que nous pouvons craindre et espérer; quel parti faut-il prendre?

Le vieillard ne répondit pas.

— Vous ne voyez donc aucun moyen de sortir d'ici. Nous sommes donc perdus sans ressources?

— A Dieu ne plaise!... il nous reste encore une chance de salut.

— Laquelle?

— Dans cette saison peu avancée, la neige, quelquefois, ne séjourne pas longtemps sur le Montcalm... A la première apparence de dégel, nous nous hâterions de gagner le village.

— Mais combien de temps devrions-nous attendre ici?

— A supposer, ce qui serait le hasard le plus favorable, que la tempête cessât la nuit prochaine, il nous faudrait laisser passer trois ou quatre jours... Et encore, après ce délai, nous aurions tout à craindre des avalanches.

— Trois ou quatre jours! s'écria Valentin avec épouvante; mais Antonia ne saurait attendre jusque-là... Ne venez-vous pas de me dire que la fièvre commençait à se déclarer? Giuseppe alla examiner la malade avant de répondre. Une vive rougeur colorait ses joues brunies; son haleine était oppressée; elle éprouvait des soubresauts convulsifs. Le vieillard secoua la tête et revint s'asseoir près de Valentin.

— Que la bonne Notre-Dame de Puycerda prenne pitié de nous! dit-il d'un air de sombre résignation.

Mais Valentin ne voulait pas encore se soumettre à la nécessité.

— Voyons, Giuseppe, reprit-il vous avez sans doute mal calculé nos probabilités de salut... On sait déjà au hameau de Suc dans quelle position dangereuse nous sommes; ces gens courageux se dévoueront pour venir à notre secours...

— Et comment nous trouveront-ils? Deux personnes au monde connaissent seules le passage du rocher, vous et moi.

— Mais vous oubliez qu'il y a un autre chemin, à travers la forêt; c'est celui que j'ai pris la première fois pour venir au Puits-d'Enfer.

— Et ce chemin, monsieur, nulle créature de chair et d'os ne pourra le parcourir d'ici au retour de l'été. Songez aux crevasses, aux ravins, aux pitons abruptes que vous avez dû franchir, et cela dans une saison favorable.

— C'est vrai, mon Dieu! c'est vrai! soupira Norbert en regardant le ciel avec angoisses; et cependant je tenterai quelque chose pour le salut de ma chère Antonia... Écoutez-moi, Giuseppe; ces dangers dont vous parlez ne m'effrayent pas, et je suis prêt à les affronter. Restez ici près de la malade; donnez-lui tous les soins qui sont en votre pouvoir... Quant à moi, je vais essayer de me rendre à Suc; je déciderai à force d'argent et d'instances quelques guides expérimentés à m'accompagner ici.

— Vous ne ferez pas cela, jeune homme! s'écria le pâtre avec véhémence; non, vous ne le ferez pas si vous êtes chrétien et si vous désirez que Dieu ait pitié de votre âme à l'heure de votre mort... Vous péririez infailliblement avant d'être hors de la portée de la voix; vous tomberiez dans quelque abîme où vous seriez saisi par le froid. Je suis aussi sûr de ce malheur que je suis sûr de croire au paradis!... D'ailleurs, dans le cas même où vous arriveriez sain et sauf au village, croyez-vous que, pour aucun prix, un toy consentirait à vous suivre au Montcalm par un temps semblable? Non, non, monsieur; nos montagnards sont téméraires, mais ils ne braveraient pas une mort certaine, ce serait offenser Dieu. Ils savent notre danger; dès qu'il sera humainement possible de venir à notre secours, ils viendront; alors nous nous aiderons de notre côté, et peut-être ainsi nous sauverons-nous.

— Je n'ai pas le droit d'exiger de vous le sacrifice auquel je suis préparé moi-même! répliqua Valentin d'un air résolu. Restez ici, Giuseppe, vous avez assez fait déjà pour mériter ma reconnaissance éternelle. Quant à moi, rien ne pourra me retenir.

— Encore une fois, monsieur, s'écria le vieillard avec force, je vous supplie de ne pas nous quitter... Je vous demande cette grâce au nom de cette jeune fille, dont êtes vous l'unique espoir, au nom de cette pauvre créature, à qui l'avenir réserve peut-être encore bien des traverses. Si un projet de ce genre avait une chance de succès, une seule, j'aurais cru de mon devoir, moi à qui tous les recoins de la montagne sont familiers, de tenter l'aventure le premier. Quand ce matin j'ai voulu vous accompagner au Puits-d'Enfer, croyez-vous que j'ignorais à quoi je m'exposais? Je voyais la tempête approcher pas à pas : je pouvais mesurer sa fureur... cependant je suis venu... Pour prix de mon dévoûment, je vous supplie d'être patient, résigné, comme moi; sachons attendre; la Providence ne nous abandonnera pas !

Valentin sentit que le pâtre avait raison et il ne résista plus.

— Soit, Giuseppe, reprit-il d'une voix étouffée, je me fie à votre sagesse, à votre expérience... Qu'Antonia me pardonne si je reste inactif quand elle est en péril !

— Bien, bien, vous voilà enfin devenu raisonnable, dit Giuseppe avec un sourire de triomphe; mais la nuit approche, et une nuit passée à cette hauteur, par ce temps affreux, nécessite quelques précautions... Laissez-moi donc faire et tirer au meilleur parti possible de notre malheureuse position.

Valentin alla s'asseoir près de la jeune fille, qui dormait toujours d'un sommeil troublé. Il laissa tomber sa tête dans ses mains; et l'œil fixé sur le visage de la malade, il demeura plongé dans de sombres réflexions.

Cependant le vieux berger faisait à la hâte ses dispositions pour la nuit. Il alla remplir d'eau fraîche son petit broc de cuir; puis il assembla une assez grande quantité de ces branches de sapin dont le sol était jonché et il les porta dans la caverne pour servir de lit à lui et à son compagnon. Il réunit aussi du bois plus gros pour alimenter un feu qu'il alluma à l'entrée de la grotte, dans un enfoncement à l'abri du vent Ces préparatifs terminés, il tira de son sac quelques débris de pain et de viande et invita Valentin à en venir prendre sa part. Le jeune homme voulut refuser, mais Giuseppe, avec une douce autorité, l'obligea à l'imiter. Ils n'eurent pas de peine à achever ces piètres approvisionnemens.

— Heureusement, nous avons le garde-manger de notre petite amie, dit le vieillard avec une gaîté un peu forcée, en désignant les fruits et les racines dont la solitaire faisait sa nourriture; il pourra nous être d'une grande utilité si nous restons plusieurs jours ici. La chère sera maigre pour vous, mais vous n'avez pas eu de repas bien délicats à l'Oule-Blanche.

La nuit arriva noire, glaciale, menaçante; la tempête continuait au dehors; le vent hurlait avec une espèce de rage.

Les arbres de la forêt se ruaient toujours à grand bruit les uns sur les autres. Le feu, allumé à l'entrée de la grotte, semblait s'éteindre par momens, puis il jetait tout à coup des teintes rouges et éclatantes. Souvent aussi des bouffées de neige, chassées par l'orage, bondissaient en tourbillonnant jusqu'au fond de la caverne.

Giuseppe invita son compagnon à prendre un peu de repos; pour lui, enveloppé dans son manteau, il devait s'occuper d'entretenir le feu et de veiller sur la malade. Il avait acquis dans sa vie nomade cette précieuse faculté, particulière à certaines organisations vigoureuses, de pouvoir résister longtemps au besoin de sommeil, le plus impérieux de tous les besoins. Valentin eut bien voulu partager la tâche pénible du vieillard, mais les fatigues inouïes qu'il avait eu à supporter depuis son arrivée au Montcalm, les fortes émotions auxquelles il était sans cesse en proie, avaient gravement affaibli sa constitution; il sentait une extrême douleur dans tous les membres; sa tête était lourde, embarrassée. Il crut qu'un peu de sommeil lui rendrait sa vigueur accoutumée. Après avoir recommandé à Giuseppe de l'éveiller dès que la jeune sauvage sortirait de son abattement, il se jeta sur sa couche de feuillages.

Il était plongé depuis longtemps déjà dans un engourdissement profond assez semblable au sommeil, quand un bruit épouvantable retentit tout à coup. La montagne entière semblait vaciller sur sa base; presque aussitôt il entendit Giuseppe l'appeler avec terreur, et la solitaire s'agiter convulsivement. Valentin ouvrit les yeux, mais les ténèbres les plus complètes régnaient autour de lui. Il

voulut se soulever, mille liens invisibles l'attachaient au sol; il voulut parler, la voix expira sur ses lèvres.

— Monsieur Norbert, disait Giuseppe au nom de Dieu, éveillez-vous! une avalanche vient de tomber dans le Puits-d'Enfer et de fermer l'entrée de la grotte; notre feu est éteint; nous sommes ensevelis vivans!

Cette sinistre nouvelle ne parut produire aucun effet sur Valentin; il répondit seulement par une exclamation sourde et inarticulée. Effrayé, Giuseppe se pencha vers le jeune homme, lui tâta les mains et le visage. Valentin avait les yeux ouverts, mais il était glacé.

—Que la bonne Vierge nous protège! s'écria le pâtre, il ne manquait plus que ce malheur... Le froid a saisi ce pauvre garçon pendant son sommeil. Allons! debout! debout! monsieur Norbert! continua-t-il en le secouant avec énergie et en essayant de le soulever; par pitié pour vous-même, éveillez-vous, ou vous êtes perdu sans ressource !

Valentin essaya de suivre ce conseil, mais la force lui manqua et il retomba aussitôt dans son inertie.

Alors Giuseppe, se dépouillant de son ample manteau, en enveloppa son malheureux compagnon. Il lui fit avaler plusieurs gorgées d'eau-de-vie; puis il se mit à frotter les bras et les jambes pour rappeler la circulation interrompue. Grâce à ces soins, Valentin put bientôt s'aider lui-même. Il se souleva et parvint enfin à se tenir debout.

— Et maintenant, reprit Giuseppe, ne restez pas immobile une minute jusqu'à ce que le sang ait repris son cours; surtout tâchez de résister au sommeil, car le sommeil ce serait la mort! Du reste, pour vous comme pour nous, elle n'est sans doute pas moins prochaine et inévitable.

Valentin obéit machinalement; une agitation soutenue amena dans son organisme une réaction salutaire. La chaleur revint peu à peu dans ses membres, mais une chaleur ardente, morbide, accompagnée de moiteur et d'oppression. Giuseppe s'en aperçut.

— Cette crise vient de faire déclarer la fièvre, murmura-t-il; mon Dieu! avez-vous assez éprouvé vos pauvres serviteurs!... Recouchez-vous, ajouta-t-il avec tristesse; maintenant il n'y a plus à craindre que le froid vous gagne.

Valentin se laissa tomber épuisé sur les branchages.

— Antonia! où est Antonia? balbutia-t-il.

—Antonia! répéta une voix plaintive au fond de la grotte.

Quelques heures se passèrent encore dans de mortelles angoisses pour Giuseppe, dans un engourdissement léthargique pour les malades. Mais, comme l'avait prévu le berger, le froid n'était plus à craindre; l'air de cette étroite caverne, échauffé par l'haleine de trois personnes, avait pris cette température tiède qu'on trouve dans une cave close. Malheureusement aussi il devenait de moment en moment moins respirable, l'entrée de la grotte étant complètement obstruée. On n'entendait plus aucun bruit du dehors; c'était déjà le calme de la tombe.

Plusieurs fois, dans cet espace de temps, la fille sauvage avait été en proie à un violent délire. Alors elle se retournait sur sa couche, et elle poussait des cris bizarres imitant les chants de certains oiseaux des bois. Souvent aussi elle s'efforçait de reproduire des sons effacés de sa mémoire depuis bien des années. Ses facultés intellectuelles, exaltées par la fièvre, semblaient se réveiller insensiblement, comme si le voisinage des hommes, leur langage, le spectacle de leurs actes raisonnables et réfléchis, eussent déterminé en elle une réaction contre les instincts. Elle prononçait des mots sans suite, dénaturés et méconnaissables, auxquels évidemment elle n'attachait aucun sens; sa bouche ne pouvait même se plier à les reproduire avec quelque précision. Les seuls mots nettement perceptibles au milieu de ces intonations confuses étaient son propre nom et celui de Valentin; pour elle, ils exprimaient tous les sentiments de l'âme, la peine comme la joie, la crainte comme l'espérance. Mais ces éclairs de mémoire et de raison passaient rapidement et bientôt la force du mal éteignait ces lueurs éphémères.

Cependant le montagnard n'était pas homme à demeurer longtemps oisif. L'air de la grotte, ne se renouvelant plus se viciait rapidement et devait perdre bientôt ses propriétés vitales. Giuseppe, convaincu de cette terrible vérité, et ne pouvant désormais compter sur Valentin, dont l'état venait d'heure en heure plus alarmant, voulut tenter quelques efforts pour préserver ses amis et lui-même d'une asphyxie prochaine. Sans autre outil que son long bâton ferré, il se mit à attaquer avec le courage du désespoir cette barrière qui les séparait du monde des vivans.

Autant qu'il pouvait en juger dans les ténèbres, l'obstacle se composait d'un amas de neige et de pierres d'une grande épaisseur. Au risque d'être écrasé sous un éboulement, il s'efforçait d'ébranler cette masse compacte en enfonçant son bâton dans le massif. La neige mouillée et durcie par la gelée avait formé une espèce de ciment entre les divers matériaux d'abord isolés et sans adhérence. Cependant, à force de constance, Giuseppe parvint à dégager l'extrémité supérieure de l'orifice de la grotte, et sentit enfin, comme à travers un soupirail quelques bouffées d'air libre. Ce succès était bien insuffisant, mais il donnait du moins la certitude aux pauvres prisonniers de ne pas mourir étouffés. Du reste, tout faible qu'il fût, il eût été impossible de le pousser plus loin. Les fragmens du rocher étaient lourds, réunis par une glace solide. Un vieillard épuisé de travail, d'insomnie et de privations, eût été incapable de les ébranler seul. Il dut donc renoncer à ce labeur ingrat, et il prit à son tour quelques momens de repos.

La nuit se passa ainsi. Un rayon pâle et oblique se glissant à travers la fissure que Giuseppe avait pratiquée avec tant de peine annonça le jour. Ce rayon ne pouvait dissiper les ténèbres, mais chaque fois que les captifs levaient les yeux, cette faible et vacillante étoile brillait au-dessus de leur tête comme une espérance lointaine.

Valentin et la fille sauvage n'étaient pas en état d'apprécier le danger de leur situation. Tous les deux, par des causes différentes, ressentaient à peu près les mêmes souffrances; tous les deux, dévorés par la fièvre, restaient plongés le plus souvent dans un sommeil lourd, oppressé, interrompu à longs intervalles par des redoublemens ou des accès de délire. Une seule fois Valentin eut un moment lucide.

—Eh bien! Giuseppe, demanda-t-il d'une voix déchirante, qu'y a-t-il de nouveau? Antonia, la pauvre Antonia, est-elle donc condamnée à périr ainsi que nous?

—Courage, mon fils! répliqua le montagnard d'un ton ferme.

— Vous croyez donc que l'on nous sauvera, que l'on viendra à notre secours?

— Oui, oui, je le crois.

— Mais qui donc, Giuseppe? les hommes nous abandonnent...

— Dieu! dit une voix ferme et distincte.

C'était celle de la fille sauvage.

Était-ce la une réminiscence due au hasard d'un nom que la solitaire avait souvent prononcé à une autre époque, ou bien fallait-il voir dans cette réponse faite si à propos le réveil positif d'une intelligence longtemps assoupie? Valentin et le vieillard, surexcités l'un par la maladie l'autre par ses réflexions mystiques, y virent une manifestation providentielle.

Cependant la journée s'écoula sans amener aucun changement favorable. L'étincelle lumineuse de la voûte s'éteignit encore une fois; la nuit revint avec son cortége d'angoisses et de terreurs. Vers le matin, le vieillard lui-même parut comprendre qu'il fallait se préparer à mourir. La fille sauvage repoussait toute espèce de nourriture et de boisson; Valentin refusait d'humecter ses lèvres brûlantes avec l'eau boueuse provenant de la neige fondue; l'une et l'autre s'affaiblissaient visiblement d'heure en heure. Giuseppe lui-même n'avait plus le courage d'aller chercher quelques fruits secs au fond de la grotte pour

réparer ses forces... A quoi bon prolonger son agonie? Ne valait-il pas mieux mourir en même temps que ces deux enfans ensevelis avec lui dans ce trou obscur?

Quand parurent les premières lueurs de la troisième journée, la fille sauvage avait à peine la force de gémir. Giuseppe lui prit la main; cette main avait la moiteur sinistre qui précède la mort. Le vieillard poussa un profond soupir et s'avança vers l'autre malade; l'haleine de Valentin était courte, entre coupée; son pouls, presque insensible; ses extrémités étaient déjà glacées, malgré la température tiède du souterrain.

Le vieillard alla se rasseoir tristement.

— Allons! murmura-t-il, tout est dit... eux maintenant, moi ce soir... Moi, qu'importe? mais eux si jeunes, si beaux et si forts!

Il reprit après une pause.

— Les hommes nous ont abandonnés, mais j'avais compté sur des amis plus sûrs que les hommes... ils m'ont oublié aussi!... invoquons Notre-Dame-de-Bon-Secours pour moi et pour ceux-là qui ne peuvent plus prier!

Il se prosterna le visage contre terre et resta longtemps dans cette humble posture.

Tout à coup il se souleva sur le coude; un bruit presque imperceptible s'était fait entendre au dehors. Le bruit se rapprocha, devint plus distinct; Giuseppe fit un bond; si les plus épaisses ténèbres n'eussent régné dans la grotte, on eût pu voir son visage resplendir de joie.

— Courage, enfans! s'écria-t-il; on vient à notre secours!

Mais rien ne répondit à ce cri d'espérance; la voix du vieillard s'éteignit dans le silence de la caverne.

Enfin, une ombre passa devant le soupirail; puis, des hurlemens frénétiques retentirent.

— Oui, oui, c'est moi, Négrot! c'est moi, Blanchette! s'écria Giuseppe de toute sa force; je vous attendais, mes bons chiens, et vous ne m'avez pas trahi!

Les hurlemens devinrent plus bruyans; des grumeaux de neige glacée tombèrent par le soupirail, comme si l'on eût gratté le sol avec fureur. Mais aussitôt des voix humaines dominèrent le bruit, on repoussa les chiens et quelqu'un demanda timidement en patois du pays:

— Y a-t-il des chrétiens vivans dans ce rocher?

— Il y en a de vivans, répliqua Giuseppe, et peut-être aussi y en a-t-il de morts.

Cette réponse parut épouvanter le questionneur, car il se retira aussitôt, et les aboiemens recommencèrent. Giuseppe connaissait la superstition de ses compatriotes montagnards; il craignit de les avoir mis en fuite par les paroles sinistres dont il n'avait pas calculé la portée; mais son inquiétude ne fut pas de longue durée. Bientôt un nouveau personnage se penchant vers l'ouverture, demanda d'un ton ferme et cette fois en français:

— Ne vous nommez-vous pas Giuseppe? N'êtes-vous pas le berger de l'Oule-Blanche? Oui, répliqua le vieillard sans reconnaître celui qui l'interrogeait.

— Etes vous seul dans ce gouffre?

— Plût à Dieu! Mais j'ai avec moi l'ingénieur de Vic-d'Essos et une autre personne.

— Norbert! Valentin! s'écria la voix avec un accent chaleureux; réponds-moi, mon cher Valentin!

— Il ne peut vous répondre, répliqua tristement Giuseppe; et si vous voulez lui sauver la vie peut-être, hâtez-vous de vous mettre à l'œuvre.

— Eh bien! que faut-il faire?

Giuseppe expliqua en peu de mots la situation.

— Il suffit, reprit-on; éloignez-vous pour ne pas être écrasé sous les éboulements.

Une minute après, il se fit un grand mouvement au dessus du pâtre; et il semblait qu'on attaquait les amas de neige et de pierres avec des outils de fer.

Giuseppe courut avec vivacité vers le fond de la grotte.

— On vient, jeunes gens, répéta-t-il à voix haute; courage! courage! Encore un instant et nous sommes sauvés!

Le même silence effrayant accueillit ces paroles; on n'entendait même plus la respiration irrégulière des malades.

— Pour tous les deux, murmura Giuseppe avec désespoir, il est trop tard.

Cependant l'activité redoublait au dehors. Les travailleurs étaient nombreux et exercés; l'ouvrage avançait vite. Enfin un écroulement se fit et une lumière éblouissante pénétra comme un torrent dans la caverne. L'ouverture, d'abord étroite, s'élargit rapidement, et un spectacle inattendu vint frapper les yeux de Giuseppe.

Les neiges abondantes tombées prématurément deux jours auparavant, avaient en partie disparu; on apercevait seulement çà et là de larges places blanches ou des coulées semblables à celle qui avait comblé l'entrée de la grotte. Le reste du Puits-d'Enfer paraissait vert et frais comme au printemps; les sapins n'avaient rien perdu de leur sombre et majestueux feuillage; la cascade roulait toujours ses eaux avec un bruit sourd, et le soleil, brillant de tout son éclat dans un ciel d'azur, illuminait de teintes éblouissantes les roches, les arbres et le bassin argenté. Le tapis de gazon ressortait çà et là en riantes oasis au milieu de la neige.

Trente ou quarante personnes, chasseurs et pâtres du village de Suc, étaient les comparses de cette scène. Les braves montagnards avec leurs costumes pittoresques, leurs bonnets catalans, leurs ceintures rouges et leurs espartilles se groupaient sur divers points, des pioches et des pelles à la main, attendant le moment de pénétrer dans la caverne. Quand le passage fut libre, ils poussèrent des cris de joie et s'élancèrent sur les débris de l'avalanche.

Malgré leur agilité, ils furent encore devancés par un vieux prêtre à figure vénérable, chef de cette dangereuse expédition. Il était chaussé d'espartilles comme les montagnards; sa soutane relevée sur le côté, souillée de boue et de neige, prouvait qu'il ne s'était pas épargné. Le premier il enjamba les blocs monstrueux qui obstruaient les approches de la grotte et pénétra dans l'intérieur en appelant avec angoisse :

— Valentin ! mon cher Valentin, où es-tu?

Des hurlemens couvrirent sa voix; Négrot et Blanchette, les chiens de Giuseppe, se précipitaient en bondissant vers leur maître. C'était à ces intelligens animaux qu'était due la découverte de ce lieu inconnu ; c'étaient eux qui avaient indiqué à la troupe le passage souterrain conduisant au Puits-d'Enfer; leur instinct merveilleux avait deviné le berger et ses compagnons dans les profondeurs de la terre. Aussi on peut se faire une idée de leur joie en retrouvant le vieux pâtre ; ils pleuraient, ils se traînaient à ses pieds et lui léchaient affectueusement les mains.

Mais Giuseppe ne répondit pas aux caresses de ces fidèles serviteurs qui venaient pourtant de lui sauver la vie. Il leur imposa silence d'un geste sévère; puis, prenant l'abbé Norbert par la main, il le conduisit à l'endroit où Valentin était couché sans mouvement.

Le prêtre tomba à genoux.

—Valentin, mon enfant, réponds-moi donc ! s'écria-t-il en le secouant doucement; c'est moi... c'est ton vieil oncle !... O mon Dieu, est-ce qu'il serait...

— Non, interrompit Giuseppe avec un accent de joie, voyez... le son de votre voix l'a ranimé !

En effet les joues pâles du jeune homme s'étaient légèrement colorées; il ouvrit les yeux et les attacha sur le chef de ses libérateurs avec une expression d'ineffable bonheur.

— Mon oncle, mon bon oncle! murmura-t-il.

— Il me reconnaît... mon Dieu ! il me reconnaît !...Heureusement nous avons prévu que perdus sur le Montcalm depuis trois jours, vous auriez sans doute besoin des secours de la médecine. Où est le docteur? demanda-t-il en se tournant vers les montagnards qui se tenaient respectueusement à l'entrée de la grotte.

— Me voici monsieur le curé.

Un homme jeune et alerte perça la foule, portant une boîte qui contenait une pharmacie de campagne.

— Sauvez mon neveu, dit le prêtre d'un ton suppliant.

Le médecin voulut prendre le bras du jeune homme pour lui tâter le pouls, mais Valentin s'y refusa.

— Non, non, pas moi le premier ! murmura-t-il ; elle d'abord, elle avant tout... Je vous supplie de songer d'abord à elle !

Et il désignait l'angle obscur de la grotte.

Alors pour la première fois l'abbé Norbert et le médecin s'aperçurent qu'une autre personne était couchée dans ce lieu de douleur. L'aspect vraiment extraordinaire de l'inconnue les frappa d'étonnement.

— Qui est là ? demanda le prêtre ; quelle est cette pauvre créature?

— La femme sauvage du Montcalm, répondit Giuseppe. Tous les assistans s'approchèrent avidement pour voir cette pauvre fille qui avait tant occupé la renommée.

— Mon oncle, hâtez-vous... reprit Valentin avec un effort désespéré; elle a droit à votre dévoûment comme au mien... C'est Antonia de Villaréal !

— Antonia de Villaréal ! s'écria l'abbé stupéfait, c'est impossible ! es-tu sûr...

— Sûr comme je le suis de revoir cette lumière du soleil que je croyais éteinte à jamais pour moi ! répliqua Valentin avec énergie.

Et il raconta brièvement au curé à quels signes indubitables il avait reconnu son amie d'enfance.

Pendant cette conversation, le médecin ne restait pas inactif. Allant sans cesse de l'un à l'autre des malades, il eut bien vite reconnu que, dans ces jeunes et robustes organisations, le principe de la vie pouvait aisément se ranimer. Après leur avoir fait prendre quelques cordiaux, il annonça qu'il répondait d'eux et engagea les assistans à préparer des brancards pour les transporter au village.

L'abbé Norbert avait écouté attentivement le récit souvent interrompu de Valentin.

— C'est un miracle ! C'est le doigt de Dieu ! dit-il après un moment de silence.

Puis s'approchant de la jeune fille inanimée, il mit un genou en terre et étendit la main sur elle d'un geste solennel.

— Salut, pauvre enfant, reprit-il avec une profonde émotion, salut, toi que la Providence nous envoie pour nous permettre d'acquitter notre dette de reconnaissance envers ta sainte et noble famille !... Nous ne faillirons pas à la tâche qui nous est imposée... Tu es pauvre maintenant, faible, mourante, presque nue; tu as dès apprès Dieu, l'humanité, les sentimens de la nature; tu n'es qu'un objet de compassion pour tous ceux qui t'approchent... Nous, avec l'aide de Dieu, nous éclaircirons ton intelligence, nous réveillerons ton cœur, nous te ferons rentrer dans les conditions communes de la vie sociale; nous te rendrons ton nom, ton rang dans le monde, ta fortune, et quand notre œuvre sera finie, les généreux martyrs de la Maison-Romaine nous béniront à leur tour du haut du ciel!

La fille sauvage poussa un faible gémissement, comme pour accepter ce dévoûment et cette prière.

Quelques momens après un long cortége, précédé par des hommes armés de haches et de pioches pour ouvrir le chemin, se dirigeait vers le hameau de Suc. Derrière les brancards où l'on portait les malades, Giuseppe, fidèle à ses habitudes solitaires, marchait à l'écart et grommelait en branlant la tête :

— Ils veulent lui rendre son nom et sa fortune... Réussiront-ils? Ils ne savent pas de quoi est capable l'homme à la main sanglante!...Mais je ne puis plus rien... Le démon a mis son sceau sur ma bouche... Je me tairai.

DEUXIÈME PARTIE.

X.

L'ATTENTE.

Nous passerons rapidement sur une période de dix-huit mois environ qui suivit ces événemens. Arrachés à une mort imminente, Valentin et la fille sauvage du Montcalm s'étaient promptement rétablis. Au bout d'une quinzaine de jours, le jeune ingénieur avait été en état de retourner avec son vénérable oncle à Vic-d'Essos. Quant à la solitaire, s'étant habituée un peu, pendant sa convalescence, à supporter la présence et les bons offices de ses semblables, elle avait été conduite à Foix dans un couvent de femmes. Valentin, sur le refus de Villaréal de s'occuper du sort de cette pauvre créature, eût bien désiré la recueillir chez lui, où l'excellent curé Norbert se fût chargé volontiers de son éducation ; mais des raisons de convenance avaient empêché d'exécuter ce plan. Le zèle et la charité chrétienne des religieuses devaient suppléer la haute intelligence nécessaire peut-être pour remplir une pareille tâche.

Nous n'entrerons dans aucun détail sur le système d'éducation qui fut suivi à l'égard de la sauvage. Nous dirons seulement que ses institutrices agirent avec elle comme avec les petits enfans, dont, sauf la vigueur physique et l'humeur vagabonde, elle avait toute la simplicité et toute la candeur. Quoiqu'il en fût des procédés mis en œuvre ses progrès intellectuels furent rapides. Les idées qu'il s'agissait de lui inculquer existaient déjà en effet à l'état latent dans sa mémoire. Elle avait moins à apprendre qu'à se souvenir. Son esprit, arrêté dans sa marche pendant un long espace de temps, reprit avec énergie son développement. On eût dit d'une bonne terre qui, restée long-temps en friche, répare par un luxe de végétation sa stérilité passée. Au bout de quelques mois, elle put comprendre ceux qui lui parlaient ; elle éprouva de plus grandes difficultés à s'exprimer couramment elle-même, cependant elle y parvint. C'était un pas immense ; la pauvre fille était enfin rentrée dans les conditions de la vie commune. Elle pensait, elle avait un moyen de communication avec les individus de son espèce ; des principes de religion et de morale avaient germé dans son cœur. Ses institutrices étaient fières avec raison de ces résultats si prompts. Un savant précepteur, bouffi de théories, n'eût peut-être pas obtenu ce succès.

Une femme aussi extraordinaire avait dû exciter une vive curiosité dans la ville de Foix et dans les alentours. Pendant les premiers temps, le couvent où elle avait trouvé asile avait été littéralement assiégé de personnes fort empressées à la voir. Ses faits et gestes occupaient les oisifs ; les fables les plus absurdes circulaient à son sujet. Cependant peu à peu, comme il arrive toujours, cette curiosité

avait fini par se lasser. Quelques dames privilégiées ayant été admises auprès de la nouvelle pensionnaire du couvent de Sainte-Marie, avaient été étonnées de se trouver en présence d'une belle personne, grave, taciturne, modeste, du reste peu différente des autres jeunes filles de son âge. Bientôt elle perdit le prestige romanesque dont on se plaisait à l'environner ; l'émotion qu'elle avait causée commença à se calmer. Les grands événemens politiques qui marquèrent la chute de l'empire ne contribuèrent pas peu à détourner l'attention du public. Le midi de la France était alors sillonné dans tous les sens par des armées françaises et étrangères, agité par des réactions sanglantes. Au milieu de cette effervescence plus ardente encore sur la frontière d'Espagne, la jeune sauvage du Montcalm fut à peu près oubliée.

Cependant le plus absolu mystère continuait à envelopper son origine. D'abord, sur quelques mots échappés à Valentin et à Giuseppe, le bruit s'était répandu que l'intéressante enfant appartenait à cette malheureuse famille de Villaréal dont on se rappelait encore l'histoire tragique. Dans les premiers temps, cette particularité avait ajouté à la grande sympathie qu'elle inspirait, mais rien n'était venu confirmer ces rumeurs. La famille de la jeune pensionnaire de Sainte-Marie ne s'était pas révélée, et elle-même ne pouvait fournir aucun éclaircissement sur ce sujet. On ignorait jusqu'à son véritable nom et on lui avait donné celui de Marie, la patronne du couvent, afin de la désigner parmi ses compagnes.

Excepté quelques dames charitables de la ville qui, touchées de sa position, avaient offert de s'intéresser à son sort, elle n'avait d'autres protecteurs, d'autres amis que Valentin et l'abbé Norbert. C'était le bon curé qui payait sa pension : lui et son neveu venaient fréquemment de Vic-d'Essos pour la visiter, et chacune de leurs visites comblait de joie la pauvre enfant, que ce nouveau genre de vie sédentaire et uniforme jetait parfois dans une noire et profonde tristesse.

Voilà donc où en étaient les choses quand, par une chaude journée de juillet 1815, deux voyageurs à cheval s'arrêtèrent devant l'hôtel des Deux-Couronnes, la principale auberge de Foix. La ville entière était en fermentation à cause des nouvelles politiques arrivées le matin ; on venait d'apprendre la chute de l'empereur ; les habitans, réunis sur les places et dans les carrefours, causaient d'un air animé. Dans cette disposition inquiète de la population, le plus mince événement suffisait pour éveiller l'attention ; aussi, l'arrivée de ces voyageurs, couverts de sueur et de poussière et fort pressés en apparence, attira-t-il bon nombre de badauds devant la porte cochère de l'auberge ; mais cet empressement fut promptement déconcerté. L'aubergiste, accouru sur le seuil de sa maison pour recevoir les étrangers, les salua avec une respectueuse familiarité comme des hôtes connus ; l'un était un vieillard, conservant dans ses vêtemens de voyage les signes distinctifs du costume ecclésiastique ; l'autre était un jeune

28

homme convenablement vêtu, mais appartenant évidemment au pays ; en un mot, c'étaient l'abbé Norbert et Valentin. Dès que la foule reconnut qu'il n'y avait là ni courrier du gouvernement allant porter en Espagne des ordres de Paris, ni agent diplomatique voyageant pour les affaires de l'Europe, alors passablement embrouillées, elle se dispersa et alla chercher ailleurs pâture à son désœuvrement.

Valentin avait sauté lestement à bas de son cheval ; et, pendant que son oncle, moins agile, descendait aussi de sa monture avec l'assistance du maître d'hôtel, il demanda d'un air empressé :

— Un voyageur de Toulouse est-il arrivé chez vous aujourd'hui, monsieur Vitrac?

— Non pas, que je sache, monsieur l'ingénieur.

— Quoi ! il n'y a pas ici une personne qui nous a donné rendez-vous dans votre maison, et qui doit nous attendre?

— Non, monsieur.

— Vous l'entendez, mon oncle, dit le jeune fonctionnaire avec chagrin ; il n'est pas venu... il ne viendra pas !

L'abbé Norbert, à grand'peine, était enfin parvenu à mettre pied à terre.

— Patience ! donc, patience ! répondit-il d'un ton grondeur et indulgent à la fois ; il n'y a pas encore de temps de perdu... Le chevalier de Villaréal a annoncé qu'il serait ici dans la soirée, et il est à peine midi. Nous n'avons pas quitté le galop depuis notre départ de Vic-d'Essos ; je suis moulu, et voilà mon pauvre cheval Roland qui est à moitié fourbu... Si tu n'as pas pitié de la monture, mon garçon, prends au moins pitié du maître ! Je ne suis nullement fâché d'avoir un instant pour me reposer avant de songer aux affaires qui nous appellent à Foix.

Valentin ne répliqua rien, mais on voyait à son agitation fiévreuse combien il souffrait des lenteurs du vieillard. Celui-ci recommanda les chevaux à un garçon d'écurie ; puis, après avoir ordonné de l'avertir dès que la personne attendue arriverait, il se fit conduire à une chambre que son neveu et lui occupaient d'ordinaire dans leurs voyages au chef-lieu du département.

Bientôt le curé, confortablement assis en face d'une table sur laquelle se trouvaient quelques rafraîchissemens, parut retrouver sa sérénité et sa bonne humeur habituelles. Valentin tournait autour de lui d'un air embarrassé.

— Mon oncle, dit-il enfin timidement, mes soins ne devant plus vous être nécessaires, je vous demanderai la permission de m'absenter un moment.

— Où veux-tu donc aller, mon garçon?

— Ne le devinez-vous pas?... Je ne peux me trouver si près d'Antonia sans désirer de la voir au plus vite.

— Eh ! que lui dirais-tu, mon ami ? Ne vaut-il pas mieux attendre le résultat de notre entrevue avec le chevalier de Villaréal? Prends patience, Valentin, et ce soir peut-être, nous irons tous ensemble porter à cette chère petite de bonnes nouvelles.

Valentin s'assit avec résignation.

— Vous avez raison, mon oncle, reprit-il ; pardonnez-moi si je ne peux commander à mon inquiétude... mais vous savez combien la circonstance est critique pour Antonia, pour nous-mêmes.

— Pauvre enfant ! dit le curé d'un ton affectueux, pourrais-je t'imputer à crime des sentimens si louables? Seulement, Valentin, souviens-toi de ta parole... Je sais ce que tu espères ; je t'assure que le chevalier de Villaréal ne se trouvera pas tel que nous le désirons ; tu m'as promis d'être calme?

— Calme ! mon oncle ! s'écria l'ingénieur en bondissant sur sa chaise, et comment serais-je calme quand cet homme aveugle s'obstine à ne pas reconnaître sa nièce? Depuis dix-huit mois il élude toute explication par des subterfuges, des dénégations vagues, ou il laisse nos lettres sans réponse. Après m'avoir inspiré tant de confiance quand je le rencontrai sur le Montcalm, après m'avoir donné une si haute idée de son désintéressement, il montre la plus indigne, la plus coupable indifférence à l'égard de son infortunée parente, de sa pupille ; il a fallu le menacer d'une

action en justice pour lui arracher une détermination... Enfin, dans une dernière lettre, il annonce qu'il se trouvera ici aujourd'hui et qu'il nous fera connaître ses intentions. Oh ! qu'il vienne, mon Dieu ! il faut une réparation, une réparation prompte et complète. Pourquoi donc, bon Dieu ! aurais-je arraché Antonia aux horreurs de sa vie sauvage, si elle devait être dans la société comme une paria maudite, sans famille, livrée à la pitié publique?... Non, non, il n'en sera pas ainsi ; elle est la fille de mes bienfaiteurs, et j'obtiendrai justice pour elle ; vienne le chevalier de Villaréal, et s'il refuse encore de remplir son devoir...

— Eh bien, que feras-tu, mon garçon? Quel moyen auras-tu de forcer le chevalier à agir suivant tes volontés?... Si je m'en rapporte à certains souvenirs, Montès de Villaréal est plus habitué à inspirer la crainte aux autres qu'à l'éprouver lui-même.

— Mon oncle, s'écria Valentin impétueusement, dites-moi, de grâce, ce que vous savez de lui... Vous avez toujours refusé de vous expliquer nettement sur son compte ; et en vérité, plus je réfléchis à mes rapports avec Montès de Villaréal, plus mon embarras augmente... Il y a bien des obscurités dans sa conduite généreuse en apparence, et j'ignore encore si je dois le regarder comme un honnête homme ou comme un fourbe sans cœur !

— Il n'est peut-être absolument ni l'un ni l'autre, mon cher Valentin, répondit le vieillard avec un sourire triste ; peu d'hommes en effet sont complétement bons ou complétement méchans, tant le bien et le mal se confondent dans notre misérable nature humaine... Je sais peu de choses du capitaine Montès ; son frère ne parlait de lui qu'avec une extrême répugnance. Si ma mémoire ne me trompe, des rivalités de fortune et peut-être d'affections avaient éclaté entre eux, ce qui avait décidé l'aîné à quitter l'Espagne, le chevalier, et à venir s'établir de ce côté de la frontière. Montès, à ce qu'il paraît, mena une vie assez désordonnée dans son pays natal et dissipa rapidement sa part d'héritage... Mais la charité chrétienne défend de juger sévèrement des erreurs de jeunesse qui ont pu être rachetées par la sagesse de l'âge mûr.

— Tout cela ne détruit pas les soupçons que je serais en droit de concevoir sur le seul parent d'Antonia... Voyons, mon excellent oncle, parlez-moi dans la sincérité de votre conscience : croyez-vous le capitaine Montès capable de méconnaître sa malheureuse nièce, afin de n'avoir pas à restituer le riche héritage dont il jouit?

— Dieu seul voit le fond des cœurs, et ce serait mal d'attribuer à son prochain des intentions coupables qu'il n'a peut-être pas... Cependant, s'il faut l'avouer, j'ai toujours observé qu'il est dangereux de tenter les hommes et de mettre en opposition leur intérêt avec leur devoir...

— Ainsi, à votre avis, la tentation pourrait être trop forte pour Montès de Villaréal?

— Je ne dis pas cela... mais la conscience la plus timorée cherche parfois des raisons pour éviter un sacrifice pénible ; quand ces raisons sont spécieuses et en grand nombre, on peut se tromper innocemment. S'il était rigoureusement démontré que notre protégée est bien Antonia de Villaréal, le chevalier, j'imagine, ne voudrait pas renier sa nièce ; mais dans le doute où il est, faute de preuves, il pourrait, même à son insu, se laisser entraîner...

— Le doute, mon oncle ! interrompit Valentin ; peut-il rester l'ombre d'un doute au chevalier ou à personne sur l'identité de la pauvre sauvage avec la fille de notre bienfaiteur? Montès lui-même ne croyait-il pas à cette identité, lorsqu'il s'est rencontré avec elle sur le Montcalm? N'ai-je pas reconnu mon amie d'enfance à des indices certains? Mon témoignage et le vôtre ne sont-ils pas suffisans pour constater.

— Notre opinion, mon enfant, serait peut-être de quelque poids ; mais pourrais-tu affirmer par serment que la pensionnaire de Sainte-Marie est bien la fille et l'héritière du chevalier de Villaréal?... Quant à moi, je l'avoue, je ne l'oserais pas.

— Et moi, je le ferais, mon oncle, je le ferais sans hésiter... Au nom du ciel, d'où vous viennent de pareils scrupules?

— Prends garde, Valentin, de te laisser aller à ta bouillante imagination. J'admets un moment avec toi que, par des circonstances encore obscures, l'enfant échappée, dit-on, à l'affreux massacre de la Maison-Romaine soit la fille sauvage, trouvée sept ans après dans un si triste état sur le Montcalm, comment établiras-tu le cas devant la justice? Deux noms prononcés avec effort, un bout de chanson retenu, une ressemblance fugitive avec la petite Antonia, sont-ce là des preuves assez saisissantes pour donner droit à un grand nom, à une grande fortune? Si notre amie, depuis qu'elle a retrouvé le don de la parole, avait pu elle-même fournir des détails sur les parens, dissiper les ténèbres de son existence passée, de fortes présomptions se fussent élevées en sa faveur. Mais, tu le sais, la chère enfant, chaque fois qu'on l'interroge sur les événemens antérieurs à son long séjour sur les montagnes, tressaille, pâlit et manifeste un véritable égarement; elle semble être encore sous l'impression d'une grande terreur qui, se réveillant à la moindre allusion, trouble son jugement et sa mémoire. En l'absence de toute indication de sa part, que reste-t-il? Ta conviction? Elle est franche et sincère; mais on te demandera sur quels faits elle est fondée, et ces faits paraîtront bien peu concluans à des gens froids et positifs par devoir même. On te reprochera d'écouter ton intérêt, fort naturel du reste, pour une créature infortunée que tu as arrachée à une cruelle mort si misérable. Peut-être même, car il faut tout prévoir, ira-t-on jusqu'à supposer une passion secrète qui t'aveuglerait sur les droits de ta protégée!

Valentin baissa la tête en rougissant. Mais bientôt il la releva d'un air d'enthousiasme et d'obstination.

— Ainsi donc, reprit-il, Antonia n'a plus que moi pour soutien... Mon oncle, vos raisonnemens sont sages sans doute, je ne les discuterai pas; mais je ne peux aller contre ma conviction, et aucun argument ne parviendrait à la changer. J'ai trop vécu avec la petite Antonia, j'ai trop étudié ses instincts enfantins, mes souvenirs de jeunesse sont trop présens encore à ma mémoire, pour que je la méconnaisse, malgré les changemens opérés dans sa personne par sept années d'une pénible existence... Ce qui vous empêche de la reconnaître de même, mon oncle, c'est votre excessive réserve, votre scrupuleuse défiance de vous-même; vos incertitudes proviennent d'un excès d'amour pour la vérité... Quant au chevalier Montès, il ne cherche qu'un prétexte, tranchons le mot, pour dépouiller l'orpheline de son héritage.

— Vous êtes bien téméraire dans vos opinions! dit le vieillard d'un ton sévère; je n'ai aucune raison de penser trop favorablement de cet homme, mais il m'appartient à personne d'élever légèrement contre lui une accusation pareille...Valentin, rappelle tes souvenirs... As-tu oublié qu'il est une personne qui pourrait peut-être nous fournir des renseignemens précieux?

— Qui donc, mon oncle?

— Ce vieux berger qui vous a sauvé la vie à toi et à la fille sauvage dans la grotte du Puits-d'Enfer... Quand nous quittâmes Suc après ton rétablissement, il me prit à part pour m'engager à me défier de ton ardent courage; il m'annonça sur un ton d'oracle que tu rencontrerais sur ton chemin des ennemis dangereux contre lesquels tu devais être en garde. Mais ces ouvertures étaient faites d'une manière si vague et si mystérieuse que je ne savais trop qu'en penser. Je lui demandai des explications, je ne pus rien obtenir de plus, et il me quitta.

— Vous voulez parler du pâtre Giuseppe, mon oncle. J'ai contracté de grandes obligations envers ce digne homme, et il me répugne beaucoup de le ravaler; cependant, ce n'est après tout qu'un...

— Qu'un fou, veux-tu dire? Eh bien! Valentin, je ne suis pas entièrement de ton avis. Tu conviens toi-même que dans la terrible tourmente du Puits-d'Enfer, vous eussiez tous péri sans la prudence et le sang-froid de ce vieillard. Sa conduite en cette circonstance n'annonçait nullement une intelligence dérangée; d'un autre côté, ce que tu m'as raconté de ses singuliers avertissemens me prouve clairement que Giuseppe connaissait fort bien Montès de Villaréal, le gitano Biroben et toi-même peut-être; or, ne se pourrait-il pas que, craignant de se compromettre en parlant trop franchement, il ait employé cette forme mystique pour donner des conseils utiles? Ces vieux paysans sont rusés; d'ailleurs celui-ci peut être de très bonne foi dans la conviction qu'il doit à des moyens surnaturels une connaissance due à des moyens fort ordinaires. Il serait folie; mais cette folie ne saurait altérer en rien la confiance que mérite le témoignage de Giuseppe.

Valentin réfléchit un moment.

— Vous avez raison, mon oncle, reprit-il; et cette pensée m'était déjà venue à moi-même; mais d'autres préoccupations ne m'avaient pas permis de m'y arrêter... pourquoi votre excessive réserve vous a-t-elle empêché de me faire entrevoir plus tôt quel parti l'on pouvait tirer de Giuseppe? Je serais allé le trouver; je l'aurais supplié, menacé, et peut-être maintenant aurais-je un moyen sûr de vaincre la résistance de M. de Villaréal!

L'abbé Norbert sourit:

— Pas si vite, mon ami, répliqua-t-il. Toutes les difficultés ne sont pas levées parce qu'un vieux montagnard, que tu croyais complètement fou, n'est peut-être fou qu'à moitié... Prenons patience et attendons le résultat de cette entrevue que nous allons avoir avec M. de Villaréal; si, comme je le crains bien, ce résultat n'était pas favorable à notre pauvre jeune amie, nous saurions bien forcer Giuseppe à faire des aveux.

— Soit, mon oncle, nous nous concerterons à ce sujet... Mais, continua Valentin en se levant, le temps se passe et M. de Villaréal ne paraît pas... S'il allait ne pas venir!

— N'aie pas cette crainte... Ou je me trompe fort, ou Montès de Villaréal attache autant d'intérêt que nous-mêmes à cette explication; il viendra, je vous en réponds.

Comme l'abbé parlait encore, une voiture de poste entra dans la cour de l'auberge. Valentin courut à la fenêtre; mais cette fenêtre ne donnait pas sur la cour; le jeune homme put seulement juger, au mouvement qui se faisait dans la maison, qu'un hôte d'importance venait d'arriver.

— C'est lui... ce doit être lui! s'écria-t-il.

— Oui, c'est lui, dit le vieillard en serrant avec force la main de son neveu; et songe, Valentin, pendant que nous sommes seuls encore, combien l'insulte et la menace pourraient être préjudiciables à la cause que tu vas plaider.

— Je tâcherai de m'en souvenir, mon oncle, je vous le promets.

Un bruit de pas se fit entendre dans l'escalier; l'aubergiste ouvrit la porte, introduisit deux personnes qui le suivaient et se retira. De ces deux personnes l'une était le capitaine Montès de Villaréal, l'autre une jeune fille richement vêtue et d'une beauté remarquable.

L'oncle et le neveu s'étaient levés pour les recevoir; à la vue de cette femme inconnue, Valentin ne put retenir un geste d'étonnement; l'abbé Norbert, plus maître de lui, répondit poliment aux complimens de Montès et offrit des sièges aux nouveaux venus. Fatigués du long voyage qu'ils venaient de faire par une chaleur accablante sur les routes poudreuses du Midi, ils acceptèrent, et Valentin put enfin les examiner l'un et l'autre avec plus de liberté.

Un changement complet s'était opéré dans l'extérieur du chevalier de Villaréal. Sa longue moustache avait disparu; son visage encore jeune, sans avoir entièrement perdu cette expression dure qui lui était habituelle, semblait plus franc et plus ouvert. Il portait un costume simple mais trahissant l'homme du monde, habitué à la fortune. Le ruban d'un ordre étranger ornait sa boutonnière; ses manières dignes inspiraient le respect. Valentin lui-même éprouva cette influence, et ses sentimens tumultueux furent refoulés un moment par la présence de l'oncle d'Antonia.

La jeune fille qui accompagnait Montès excita aussi vivement son attention et celle de l'abbé Norbert. Elle avait quinze ou seize ans, au plus ; sa taille était moyenne mais svelte, souple et musculeuse. Ses traits, d'une régularité parfaite, avaient cette teinte légèrement fauve particulière aux créoles et aux Espagnoles. Ses yeux noirs pétillaient de feu. Ses cheveux bruns et épais, lissés en bandeaux sur le front, étaient ondés et même légèrement crépus, quoique fins et soyeux. Sa mise témoignait d'un goût bizarre ; elle se composait d'étoffes aux couleurs vives et tranchantes. L'inconnue avait réuni sur sa personne tous les bijoux que la mode pouvait autoriser alors une jeune fille à porter : des bagues, des bracelets, des croix d'or ; et cet amour pour les parures de ce genre semblait caractéristique. Du reste, cette belle personne était surtout remarquable par une attitude fière et indépendante ; son œil hardi ne se baissa pas sous les regards de Valentin, son sourire ne s'effaça pas de sa bouche dédaigneuse, aux lèvres un peu grosses mais fraîches et vermeilles. L'examen dont elle était l'objet n'appela pas la plus légère rougeur sur ses joues ; elle semblait habituée à ne pas s'effrayer des regards des hommes.

Cependant, les Norbert, oncle et neveu, ne savaient s'ils devaient entamer devant cette étrangère l'explication qui faisait l'objet de l'entrevue. Le chevalier remarqua leur embarras, et se fit un malin plaisir de le prolonger.

— Ma foi ! messieurs, dit-il avec une aisance parfaite, il m'a fallu de grandes raisons pour me décider à me mettre en route par ces temps de troubles et de révolutions... De Toulouse à Foix, nous avons été arrêtés plus de dix fois par des populations en armes qui nous demandaient des nouvelles. On a même voulu nous garder dans un village à quelques lieues d'ici ; nous étions suspects de bonapartisme à un butor de maire qui tenait particulièrement à nous enfermer dans une étable servant de prison à la commune.

— Cette prétention, monsieur le chevalier, dit le curé en souriant, eût pu avoir des suites fort désagréables pour vous, et surtout, ajouta-t-il en se tournant vers l'inconnue, pour cette jeune demoiselle.

— Demonio ! j'étais armée aussi ! répliqua la jeune fille avec un geste brusque et menaçant.

L'ecclésiastique fit un bond sur sa chaise en recevant cette réponse d'amazone ; Montès partit d'un grand éclat de rire.

— Vous voyez que la garde nationale et l'autorité de Z... auraient eu affaire à forte partie ! s'écria-t-il avec gaîté ; aussi on s'est ravisé et on nous a laissés passer.

Cependant Valentin bouillait d'impatience, et aucune considération de convenance et de politesse ne put l'obliger à se contenir plus longtemps.

— Vous saviez en effet, monsieur, dit-il avec fermeté, qu'un devoir sacré vous appelait ici, et aucun obstacle ne devait vous arrêter.

— Même l'étable de M. le maire de Z... ? dit Villaréal avec ironie ; mais je comprends votre impatience, monsieur Norbert, continua-t-il en quittant le ton de la plaisanterie, et je ne la prolongerai pas à plaisir, car en effet il s'agit de choses graves... vous pouvez parler devant mademoiselle, elle est instruite de l'affaire qui m'amène ici, elle n'y est même pas tout à fait désintéressée.

— S'il en est ainsi, reprit Valentin, venons au fait sur-le-champ. Eh bien ! chevalier de Villaréal, allez-vous accorder enfin à votre unique parente le nom, le rang, la fortune, l'affection paternelle que vous lui devez ? Ce serait le seul moyen de faire oublier des hésitations qui pourraient donner à penser...

— Valentin ! interrompit l'abbé d'un ton inquiet.

— Laissez-le parler, de grâce, monsieur le curé, dit Montès avec un sourire bienveillant. J'aime cet enthousiasme, cette généreuse indignation d'un jeune homme et d'un homme de bien... Monsieur Norbert, continua-t-il avec une franchise cordiale en s'adressant à Valentin, je répondrai à toutes vos questions, ou plutôt je n'aurai qu'un mot à dire pour vous faire comprendre l'injustice de vos reproches, pour vous faire rougir de soupçons qui ne sauraient m'atteindre.

Valentin restait interdit.

— Monsieur Norbert, continua Montès, vous m'accusez d'indifférence, de dureté même envers ma pupille et parente... J'ai voulu qu'elle pût me justifier elle-même, et c'est pour cela que je l'ai amenée ici avec moi.

Il se leva et prit la main de la jeune fille.

— Monsieur le curé, monsieur Valentin Norbert, dit-il d'une voix assurée, je vous présente ma nièce, Antonia de Villaréal !

XI.

L'INTERROGATOIRE.

Le vieux prêtre s'attendait peut-être à cette présentation et il se contenta de s'incliner ; mais Valentin resta stupéfait.

— Elle ? murmura-t-il ; cette jeune fille..... Mademoiselle ? c'est impossible !

Celle qu'on appelait Antonia de Villaréal lui lança un regard hautain qui semblait dire : — Et pourquoi pas ?

Montès observait à la dérobée l'oncle et le neveu.

— Messieurs, reprit-il, vous dont les rapports ont été si étroits jadis avec mon malheureux frère, n'avez-vous pas été frappés tout d'abord de la ressemblance d'Antonia avec son père, avec moi-même ?... De grâce, regardez-la, monsieur Norbert ; monsieur le curé, interrogez vos souvenirs, ne retrouvez-vous pas en elle les traits de votre ami Fernand de Villaréal ?

— Il y a, en effet, une ressemblance éloignée, répondit le curé, entre vos traits et ceux de mademoiselle, mais...

— Antonia ressemblait surtout à sa mère ! s'écria Valentin impétueusement ; elle avait cette expression douce, mélancolique et cependant passionnée de Mme de Villaréal.

— Je l'avoue, monsieur Norbert, dit Montès avec calme, sur ce point vous êtes un juge plus compétent que moi, car, retenu en Espagne par les devoirs de mon service militaire, je n'avais jamais mis le pied sur le sol français avant la catastrophe de la Maison-Romaine ; je n'ai donc jamais vu ma nièce Antonia.

— Comment alors avez-vous pu trancher si promptement une question de cette importance ? demanda Valentin. Sur quelles preuves avez-vous basé votre croyance ?

— Sur des faits, monsieur l'ingénieur, répliqua Montès, sur des témoignages irrécusables parce qu'ils sont désintéressés, sur des présomptions logiques, rigoureuses, ayant presque la force de la certitude... De pareils argumens, monsieur l'abbé en conviendra avec moi, ont bien une autre force qu'une fugitive ressemblance avec tel ou tel membre de la famille de Villaréal.

— Monsieur le chevalier a raison, dit le prêtre, la ressemblance peut changer avec l'âge, et une semblable preuve est de sa nature peu décisive... Valentin, avant de nier, il faudrait peut-être s'informer à quels indices M. le chevalier a reconnu sa nièce.

L'ingénieur ne dit rien et s'assit d'un air sombre.

— Je n'ai pas besoin de vous rappeler, dit Montès au milieu d'un profond silence, le vif intérêt que j'ai toujours porté à l'enfant disparue d'une façon si inconcevable et mes constans efforts pour retrouver ses traces. Mon arrivée au Montcalm en même temps que M. Valentin Norbert n'eut donc rien de surprenant. Tous les deux, frappés des bruits étranges qui couraient sur la femme sauvage, nous avions en la même pensée, et peut-être Biroben, ce misérable bohémien que nous rencontrâmes inopinément à l'auberge du Suc, avait-il également des soupçons...

— Eh bien, monsieur, interrompit Valentin, incapable de se modérer, cette action simultanée de trois personnes qui par des causes différentes s'intéressaient le plus au monde à la destinée d'Antonia de Villaréal, ne prouve-t-elle rien pour la fille sauvage?

— Je ne le nie pas; je conviendrai même, si vous le voulez, que le crime de ce coquin de gitano est une présomption de plus en sa faveur... Oui, je ne cherche pas à diminuer la valeur des raisons qui ont produit chez vous une conviction aussi complète que paraît la vôtre, mais il me sera bien permis à mon tour de vous exposer les motifs de la mienne.

Vous connaissez les événements; quand la fille sauvage eut été blessée par Biroben, je crus ma nièce morte. Je déplorais sincèrement sa perte avec vous lorsqu'une lettre arriva; cette lettre avait été écrite par vous, monsieur l'abbé; elle vous était adressée, monsieur Valentin. On vous annonçait qu'une bohémienne, appartenant à l'ancienne bande de Biroben, venait d'être arrêtée à Foix. Cette femme, appelée la Saltarella, conduisait avec elle une jeune fille « qui, dit-elle au magistrat chargé de l'interroger, devrait habiter une maison belle comme une église et être habillée comme une madone.» Elle refusa de s'expliquer davantage, mais ces paroles suffisaient pour mettre sur la voie des découvertes. Cette circonstance que la Saltarella avait dû assister au crime de la Maison-Romaine, les habitudes bien connues de ces bohémiennes qui volent des enfans pour émouvoir la pitié publique, l'âge de la jeune fille se rapportant à peu près à celui d'Antonia, donnaient matière à des rapprochemens significatifs. Le juge nous écrivit, à M. Norbert et à moi, pour nous faire part de ses soupçons. La lettre ne m'arriva pas, car j'étais alors absent; mais M. l'abbé se hâta de nous transmettre celle qu'il avait reçue.

Je l'avouerai, dans le premier moment, je n'ajoutais pas foi entière à la réalité de cette découverte. Aussi fut-ce uniquement pour obéir à ma conscience que je me rendis ici en vous quittant.

Le magistrat m'expliqua alors sur quels indices il avait fondé ses suppositions; il me montra les interrogatoires de la Saltarella, de la jeune fille elle-même; je commençai à douter. Je me rendis à la prison; là je trouvai une femme abrutie par les privations, et une pauvre enfant couverte d'oripeaux flétris. J'interrogeai la Saltarella, et j'eus grand'peine à lui arracher une parole raisonnable; certaines préoccupations d'esprit l'empêchaient de répondre avec sincérité. Comme elle avait fait partie de la bande de Biroben, elle craignait d'être mise en jugement à cause du meurtre de la famille de Villaréal, et j'eus beaucoup de peine à gagner sa confiance; ce fut seulement à force de promesses, de menaces, après de longues hésitations et des aveux suivis presque aussitôt de rétractations, que je parvins à recueillir des renseignemens positifs.

Il paraîtrait que la Saltarella n'était pas avec la bande quand les bohémiens vinrent demander l'hospitalité à M. de Villaréal; elle s'était arrêtée à un village voisin pour chanter et jouer des castagnettes, où une ferme où il y avait fête. Le lendemain matin au point du jour, elle voulut rejoindre ses compagnons avant leur départ de la Maison-Romaine. Elle venait de traverser Gonac quand elle entendit tout à coup des cris faibles et plaintifs dans un épais buisson à quelques pas de la route. Elle s'arrêta effrayée, car elle avait toute la superstition des gens du pays. Cependant elle prit sur elle de pénétrer dans le fourré; elle trouva une pauvre petite fille couchée sur l'herbe et presque mourante. L'enfant, âgée de cinq ou six ans, était vêtue d'une robe de nuit en lambeaux; ses pieds étaient déchirés et sanglans; la terreur, la fatigue et l'épuisement se peignaient sur son joli visage; ses yeux

étaient hagards. La Saltarella voulut l'interroger; la petite ne répondit que par des gémissemens...

Avant d'aller plus loin, monsieur Valentin Norbert, interrompit Montès en se tournant vers le jeune ingénieur, je vous ferai remarquer combien ces faits se rapportent exactement à certaines assertions mises en avant par vous-même, assertions qu'on avait pourtant révoquées en doute, dans l'instruction judiciaire...

Valentin baissa la tête, comme un homme forcément convaincu, qui craint de laisser voir son triomphe à un adversaire odieux.

— La Saltarella, reprit Montès, toujours d'après son récit, prit l'enfant dans ses bras, l'enveloppa dans sa mante et voulut l'emporter à la Maison-Romaine, la charité des maîtres de cette habitation lui étant bien connue. Mais comme elle reprenait sa marche, elle aperçut dans le crépuscule du matin plusieurs individus de la bande de Biroben; ils s'enfuyaient précipitamment dans diverses directions. Elle les appela, mais ils ne lui répondirent pas, se mirent à fuir plus vite encore. Un seul, se trouvant face à face avec elle, ne put l'éviter. La Saltarella lui demanda la cause de cette panique.

— Il est arrivé *quelque chose* à la Maison-Romaine, dit cet homme brusquement. Décampe comme les autres si tu tiens à garder la tête sur tes épaules... Dans quelques heures, il fera chaud ici pour tous les gitanos de la montagne!

Et il se sauva sans vouloir en dire davantage.

La Saltarella ne comprit pas d'abord de quoi il s'agissait, et elle affirme n'avoir appris le crime que plus tard. Cependant elle avait trop mauvaise opinion de certains individus de sa bande pour ne pas faire son profit de l'avertissement. Elle s'empressa de prendre le chemin des montagnes, et elle se réfugia chez un habitant de la frontière dont elle a refusé obstinément de dire le nom et la demeure. Là, elle resta cachée pendant qu'on fouillait le pays, et elle se hasarda à gagner l'Espagne plusieurs mois seulement après, alors que les recherches de la justice commençaient à se ralentir.

La Saltarella eût bien voulu laisser l'enfant dans cette maison où elle avait reçu asile; mais, craignant de compromettre ses protecteurs, elle se décida à l'amener en Catalogne et elle conçut l'ignoble pensée de s'en faire un gagne pain. Elle l'exerça à chanter et à danser en s'accompagnant des castagnettes; puis, quand la petite fut suffisamment instruite, elle la conduisit avec elle de village en village. Cette existence vagabonde a duré sept ans environ. Enfin la Saltarella, poussée par le besoin et sûre que la grâce et la gentillesse de son élève feraient merveille en France, s'est décidée à repasser la frontière, malgré ses dangereux antécédens. Mal lui en a pris, car elle n'a pas tardé à être arrêtée comme vagabonde avec sa fille adoptive, pauvre innocente qui n'était pas née pour ce degré d'abjection!

Voilà, messieurs, quel fut à peu près le récit de la Saltarella; mais il fallut lui arracher ces aveux un à un et pour ainsi dire lambeau par lambeau. Puis les difficultés recommencèrent quand il s'agit de leur donner une forme authentique; la bohémienne, toujours timorée, rétractait devant le magistrat ce qu'elle m'avait dit la veille en tête à tête. Enfin cependant, grâce à mes bons traitemens, je parvins à lui faire faire une déclaration en règle qui jette un jour complet sur un passé jusqu'ici inexplicable.

Votre présence à l'un et à l'autre, messieurs, eût pu m'être bien utile dans ces difficiles négociations; mais vous savez quels empêchemens sérieux vous reteniez. M. Valentin, victime de son dévouement, a pensé périr dans les neiges du Montcalm, et il est resté longtemps à se rétablir; la place de son excellent oncle était naturellement à son chevet; j'ai donc été privé de vos lumières dans le moment où elles m'étaient le plus nécessaires. D'un autre côté, vous croyiez devoir l'un et l'autre tous vos soins et tous vos égards à la pauvre solitaire du Montcalm, dont la position en effet était digne de pitié. De la sorte vous n'avez pu avoir connaissance de mes dé couvertes successives, et lorsque vous êtes arrivés à Foix avec votre protégée, j'avais déjà quitté la ville avec la mienne.

Moi-même, je dois l'avouer, je ne voulais pas invoquer votre témoignage avant d'avoir acquis une certitude entière. J'interrogeai à son tour la pauvre jeune fille que vous voyez ici ; ses souvenirs étaient confus, mais elle ne dit rien qui pût contredire le récit de la Saltarella. Du reste, elle avait les mœurs farouches, le caractère hardi, les allures indépendantes des vagabonds au milieu desquels elle a passé sa vie. Espérant obtenir d'elle des renseignemens nouveaux dès que son intelligence serait dégagée des préjugés et des erreurs d'une profonde ignorance, j'ai essayé de lui faire donner dans une pension de Toulouse les élémens de l'éducation. Jusqu'ici ces efforts n'ont pas eu de résultats efficaces, et j'avais une espèce de honte à vous la montrer encore fruste et sauvage ; mais les reproches passionnés de M. Norbert ne m'ont pas permis d'attendre davantage, et j'ai dû répondre à ses accusations en lui présentant la véritable Antonia de Villaréal.

Pendant ce récit Valentin hochait la tête d'un air d'impatience ; cependant il demanda avec assez de calme :

— Et cette bohémienne, cette Saltarella qui s'est accusée du rapt de la jeune fille, ne pourrais-je la voir, l'interroger moi-même ?

— Malheureusement non, répondit Montès avec quelque embarras. Afin d'obtenir plus de franchise encore dans ses confessions, j'avais demandé au magistrat sa mise en liberté provisoire : aucune charge sérieuse ne s'élevait contre elle, et j'obtins aisément ce que je demandais ; mais sortie de prison sous ma caution, cette femme est restée seulement quelques jours chez moi. Sans cesse obsédée de la crainte de passer en jugement à cause du crime de la Maison-Romaine, elle a trompé ma surveillance et s'est enfuie.

— En vérité, monsieur, répliqua Valentin d'un ton sec et ironique, vous n'êtes pas heureux dans la garde des prisonniers qui pourraient éclaircir cette sombre histoire !

Montès sentit le coup, car ses yeux brillèrent de fureur.

— Paix ! mon neveu ! pas d'emportement, s'écria le vieux prêtre avec un accent d'autorité. Les explications de M. de Villaréal méritent un examen froid et raisonné... Quant à moi, je ne m'en cache pas, je trouve cet enlèvement d'un enfant par une gitana de la bande de Biroben, beaucoup plus probable que les suppositions étranges auxquelles a donné lieu la fille du Montcalm...

— Comment, mon oncle, sur le seul témoignage d'une bohémienne, vous seriez disposé à admettre...

— Ne rejetez rien légèrement, jeune homme ; la vérité ne se manifeste pas toujours par des éclairs vifs, éblouissans, car alors elle frapperait aisément ; on la reconnaît le plus souvent à des signes qui pour être moins brillans n'en sont pas moins visibles, certains, indubitables... Patience, elle ne tardera pas à se trahir !

— Je suis heureux, monsieur le curé, dit Montès avec amertume, que votre jugement sain et droit condamne les outrageans soupçons dont je parais être l'objet de la part de M. Norbert. J'attendais de lui de pareils procédés, après les protestations d'amitié que nous échangeâmes sur le Montcalm... mais, ajouta-t-il finement et en clignant ses yeux d'une manière significative, je comprends à m'expliquer son zèle pour les intérêts de la fille sauvage, et je ne m'étonne plus de son ardeur à la défendre!

Valentin n'osa pas répondre.

— Laissons mon neveu, dit le curé gravement, et revenons, s'il vous plaît, à une affaire qu'en ma qualité d'ancien ami des Villaréal, je voudrais voir se terminer suivant la justice... En l'absence de cette femme, de cette bohémienne dont les révélations ont tant d'importance, ne pourrais-je du moins interroger les souvenirs personnels de mademoiselle ?...

— Elle vous dira bien peu de chose, répondit Montès en se retournant vers sa compagne, qui, pendant cette conversation, était restée à l'écart, inattentive, indifférente et comme ennuyée ; cependant, questionnez-la... vous lui trouverez encore, comme je vous le disais, sa rudesse primitive ; l'éducation n'a pas eu le temps de modifier cette nature inculte, mais ces défauts mêmes vous garantissent la franchise de ses paroles.

— Je n'ai pas l'intention de l'intimider, reprit le curé en attachant sur elle un regard bienveillant, je lui demanderai seulement si elle croit être en effet Antonia de Villaréal.

Il fallut que Montès répétât la question, car l'étrange et indocile enfant ne l'avait pas écoutée.

— On me l'a dit, on le veut, je le crois ! répondit-elle d'un ton insouciant.

— Quoi ! ma fille, n'avez-vous aucun souvenir de votre enfance ? Avez-vous oublié complétement où se sont passées vos premières années ?

La gitana fronça le sourcil et tourna le dos sans répondre. Montès confus lui adressa quelques mots à voix basse.

— Je m'ennuie, je veux sortir, répliqua la jeune fille en regardant tour à tour la porte et la fenêtre.

Montès redoubla d'instances et parut faire de brillantes promesses à l'intraitable créature pour la décider à se montrer plus docile. Elle se radoucit un peu.

— Diavolo ! finissons vite alors ! reprit-elle ; le temps est beau, je veux aller voir le monde sur la grande place.

Et elle se rassit avec répugnance.

Montès répéta la question de l'abbé Norbert.

— Quand j'étais toute petite, dit la jeune fille avec volubilité, nous ne nous arrêtions longtemps nulle part... La Saltarella me faisait chanter et danser dans les villages où nous passions. J'avais une résille d'or et une robe blanche avec des paillettes, une robe bien plus belle que celle-ci... Les pratiques me trouvaient gentille ; elles donnaient des sous et des maravédis à la Saltarella.

— Mais avant cette époque, ne vous rappelez-vous pas d'avoir habité une grande maison, où il y avait une jolie dame et un beau monsieur qui vous comblaient de caresses, puis des petits garçons vifs et espiègles dont vous étiez la sœur ?

— Non.

— Cherchez bien... une nuit ne se fit-il pas un bruit épouvantable dans la maison autour de vous? On poussait des cris déchirans ; vous eûtes peur et vous vous sauvâtes dans la campagne.

— Je n'ai jamais eu peur.

— Au moins vous souvenez-vous... Regardez-moi, mon enfant, regardez aussi mon neveu pensez-vous nous avoir vus déjà l'un et l'autre ?

— Bah ! je n'en sais rien.

— J'ai un peu changé depuis cette époque, reprit l'abbé d'un ton caressant ; je n'avais pas encore cette couronne de cheveux blancs et ces rides dont mon visage est sillonné. Valentin, devenu homme aujourd'hui, était alors un jeune garçon, et il vous chantait de belles chansons basques qui vous plaisaient fort.

— Je n'ai jamais aimé les petits garçons et les robes noires... Les robes noires empêchaient les pratiques de venir me voir danser et de donner de l'argent à la Saltarella. Les petits garçons me jetaient des pierres quand je traversais les villages, et moi je les menaçais de mon couteau.

Le bon prêtre leva les yeux au ciel en écoutant ces détails exposés avec une naïveté orgueilleuse.

— Eh bien, mon oncle, dit Valentin à demi voix, êtes-vous enfin convaincu? Cette jeune fille, dans sa grossière indépendance, n'a pu dissimuler la vérité.

— Un moment, messieurs, reprit Montès avec empressement ; est-il surprenant qu'Antonia, à la suite de la terrible catastrophe qui l'a privée de sa famille, ait oublié les événemens de sa première jeunesse? Vous le disiez vous-même, monsieur Norbert, quand il s'agissait de la fille sauvage, ce défaut de mémoire doit être une conséquence de la grande terreur éprouvée par une enfant si jeune...Mais demandez à Antonia si bien des fois sa mère d'adoption ne lui a pas dit qu'elle était née pour la fortune, pour une haute position ?...

— Pourquoi demander ce que vous savez déjà ? fit brusquement la jeune fille.

Elle se leva et s'avança de nouveau vers la fenêtre d'un air morose ; Montès eut quelque peine à la ramener à sa place.

— Ainsi donc, mademoiselle, reprit le curé avec douceur, vous n'avez jamais connu ni père ni mère ?

— Je croyais que la Saltarella était ma mère.

— Et vous l'aimiez ?

— Je ne sais pas... Cependant, elle me donnait souvent de belles robes, quand je lui faisais gagner beaucoup d'argent, et je n'aurais pas voulu la quitter ; mais *celui-ci* (et elle désignait Montès) lui a parlé d'une grosse voix et elle est partie.

— Et elle ne vous a jamais rien dit de votre père ?

— Mon père ? je ne le connaissais pas et je ne m'en souciais guère !

Une profonde affliction se refléta sur les traits de l'abbé Norbert.

— Malheureuse enfant ! reprit-il, vous ignorez les plus pures et les plus douces jouissances de l'humanité... Au moins vous a-t-on parlé de Dieu ?

— Dieu ! répéta la jeune fille avec un sourire railleur ; les béguines de la grande ville là-bas ont fait avoir peur de lui, mais je ne crains rien. Quand nous voyagions, la Saltarella me montrait quelquefois les niches des madones et des saints ; puis elle m'ordonnait de faire le signe de la croix ; mais elle ne pouvait m'expliquer ce que cela signifiait, et je me moquais d'elle.

— Les sentimens de la religion et de la nature lui sont également étrangers ! dit le prêtre avec une sorte de désespoir ; mon Dieu ! une créature à votre image pouvait-elle tomber dans un pareil abaissement !

— Et ce serait là, mon oncle, dit Valentin à demi voix, cette pieuse enfant que nous voyions souvent le soir, à genoux et ses deux petites mains, adresser une prière au grand christ d'ivoire de la Maison-Romaine !

Montès étudiait toujours avec inquiétude les diverses impressions de l'oncle et du neveu.

— Messieurs, reprit-il, j'éprouve comme vous une profonde douleur de l'état où vous trouvez ma nièce. . . . Cependant cette affligeante dégradation ne prouve rien contre ses droits légitimes. On peut la plaindre, mais il ne me semble pas permis de la repousser.

— Elle est digne de pitié, monsieur, dit le curé, et il y aurait cruauté à ne pas s'efforcer d'éclairer cette jeune âme plongée dans des ténèbres si affreuses ; je serais heureux, à défaut d'un plus digne, de travailler à cette œuvre de charité.

— Oui, oui, je vous la confierai avec plaisir, s'écria Montès avec empressement ; où trouver un homme de plus haute raison et de plus de zèle religieux ?... Ainsi donc, monsieur l'abbé, vous avez reconnu dans cette jeune fille Antonia de Villaréal ?

— Je n'oserais affirmer qu'elle ne l'est pas, mais bien des raisons m'empêcheraient d'affirmer qu'elle l'est... Pour elle comme pour la pauvre sauvage, j'attendrai que Dieu veuille bien manifester plus nettement la vérité.

— Ainsi, demanda Montès, vivement contrarié, vous ni monsieur Valentin, vous ne consentiriez à signer un acte de notoriété que j'avais fait dresser dans la prévision d'un autre résultat de cette entrevue ?

Valentin regarda fixement son oncle. Celui-ci reprit d'un ton posé :

— Expliquez-vous, monsieur ; je ne comprends pas parfaitement votre prétention.

— C'est une chose fort simple, monsieur l'abbé... Je ne doute nullement que la jeune fille ici présente ne soit bien la fille et l'héritière de mon frère Fernand... Cependant mon opinion personnelle ne suffit pas pour lui assurer les avantages de rang et de fortune qui lui appartiennent ; il faut qu'elle soit reconnue légalement et par un acte public,

pour cela deux personnes honorables, ayant eu jadis des relations étroites avec sa famille, doivent signer une déclaration authentique, une sorte de certificat d'identité. De tous ceux qui ont fréquenté autrefois la Maison-Romaine, vous et monsieur Valentin, vous êtes les seuls dont le témoignage puisse être d'un grand poids. J'avais donc espéré que vous ne vous refuseriez pas à cette formalité...

L'ecclésiastique gardait le silence.

— Que ferons-nous, mon oncle ? demanda Valentin.

— Décidément c'est impossible, reprit le prêtre avec fermeté ; la ténacité est respectable, monsieur de Villaréal, d'autant plus qu'elle paraît désintéressée... Mais les faits ne m'étant pas démontrés suffisamment, je n'engagerai pas ma conscience...

— C'est cela, c'est cela, mon oncle ! s'écria le jeune homme chaleureusement, et encore dites à M. de Villaréal qu'on le trompe, s'il ne croit pas se tromper lui-même ; dites-lui qu'Antonia de Villaréal n'est pas celle qu'il suppose, que la véritable Antonia...

— Toujours la même histoire ! interrompit Montès en haussant les épaules avec dépit ; j'avais déjà remarqué combien M. Valentin Norbert était inflexible dans ses opinions... Mais j'attache une telle importance à la formalité dont je vous ai parlé, que je ne me tiendrai pas pour battu par un premier refus. Je souffre dans mon affection de parent, dans mon amour-propre de tuteur, de ne pouvoir donner officiellement à ma nièce le nom de son père, une position dans le monde, et je voudrais à tout prix faire cesser un état de choses si pénible pour elle et pour moi.

— Voilà, monsieur, dit Valentin avec mélancolie, les sentimens que devrait vous inspirer une autre personne plus malheureuse encore.

— Son sort ne m'a trouvé ni froid ni indifférent, reprit Montès ; mais ma parente avait droit d'abord à ma tendresse, à ma protection

Eh bien, quoique cette jeune fille soit pour moi une étrangère, ajouta-t-il avec un accent de cordialité, j'aurai pitié d'elle si à votre tour vous prenez pitié de ma chère Antonia. Consentez à signer l'acte de notoriété, et Antonia constituera sur la tête de la jeune sauvage une rente suffisante pour la mettre à l'abri du besoin.

Le vieux prêtre se redressa avec fierté.

— Un marché ! dit-il sèchement.

— Monsieur, s'écria Valentin rouge d'indignation, tant que Dieu voudra bien bénir mon travail, celle que vous repoussez n'aura pas besoin de recourir à la pitié publique ou à la vôtre ; j'acquitterai ma dette envers son généreux père !

Montès sentit qu'il était allé trop vite et trop loin.

— Je suis fâché d'avoir pu vous blesser l'un et l'autre, reprit-il d'un ton presque suppliant ; mais jugez combien ma situation est affreuse. Voici ma nièce Antonia, la fille de mon frère, le dernier rejeton de ma famille, et il ne m'est pas permis de l'avouer hautement, d'agir pour elle, de faire valoir sur elle mon autorité ! Suis-je donc impardonnable de tenter tous les moyens pour sortir de ces inextricables difficultés ?

Il y eut un moment de silence ; l'abbé Norbert était pensif, Valentin violemment agité. La jeune fille jouait avec les longues tresses de ses cheveux et regardait en bâillant dans la cour de l'auberge.

— Monsieur, dit enfin l'ingénieur, il reste une épreuve à tenter. Nous venons de voir, de questionner votre jeune compagne ; consentez à votre tour à voir et à questionner notre protégée. Cet examen fait, nous discuterons ensemble les circonstances encore mystérieuses, nous dissiperons les incertitudes, et, je vous le jure, monsieur, si alors il vous reste des doutes sur l'identité de la fille sauvage avec Antonia, si moi-même je reconnais la possibilité d'une erreur de ma part, je n'hésiterai pas à vous satisfaire et à signer tous les actes que vous exigerez.

Cette proposition si naturelle parut contrarier Montès.

— A quoi bon ? répliqua-t-il avec impatience.

— Mon neveu a raison, dit l'abbé Norbert ; vous ne connaissez encore qu'une partie de ce difficile problème, il faut connaître l'autre moitié avant d'en rechercher la solution... Allons au couvent de Sainte-Marie, et puisse la pauvre fille sauvage se montrer plus communicative qu'elle ne l'a été jusqu'ici !... Il lui suffirait d'une parole peut-être pour terminer nos irrésolutions, et cette parole, espérons que Dieu la lui mettra enfin dans la bouche ! Dans tous les cas, par respect pour vous-même, pour la satisfaction de votre conscience, vous devez faire encore cette tentative !

— Votre affectation à refuser de voir cette jeune fille, ajouta Valentin d'un ton ironique, pourrait à la fin donner d'étranges idées !

Montès tressaillit.

— Il suffit, messieurs, reprit-il avec assurance, je vais vous suivre au couvent ; mais je déclare d'avance...

— Pas de préventions, pas de partis pris ! Monsieur de Villaréal, vous déciderez quand vous aurez entendu.

— C'est juste, répondit Montès avec un léger sourire, je suis donc à vos ordres, messieurs... si j'ai hésité, c'est que je craignais de laisser seule dans une auberge cette jeune fille dont l'humeur indocile me cause bien des ennuis ; elle apprécie fort peu, je vous assure, l'honneur d'appartenir à une riche et noble famille ; c'est une petite lionne farouche qui met ma vigilance aux abois. Je vais prendre quelques précautions pour qu'elle ne s'échappe pas pendant notre absence ; je reviens à l'instant.

Il dit quelques mots à l'élève de la bohémienne et l'entraîna avec lui. Un moment après, les deux Norbert entendirent des trépignemens, des cris aigus, de sourdes imprécations dans une chambre voisine. Quand Montès reparut, il était rouge et essoufflé.

— Elle ne voulait pas se laisser enfermer, dit-il en s'efforçant de se calmer, et sa résistance a été longue. Elle a été jusqu'à me menacer de son couteau... Enfin, elle s'est résignée. Je l'ai confiée à la garde de l'aubergiste, qui viendra me prévenir si la donzelle a quelque nouveau caprice... Partons donc et ne perdons pas de temps... Nous serons fort heureux si elle nous laisse une heure de répit ! Ah ! messieurs, mon rôle de tuteur ne sera pas facile, et le dévoûment à mon propre sang peut seul me le faire accepter !

Tout en parlant, il s'était préparé à sortir. Au moment de franchir le seuil de la porte, il s'arrêta encore.

— J'y pense, messieurs, reprit-il comme frappé d'une idée, ne serait-il pas possible que la pensionnaire du couvent de Sainte-Marie refusât de s'expliquer devant moi ?... Elle ne me connaît pas, et si vous me présentiez à elle comme intéressé dans ses aveux...

— Où voulez-vous en venir, capitaine ?

— A ceci, que peut-être il serait sage à moi de ne pas me laisser voir d'abord à votre amie... Je me tiendrais caché, à portée de l'entendre pendant que vous l'interrogeriez... de la sorte elle ne serait pas intimidée par la présence d'un inconnu et elle parlerait avec plus de franchise.

Cette proposition, exprimée pourtant d'un air tout naturel, excita la défiance de l'abbé Norbert.

— Je ne sais, répondit-il, s'il sera possible de satisfaire votre désir, mais cet excès de précaution me semble au moins inutile.

— Eh ! qu'importe, mon oncle, interrompit Valentin impétueusement ; acceptez toutes les bizarreries de M. de Villaréal, pourvu qu'il nous suive... Qu'il consente seulement à voir, à entendre Antonia, et Dieu fera le reste !

Le prêtre leva les yeux au ciel comme pour lui offrir ce vœu enthousiaste, puis les trois hommes se rendirent au couvent de Sainte-Marie.

XII.

SOUVENIRS.

Le couvent de Sainte-Marie était un vieux bâtiment, aujourd'hui détruit, qui s'élevait au bord de l'eau non loin du confluent de la Large et de l'Ariége. Ses beaux jardins formaient une terrasse plantée d'arbres, dans une situation délicieuse ; on n'eût pu trouver d'asile plus convenable à la pauvre créature dont la jeunesse s'était passée dans les bois et pour qui l'air, la lumière, un horizon étendu, étaient les premiers besoins.

Les visiteurs furent reçus au parloir par la supérieure elle-même, jolie femme fraîche, encore jeune, à figure souriante et qui paraissait résumer dans sa personne toutes les grâces mondaines de la communauté. A trois pas en arrière, se tenait une sœur converse, espèce d'aide de camp en guimpe blanche et en robe de bure, au visage jaune, parcheminé, dont l'œil de rat était toujours hypocritement baissé vers la terre. Peut-être n'était-ce pas le hasard qui avait présidé au choix de cette laide et maussade créature pour assister la vive et accorte supérieure ! Quoi qu'il en fût, le contraste était des plus frappans et tout à l'avantage de cette dernière. Sa mine avenante, son air affable, ressortaient mieux à côté de sa sombre compagne, qui, immobile, la taille voûtée, les deux mains cachées dans ses vastes manches, égrenait en silence un volumineux chapelet muni de médailles et de petites têtes de mort en ivoire.

La supérieure salua gracieusement les étrangers et sourit pour leur montrer une rangée de dents blanches et bien alignées, tandis que son acolyte s'inclinait fort bas sans prononcer une parole. Après les premiers complimens, le prêtre s'empressa de demander des nouvelles de la jeune pensionnaire.

— Sa santé n'est pas absolument mauvaise, monsieur le curé, répondit la religieuse d'un petit ton délibéré, mais que nous avons besoin de patience ! Il faut tout apprendre à cette chère enfant, à se mouvoir, à se tenir, à parler. Croiriez-vous que j'ai passé trois jours à lui montrer à faire une révérence décente ?... Trois jours, monsieur le curé ! Demandez à sœur Ursule.

Et elle désigna l'autre religieuse, qui s'inclina de nouveau avec humilité.

— Plus vous aurez de peine, plus votre œuvre sera méritoire, dit le curé avec douceur ; continuez votre tâche, mes sœurs ; votre élève mérite tous vos soins, toute votre affection.

— C'est bien vrai, monsieur le curé ; elle est docile, reconnaissante des leçons qu'elle reçoit... Mais, sainte mère de Dieu ! si vous entendiez quelles singulières questions elle nous adresse parfois ! De toute autre personne, nous serions scandalisées... Il n'y a que sœur Ursule, une sainte femme et une femme d'expérience, qui sache lui répondre d'une manière convenable.

La modestie d'Ursule se manifesta par une troisième révérence et un grognement inintelligible.

— Cependant, reprit l'abbé Norbert, vous n'avez pas oublié, j'imagine, de donner à votre élève une idée du monde, et sans doute, malgré son innocente naïveté, elle pourra soutenir une conversation sur sa position présente ?

— En vérité, je ne sais, monsieur le curé ; il y a des choses si difficiles à expliquer !... Du reste, sœur Ursule est chargée particulièrement de la surveiller ainsi que nos autres pensionnaires, et elle pourra vous renseigner.

Le curé et les autres assistans se retournèrent vers cette sœur converse, dont le nom revenait sans cesse dans les discours de madame la supérieure. Ursule, disons-le tout d'abord, était la puissance occulte et pourtant absolue du couvent de Sainte-Marie. Quoique de basse origine, sans instruction et occupant hiérarchiquement une position très inférieure dans la communauté, elle avait su, grâce à une certaine souplesse d'esprit, à une grande affectation d'austérité, étendre son influence sur toute la maison. Les autres religieuses la redoutaient en la méprisant, et elle était devenue le bras droit de la supérieure, dont elle avait d'abord flatté les faiblesses. Quant aux pensionnaires, elles voyaient en elle une espionne vigilante, toujours impitoyable pour leurs espiégleries ; elles la haïssaient autant que des jeunes filles rieuses et frivoles peuvent haïr.

Sœur Ursule, contente de l'autorité qu'elle exerçait, n'éprouvait pas le besoin d'en faire parade. Aussi eût-elle bien désiré peut-être rester dans l'ombre, non par humilité réelle, mais comme le hibou, par haine de la lumière. Cependant, ainsi interpellée directement, elle s'avança un peu et annonça d'un ton béat, avec force soupirs et force regards levés au ciel, que mademoiselle Marie (on n'a pas oublié que tel était le nouveau nom de la fille sauvage) était mieux instruite de la religion et de la morale que des intérêts terrestres ; que cependant elle, Ursule, ne voyait aucun inconvénient à ce qu'on interrogeât cette pensionnaire, en prenant certains ménagemens.

— Eh bien donc, mon oncle, interrompit Valentin impatienté du bavardage des nonnes, hâtons-nous... vous savez que les instans de M. de Villaréal sont comptés... Ma sœur, continua-t-il en se tournant vers Ursule, pouvez-vous m'indiquer où se trouve en ce moment mademoiselle Marie ?

— Dans le jardin, monsieur.

Valentin voulut entraîner ses compagnons; mais le curé le retint et exposa aux religieuses l'intention de Montès d'assister, sans être aperçu, à l'entretien qui allait avoir lieu. La supérieure sourit.

— Rien n'est plus facile, répondit-elle, et monsieur a raison... La jeune Marie est si timide encore, si farouche, malgré nos représentations, que la présence d'un étranger la fait [fuir, ou la trouble à l'excès... Mais il y a un moyen de ne pas l'effrayer, et sœur Ursule vous l'enseignera.

Sœur Ursule expliqua en effet aux visiteurs qu'au fond du jardin existait un petit pavillon auquel on arrivait de la maison par une tonnelle de vigne. De là il était facile de voir et d'entendre tout ce qui se passait sur la terrasse, dont il formait un angle, au bord de la rivière. La béate en profitait souvent pour épier à leur insu les pensionnaires, pendant les récréations. Elle proposa à Montès de l'y conduire pendant que l'abbé et Valentin iraient rejoindre Marie et l'emmèneraient sans affectation vers le pavillon.

En toute autre occasion, Norbert son oncle se fussent fait scrupule de tendre ainsi un piège à leur protégée ; mais il s'agissait de ses plus chers intérêts, et ils n'hésitèrent pas. Montès s'était empressé d'accepter la proposition de la sœur Ursule.

— Venez donc ! s'écria le jeune homme avec impatience.

Et sans attendre ses compagnons, il s'élança hors du parloir. Comme il connaissait les êtres de la maison, il gagna facilement les jardins, pendant que l'abbé demandait aux religieuses quelques derniers renseignemens.

Ces jardins étaient vastes, bien tenus, ornés de fleurs et d'arbres magnifiques. Çà et là des croix, des madones, de petites chapelles rappelaient encore le couvent dont elles étaient les dépendances. Quelques joyeuses pensionnaires, sous la surveillance d'une religieuse, se promenaient en babillant dans les allées droites et bien sablées avec le gravier aurifère du gave voisin. Mais Valentin n'accorda aucune attention aux jolies promeneuses ; il avait entrevu au loin sur une terrasse, ombragée de tilleuls, une forme blanche et svelte ; en un instant il fut près d'elle.

C'était en effet la jeune fille du Montcalm. Appuyée contre un arbre, au pied même du pavillon dont nous connaissons la destination perfide, elle rêvait tristement. Un vaste paysage s'étendait devant elle. Au-dessus de sa tête, à travers les grands ormes qui formaient des massifs de feuillage, elle apercevait le château de Foix bâti sur un rocher à pic ; la grande tour semblait se perdre dans l'azur de ce ciel méridional. A ses pieds coulaient les eaux limpides et fougueuses de la rivière, dont les rives étaient couvertes de masures pittoresques et de parcs verdoyans. Au delà s'élevaient les hautes falaises qui dominent la ville, et par dessus les falaises, dans un bleuâtre lointain, se dressaient, comme une barrière éblouissante, les crêtes neigeuses de ces montagnes que la jeune sauvage avait habitées si longtemps.

Or, c'était vers ces montagnes lointaines que son regard se tournait le plus fréquemment. Étaient-ce des souvenirs heureux ou sombres qui se représentaient à sa mémoire pendant cette contemplation ? Revenait-elle avec douceur ou avec amertume vers son cruel passé ?... Deux larmes silencieuses coulaient lentement sur ses joues.

Mais Valentin Norbert fut frappé d'abord du changement opéré dans cette malheureuse enfant depuis dix-huit mois à peine. Le hâle épais qui couvrait autrefois son visage et ses mains avait complétement disparu. Son teint blanc présentait toute la délicatesse, ses traits réguliers toute la finesse des femmes élevées dans les villes, à l'abri de l'intempérie des saisons. Elle était même si pâle, si amaigrie, qu'on pouvait, avec quelque raison, craindre pour elle une maladie de langueur. Son œil avait conservé sa vivacité, mais il avait perdu son expression hagarde. Un caractère de douceur mélancolique avait remplacé sa mâle fierté. Elle était toujours belle, mais entre sa beauté d'autrefois et sa beauté actuelle il y avait la différence de la fleur sauvage née au bord des précipices, malgré les vents et l'orage, à la fleur exotique ouvrant timidement sa délicate corolle dans l'atmosphère parfumée d'une serre chaude.

Sa mise simple et modeste avait une légère excentricité qui seule eût rappelé combien avait été anormale l'existence de cette pauvre petite. Une robe de laine blanche était serrée à la taille par un ruban ; cette taille elle-même, droite et souple, semblait frêle à force d'élégance. Une croix d'argent, suspendue à un cordon noir, retombait sur sa poitrine. Ses cheveux, dont elle se faisait naguère un chaste manteau, se lissaient en bandeaux sur son front pur et formaient au sommet de sa tête une luxuriante couronne. Sous ce costume, qui était à peu près celui des autres pensionnaires du couvent, elle avait une grâce timide et vraiment touchante.

Valentin la contempla pendant quelques secondes, et il ne put se défendre d'une vague inquiétude en voyant ce que la vie civilisée avait fait de cette vigoureuse enfant de la nature. Mais cet examen ne fut pas long ; Marie avait conservé les sens délicats de la sauvage. Un léger bruit trahit la présence de Norbert ; elle se retourna.

A la vue de son ami, elle eut un de ces mouvemens impétueux d'autrefois, et elle parut devoir s'élancer d'un bond vers le jeune homme. Mais presque aussitôt l'éducation l'emporta sur l'instinct, elle comprima cet élan ; au lieu de courir à Valentin, elle s'inclina en silence, baissa les yeux et rougit.

Norbert, moins maître de lui, s'avança rapidement et lui prit la main.

— Antonia... ou plutôt, ma chère Marie, murmura-t-il avec chaleur, ne me reconnaissez-vous pas, moi, votre ami, votre frère ?

— Je vous ai reconnu, monsieur Valentin, répondit la jeune fille d'une voix douce, je suis contente de vous voir... bien contente !

Et son regard confirmait cette candide assurance. Cependant Valentin ne sembla pas satisfait de cet accueil.

— Marie, dit-il d'un ton de reproche, vous ne m'avez pas habitué à tant de froideur... Autrefois, quand je venais

vous voir, vous me receviez avec une affection plus ex-
pansive.

— On m'a dit que cela n'était pas bien, répliqua la jeune
fille avec une adorable naïveté... ne m'avez-vous pas recommandé, mon ami, de faire tout ce que les bonnes sœurs
exigeraient de moi ?

Et elle leva ses yeux humides vers Valentin comme une
enfant qui attend des éloges pour sa docilité.

— Sans doute, sans doute, dit l'ingénieur avec un peu
d'amertume, et peut-être, en effet, cette réserve à mon
égard est-elle un signe de vos progrès dans les idées re-
çues. Mais au nom du ciel, Marie, d'où vient cette tristesse
que j'ai observée tout à l'heure sur votre visage ? A quoi
pensiez-vous ? N'êtes-vous pas heureuse dans cette maison ?

— J'ignore ce que c'est que d'être heureuse ; mais je suis
bien, bien contente de vous voir, Valentin !

— Cependant vous pleuriez. D'où venaient ces larmes ?

— Je ne sais. Je regardais ces grandes montagnes là-bas
et je pleurais sans le sentir.

— Chère enfant ! vous les regrettez donc, ces montagnes ?
Vous voudriez donc y retourner ?

La jeune fille tressaillit ; ses traits s'animèrent, mais ils
reprirent aussitôt leur sérénité.

— Non, répondit-elle lentement, on m'a expliqué ici
combien j'étais à plaindre d'avoir vécu si longtemps sur
le Montcalm, dans l'ignorance de Dieu et de mes devoirs
de chrétienne... Puis je souffrais souvent du froid, de la
faim et de la soif, et enfin...

— Achevez, Marie !

— Eh bien, Valentin, je ne vous voyais pas.

Norbert pressa vivement contre ses lèvres la main de
la pensionnaire, qui détourna la tête, comme honteuse de
ce qu'elle venait de dire.

— Ainsi donc, reprit-il après un moment de silence, vous
êtes satisfaite de votre situation présente ?

— Je le crois, Valentin... Cependant, quand vous n'êtes
pas là, j'ai des momens bien tristes... mais je suis une pauvre ignorante et je ne dois pas m'en rapporter à mes propres pensées.

Valentin sentait son cœur se serrer ; il devinait une profonde douleur sous ce calme apparent, sous cette résignation factice. Il allait recommencer ses interrogations, quand
il entendit son oncle monter le perron de la terrasse. Marie l'entendit aussi, et sans doute les recommandations de
réserve qui lui avaient été faites au sujet de Valentin n'existaient pas pour l'abbé Norbert, car elle s'élança vers lui
légère comme un jeune faon. Le vieillard l'accueillit avec
bonté, lui donna un baiser sur le front et lui adressa quelques mots empreints d'une tendresse toute paternelle.

— Comme vous voilà pâle et abattue, ma fille ! dit-il
en l'examinant à son tour ; à chacune de nos visites vous
me semblez plus souffrante.

— Je... je ne sais pas, mon père.

— En effet, mon oncle, dit Valentin avec inquiétude, le
séjour prolongé de Marie dans ce couvent n'est pas favorable à sa santé. Le changement de vie a été trop brusque
pour elle ; elle s'étiole, elle dépérit. Son éducation est assez
avancée maintenant pour qu'elle puisse quitter cette maison.

— Tu oublies, mon garçon, que nous ne savons pas encore si nous avons le droit de disposer d'elle, répliqua le
curé en conduisant doucement Marie vers le pavillon ;
mais hâtons-nous, nous avons beaucoup à dire, et il peut
être dangereux d'abuser de la patience de... quelqu'un.

La pensionnaire se laissait diriger d'un air soumis. On
s'assit sur des sièges rustiques, devant le petit bâtiment.

L'abbé Norbert désigna à son neveu, par un geste presque imperceptible, une fenêtre encadrée de vigne et de
clématite, à quelques pieds au-dessus de la tête de Marie ;
puis prenant la main de la jeune fille, un peu étonnée des
manières solennelles de l'oncle et du neveu, il lui dit d'un
ton affectueux :

— Le moment est venu, mon enfant, de songer sé-

rieusement à votre avenir. Quoique vous soyez enfin rentrée dans la société, vous êtes encore au milieu d'elle
comme une douloureuse exception. Il faut maintenant que
vous mettiez vous-même vos protecteurs en état d'achever
leur tâche. Ecoutez-moi donc avec attention, je vous prie,
car involontairement j'éveillerai en vous des idées obscures... Surtout s'il est resté au fond de votre mémoire quelque souvenir précis, n'hésitez pas à nous le confier, dût-
il raviver d'anciennes et poignantes blessures.

— Mon père, murmura Marie tristement, je ne voudrais
pas offenser Dieu par un mensonge.

— Je ne doute pas de votre franchise, répliqua le prêtre avec empressement, je voulais seulement vous engager... mais je dois m'attendre à n'être pas compris de vous
plus d'une fois encore. Je m'efforcerai donc d'être clair,
et d'abord, ma fille, avez-vous déjà porté un jugement
sur cette société où vous êtes appelée à prendre rang désormais ?

— Il m'a semblé que tout le monde était bon... on
me l'a bien prouvé, à moi pauvre sauvage si méchante
d'abord et si grossière !

— Malheureusement, ma fille, il n'en est pas tout à fait
ainsi... Vous avez une triste opinion de l'humanité, pourquoi autrefois fuyiez-vous vos semblables avec tant d'opiniâtreté ?

— J'avais peur... Je voyais partout des ennemis.

— Et ne vous rappelez-vous pas, reprit le curé en jetant
un regard rapide vers la fenêtre, où apparaissait dans
l'ombre une forme indistincte, quelque fait de nature à
justifier cette aversion pour votre espèce ?

— Si... non, balbutia la jeune fille troublée ; je veux tout
vous dire, mon père, et à Valentin aussi ; mais je n'ose
pas vous raconter des songes.

— Dites toujours, ma fille ; ce qui vous semble un songe
est peut-être un souvenir d'enfance mal effacé.

Marie posa la main sur son front comme pour aider l'effort de sa mémoire.

— Non, non, dit-elle enfin, c'est une erreur de mon
imagination, et la sœur Ursule me gronderait... D'ailleurs,
quand je pense à cela, j'éprouve un malaise, une douleur...
ma tête bourdonne, quelque fait de... alors je deviens méchante et je
voudrais m'enfuir.

En effet, un tremblement nerveux commençait à agiter
ses membres. Le curé sentit qu'il s'était trop pressé, et il
essaya d'arriver à ses fins par une voie plus détournée.

— Ma fille, reprit-il, comme je vous le disais, la société
n'est pas composée en majeure partie d'êtres bons, généreux, unis par un lien de fraternité universelle. Les hommes
pervers sont le plus grand nombre, et un individu isolé, au
milieu de ce chaos de passions égoïstes, d'intérêts ennemis, serait brisé à chaque pas. Pour le défendre contre tant
d'attaques, Dieu a voulu qu'il trouvât naturellement protection auprès de quelques autres personnes qui sont pour
lui tout abnégation, tout dévoûment, tout amour. Ces personnes amies qui entourent chaque individu et le soutien-
nent dès sa naissance composent ce que l'on appelle une
famille... Vous, pauvre Marie, avez-vous une famille ?

Le prêtre s'arrêta pour laisser à la jeune fille le temps
de sentir la portée de ses paroles. Elle réfléchit, puis elle
demanda avec sa naïveté touchante :

— Excusez mon inexpérience, mon père, et pardonnez-
moi si je dis mal, mais manque-t-il autour de moi des personnes qui m'aiment et qui me protègent ? qu'êtes-vous
donc tous, sinon une famille pour moi ?

L'abbé Norbert sourit avec mélancolie.

— Vous vous méprenez, ma chère Marie, vous confondez
la charité chrétienne, l'affection de vos amis avec les sentimens de la nature... Marie, chère et malheureuse enfant, je vous en supplie au nom de ce que vous avez de
plus cher, remontez aussi haut que vous le pourrez le cours
de vos souvenirs... Dans une belle âme comme la vôtre, les
premières affections ont dû laisser des traces profondes
en dépit des événemens ; vous ne pouvez avoir oublié
ceux qui ont prodigué leurs soins à votre enfance !... Écou-

tez bien : une mère, c'est une femme timide, bonne, attentive, qui vous a porté dans son sein ; elle a calmé vos premiers pleurs et soutenu vos premiers pas ; elle vous a comblée de ses caresses avant même que vous pussiez les lui rendre... Un père, c'est un homme énergique, dominateur, qui s'est fait petit, docile, humble pour vous plaire ; il a effacé les soucis amassés sur son front pour vous sourire. Vous étiez habitué à le considérer comme une Providence visible, toujours prête à vous défendre, à qui rien n'était impossible... Dites, Marie, n'avez-vous aucune idée d'avoir vu ces deux anges près de votre berceau, l'un ange de force et de salut, l'autre, ange de douceur et d'amour ?

Marie était toute haletante.

— Attendez, attendez, murmura-t-elle en se cachant les yeux.

Après un moment de silence, elle reprit, sans changer de posture, d'un air égaré :

— Oui, oui, la voici, je la retrouve, je la reconnais... J'étais dans une vaste pièce, garnie de riches tentures, avec des fenêtres arrondies à leur extrémité supérieure... Elle est assise à mon côté ; son visage est riant, ses yeux caressent; elle est plus belle que la madone du grand tableau qui décore l'église... elle me prend sur ses genoux, sa main joue avec une boucle de mes cheveux, et elle chante tout bas, tout bas pour m'endormir... Mais je rêve encore, mon Dieu ! je rêve, interrompit la jeune fille en se levant brusquement, ne me croyez pas, ce n'était pas ma mère !

Et elle fondit en larmes.

— Vous ne rêvez pas, mon enfant, dit le prêtre avec chaleur, continuez, je vous en supplie... n'avez-vous pas aussi quelque souvenir de votre père ?

— Non, non, ne m'interrogez plus !

— Écoutez encore... J'ai vu souvent autrefois dans ces montagnes un homme de haute taille, aux manières imposantes, au costume pittoresque, conduisant par la main une toute petite fille. Quand ils rencontraient une de ces croix si fréquentes dans les Pyrénées, ils s'arrêtaient, et, tous deux agenouillés, ils priaient.

— Oui... c'est vrai ! soupira celle qu'on appelait Marie.

— Une fois, continua le prêtre, ils étaient venus en se promenant jusqu'à la Croix-du-Pasteur, dans un vallon désert, à quelque distance de Gonac. Ils trouvèrent, assise sur le piédestal de la croix, une pauvre voyageuse, jeune encore, mais couverte de haillons et les pieds ensanglantés ; une petite fille en bas-âge, demi-nue, était attachée sur ses épaules à la manière des bohémiennes. Le père, ému de pitié, offrit une aumône à la voyageuse et lui proposa de venir se reposer chez lui ; elle refusa l'aumône et repoussa la proposition avec mépris. La petite Antonia, à son tour, offrit son déjeuner à l'enfant de l'étrangère et s'avança pour l'embrasser...

— Mais elle me mordit la joue et je me jetai toute en pleurs dans les bras de mon père ! s'écria la jeune fille palpitante.

A cette révélation si positive, Valentin ne put retenir un cri de triomphe.

— Encore un peu de patience, je t'en conjure, reprit le vieux prêtre.

— Eh ! qu'est-il besoin de questionner davantage? Jamais elle n'a parlé d'une manière aussi précise... mon oncle, ne vous a-t-elle pas dépeint exactement le salon aux fenêtres cintrées de la Maison-Romaine? Pouvez-vous vous méprendre au portrait qu'elle vous a tracé de sa sainte mère à l'aventure si peu connu de la fille de la bohémienne?

— Ma conviction est complète, cette fois, je l'avoue, dit le prêtre ; mais tu oublies, continua-t-il en levant les yeux vers le pavillon, que je ne suis pas le seul à convaincre !

Cependant la jeune fille semblait cruellement fatiguée de cet interrogatoire. Semblable aux personnes plongées dans un sommeil magnétique, elle ne trouvait la force de répondre à certaines questions qu'au prix d'atroces souffrances.

— Ma fille, reprit l'abbé Norbert d'un air de pitié, par

donnez-moi d'être cruel à ce point ; mais je vais réclamer de vous un nouvel effort pour éclairer la lacune la plus mystérieuse et peut-être la plus lugubre de votre passé... Savez-vous comment s'est terminée cette heureuse période de votre vie où vous alliez avec votre père vous promener à la Croix-du-Pasteur?

— Je... je l'ignore.

— Cherchez bien, reprit le prêtre avec insistance, je vais vous aider... Une nuit, ne fûtes-vous pas éveillée dans votre petit lit de gaze blanche par des cris effrayans?

— Oh! quels cris, quels cris! murmura la jeune fille avec terreur.

L'abbé Norbert continua impitoyablement :

— Effrayée, vous courûtes au salon, d'où partait le bruit...

— J'aperçus quelque chose qui s'agitait tout sanglant sur le tapis. Je restai immobile près de la porte ; je voulus appeler, je ne pus pas... Il avait saisi ma mère par les cheveux et il la frappait de sa hache. Le sang rejaillit jusque sur moi, je tombai; quoique je ne pusse me relever, j'entendais, je voyais... il entra dans la chambre voisine où étaient mes frères; des gémissemens, des plaintes en sortirent; puis, plus rien... il revint au salon et regarda en souriant autour de lui. Je ne sais comment je fis, mais je me relevai ; alors il m'aperçut et ses yeux devinrent comme du feu...

— Mais de qui me parlez-vous, mon enfant?

— De l'Homme noir.

— Qui était l'Homme noir ?

— Je puis le dire maintenant... C'était le démon... Quand la sœur Ursule m'a parlé de l'enfer et de l'esprit malin, je l'ai reconnu.

— Mon Dieu ! dit le curé avec tristesse en regardant Valentin, je croyais être enfin sur la trace de la vérité, et sa raison s'égare encore.

— Non, non, mon oncle, répondit le jeune homme avec véhémence ; j'ai déclaré dans mon interrogatoire que l'un des scélérats que j'avais vus le soir traverser la cour de la Maison-Romaine avait le visage noirci... je l'avais pris pour un charbonnier. C'est ce monstre sans doute qui a commis le crime !

— Tu as raison, je n'avais pas songé à cela. Mais poursuivons.

Il se retourna vers Antonia, car nous pouvons désormais donner ce nom à la pensionnaire de Sainte-Marie. Il semblait pourtant impossible de pousser plus loin cette terrible épreuve. Tout le corps de la jeune fille frissonnait ; ses yeux se torturaient dans leurs orbites ; ses lèvres blanches, serrées l'une contre l'autre, se couvraient d'une légère écume. L'abbé Norbert se raidit contre sa propre émotion.

— Un peu de courage, ma fille, reprit-il, c'est dans votre intérêt seul que je vous tourmente ainsi... Et dites-moi, pauvre enfant, ce misérable assassin que vous appelez l'homme noir, le reconnaîtriez-vous aujourd'hui ? Pourriez-vous me le dépeindre ?

— Non, non, ce n'était pas un homme ! il n'avait rien de la créature humaine... c'était le démon !

— Allons, nous n'obtiendrons rien d'elle à ce sujet, dit le vieillard en soupirant. Eh bien, ma fille, comment échappâtes-vous à cet abominable assassin ?

— Quand il me vit dans l'ombre de la chambre, il poussa une espèce de rugissement et s'élança vers moi... Je voulus fuir... Dans ma précipitation, je me heurtai le front avec violence contre l'angle de la porte... Je me fis une blessure dont vous pouvez voir encore la marque.

Et elle désignait la cicatrice qui surmontait son œil gauche.

— Ce coup vous étourdit sans doute et vous força de vous arrêter ?

— Au contraire, je me sentis prise comme d'une frénésie ; la tête me tournait... Je me mis à fuir avec une ardeur nouvelle ; mes pieds nus ne faisaient aucun bruit ; je descendis l'escalier d'un bond... il me poursuivit. Je passai au milieu de plusieurs personnes immobiles et silen

cieuses au bas de l'escalier, et je me trouvai dans la cour...
Il me poursuivait toujours. Je traversai la cour, je franchis
la grille, qui était ouverte, et j'atteignis la campagne. Son
pas pressait toujours le mien, j'entendais toujours le
bruit de son haleine... Je fuyais, je fuyais; mes pieds
étaient meurtris par les cailloux du chemin; les ronces
me déchiraient le visage; le sang m'aveuglait... Il me serrait toujours de plus près, il me gagnait de vitesse...

Il ne m'atteindra pas! continua la jeune fille en se levant
impétueusement, laissez-moi passer, je ne veux pas qu'il
me touche... il ne m'atteindra pas!... Je sais gravir les
rochers, grimper aux arbres, plonger dans les torrens...
il ne m'atteindra pas!... Le voici! laissez-moi!

Et elle se débattait avec une vigueur extraordinaire entre les bras de Valentin et de l'abbé Norbert, qui cherchaient à la contenir. Ce n'était plus la douce et pieuse enfant de tout à l'heure; la sauvage s'était réveillée avec
ses instincts désordonnés, sous l'influence de ces effroyables souvenirs. Ses cheveux épars retombaient sur ses
épaules; son visage était crispé. Le délire triplait ses forces,
et elle échappa aux mains des deux hommes qui s'effor-
çaient de maîtriser ses mouvemens. Elle courut vers le
parapet de la terrasse; elle allait le franchir et se préci-
piter dans la rivière... Valentin, épouvanté, s'écria avec
un accent déchirant:

— Antonia! malheureuse Antonia!

Cette voix, toujours si puissante sur elle, calma subitement l'exaltation de l'infortunée jeune fille. Elle s'arrêta
au moment de s'élancer, se retourna, adressa un sourire
à Valentin, et s'affaissant doucement, elle tomba évanouie
sur le sable.

XIII.

RÉPARATION.

Aux cris de Valentin et de l'abbé Norbert, des religieuses
parmi lesquelles se trouvaient la supérieure du couvent et
l'inévitable Ursule, étaient accourues de toutes les parties du
jardin. La supérieure ordonna de transporter dans sa chambre la jeune fille évanouie et d'aller chercher en toute hâte
le médecin du couvent. Valentin, fou de douleur, voulut
prendre Antonia dans ses bras; mais Ursule le repoussa
avec autorité en déclarant qu'il n'était pas décent qu'un
homme portât les mains sur une pensionnaire de Sain-
Marie, que d'ailleurs il ne pouvait pénétrer dans l'ente-
ceinte du cloître sans encourir les peines de l'excommuni-
cation.

L'ingénieur s'indignait de ces scrupules misérables dans
un pareil moment; mais la supérieure s'empressa de soutenir de son autorité sa conseillère favorite.

— Sœur Ursule est toujours un modèle de convenance et de modestie, dit-elle, car, en effet, une personne
étrangère à la communauté ne peut accompagner cette
chère petite... Mais, ajouta-t-elle un ton gracieux, comme
correctif à cette rigueur, si monsieur le curé veut attendre ici quelques instans, je m'empresserai de lui envoyer
des nouvelles, dès que la malade sera revenue à elle et
que le médecin lui aura donné les premiers secours.

— Nous attendrons, madame, répondit le curé: mais
par pitié, hâtez-vous!

Deux sœurs converses emportèrent la jeune fille.

— Madame, dit Valentin à la supérieure au moment où
le triste cortège s'éloignait vous êtes bonne, vous, je vous
la confie; oh! veillez, veillez bien sur la pauvre Antonia!

— Antonia! répéta la religieuse avec étonnement.

— Antonia! reprit sœur Ursule en avançant sa figure
curieuse et maligne; cette singulière histoire dont on parlai
autrefois serait-elle véritable? Est-ce que notre pensionnaire s'appellerait en effet...

— Elle s'appelle Marie, dit le curé avec autorité, et elle
portera ce nom... jusqu'à ce que Dieu en ait décidé autrement.

L'oncle et le neveu étaient restés seuls sur la terrasse,
trop émus pour pouvoir échanger leurs idées sur cette scène
extraordinaire. Partagés entre la joie d'avoir retrouvé
Antonia et la douleur de la voir dans un état si affli-
geant, ils n'étaient pas encore revenus de leur trouble,
quand Montès de Villaréal sortit du pavillon.

— Eh bien, monsieur? demanda l'abbé Norbert.

— J'ai tout entendu.

— Et vous ne doutez plus, n'est-ce pas? s'écria Valentin.

— J'avoue que je suis fortement ébranlé, mais je ne sais
encore à quoi m'arrêter; je me perds au milieu d'obscurités et de contradictions sans fin; j'aurais besoin d'un peu
de temps pour coordonner ces idées confuses.

— Quoi! monsieur, n'êtes-vous pas touché des horribles
souffrances de votre malheureuse nièce? Refuserez-vous
encore de vous rendre à l'évidence?

— J'ai été vivement ému, monsieur Norbert, répliqua
Montès avec un accent pénétré, et plus d'une fois pendant
cette douloureuse épreuve j'ai senti les larmes me venir
aux yeux... Cependant, remarquez-le bien, ce qui est l'é-
vidence pour vous et pour votre respectable oncle, peut
ne pas l'être pour moi. Vos anciens rapports avec mon
frère vous permettent de reconnaître une foule de concor-
dances et de probabilités qui n'existent pas pour moi, resté
si longtemps étranger à ma famille.

— Cela doit être en effet, monsieur de Villaréal, dit le
curé; mais si vous faites cas de la parole d'un homme à
qui son caractère sacré de prêtre défend de la donner
légèrement, croyez-moi, quand je vous affirme devant Dieu
que la fille du Montcalm est bien votre nièce Antonia.

— Il suffit, monsieur, j'examinerai, je réfléchirai... Bien
des incertitudes subsistent encore dans mon esprit, notam-
ment en ce qui touche la fille adoptive de la Saltarella.

— Capitaine Montès, dit Valentin, vous êtes sans doute
la dupe de quelque jonglerie de la part de ces femmes. La
bohémienne, menacée d'être poursuivie pour le crime de
la Maison-Romaine, aura voulu se faire de vous un appui
en vous contant une fable spécieuse. Quant à la fille...

— Vous avez pu juger par vous-même que celle-là n'é-
tait pas disposée à se prêter à une supercherie.

— Et c'est précisément cette humeur farouche qui me
donne la certitude d'une erreur. Rien n'aurait pu trans-
former à ce point l'âme douce, timide, aimante de cette
Antonia que nous avons connue!

— Peut-être avez-vous raison, répliqua le capitaine
d'un air de réflexion; j'examinerai donc de plus près les prétentions de cette fantasque créature. Il en sera de même
pour votre protégée; je l'interrogerai moi-même, et
cette fois en présence de l'autorité compétente.

— Quoi! monsieur de Villaréal, notre affirmation et la
vôtre ne suffiraient-elles pas pour établir complètement
ses droits! Ne pourrait-on lui épargner une nouvelle et
pénible épreuve?

— J'en doute, monsieur le curé; il s'agit d'un grand
nom, d'une grande fortune, et nécessairement l'autorité
devra être informée... Cependant nous attendrons que cette
pauvre enfant ait repris un peu de force et de santé.

En ce moment sœur Ursule reparut à l'extrémité du jardin et s'avança d'un pas grave, la tête inclinée, les mains
cachées dans ses larges manches. Valentin courut au-devant
d'elle.

— Eh bien! ma sœur, la pensionnaire...

— Que les anges du paradis soient bénis! répliqua la
béate en roulant des yeux tout blancs; elle est mieux, elle
a repris connaissance.

Valentin, malgré l'extérieur peu attrayant de la nonne,

eut toutes les peines du monde à ne pas lui sauter au cou pour l'embrasser.

— Et que pense le médecin de son état? demanda le curé.

— Le médecin a hoché la tête... Mais il affirme qu'il n'y a aucun danger pour le moment.

— Pour le moment? que voulez-vous dire, ma sœur? Y aurait-il danger pour l'avenir?

— Quoi! monsieur le curé, ignorez-vous que la santé de notre élève est très altérée... Puisse notre sainte patronne la préserver de tout mal! mais on croit la poitrine attaquée.

Le curé et Valentin restèrent consternés. Villaréal surtout parut étrangement troublé par cette triste nouvelle.

— Serait-il possible? demanda-t-il; est-on sûr...

— Trop sûr, monsieur; cependant on espère encore qu'avec des soins, des ménagemens on finira par la guérir... et les soins ne lui manqueront pas.

— Que le ciel vous exauce, ma sœur! soupira Valentin.

— Seulement, continua la religieuse, monsieur le docteur a bien recommandé d'éloigner de cette chère petite toute émotion forte... une scène pareille à celle d'aujourd'hui la tuerait ou la rendrait folle inévitablement!

— Vous l'entendez, capitaine?

— Cette assertion ne saurait être aussi absolue que le prétend cette sainte fille, dit le curé.

— Le médecin s'est expliqué nettement en ma présence, reprit sœur Ursule; la mort ou la folie, voilà ce qui attend Marie si on la tourmente encore.

Il y eut un moment de silence.

— Mon oncle, dit Valentin avec âme, il vaudrait mieux qu'elle renonçât au nom et au rang auxquels elle a droit que de les obtenir au risque de sa raison ou de sa vie... Personne et surtout M. de Villaréal n'oserait demander ce sacrifice!

Le nom de Villaréal réveilla un souvenir de sœur Ursule.

— Monsieur, dit-elle à Montès, excusez-moi de n'avoir pas rempli plus tôt une commission dont j'étais chargé pour vous... Pendant plus d'une heure on vous a attendu au parloir.

— Qui donc, ma sœur?

— Une personne qui avait, disait-elle, des choses très importantes et très pressées à vous apprendre... Mais au milieu du trouble causé par l'indisposition de notre bien-aimée pensionnaire, on l'a tout-à-fait oubliée et peut-être est-elle déjà partie... Mais, Dieu me pardonne, ajouta-t-elle en se retournant, je me trompe, car la voici elle-même...

Un homme en effet se dirigeait avec hésitation vers la terrasse.

— C'est l'aubergiste des Deux-Couronnes! s'écria Montès; il vient sans doute me conter quelque folie de sa prisonnière!

— Et un aubergiste a osé pénétrer sans permission dans l'enceinte du couvent! dit la religieuse avec colère; quelle honte, quel scandale pour cette maison!... Mais il n'est pas étonnant que le premier venu ose enfreindre la règle quand on la laisse enfreindre si aisément par d'autres..

— Ma sœur, murmura le curé en souriant, d'après votre propre aveu, ce pauvre homme attendait depuis plus d'une heure!

Ursule ne jugea pas à propos de répondre directement à cette observation; elle jeta encore un regard irrité à l'intrus, puis elle se retira en annonçant qu'elle allait faire son rapport à la supérieure.

Cependant Montès s'était approché précipitamment de l'aubergiste.

— Qu'y a-t-il donc? demanda-t-il; pour quel motif avez-vous quitté l'enfant dont je vous avais confié la surveillance?

— Ma foi! monsieur, répondit le nouveau venu avec embarras, c'est que ma surveillance n'était plus nécessaire.

— Que voulez-vous dire?

— Eh bien! monsieur, je ne vous ferai pas languir... elle est partie!

— Partie! répéta Montès en tressaillant, ce n'est pas de Zerbine... de ma jeune compagne, que vous parlez?

— De qui donc parlerais-je? ce n'est pas une fille, monsieur, c'est un diable en jupons!

— Elle s'est enfuie! reprit Montès dans une agitation extrême; mais comment? Avec qui?... ne me cachez rien, monsieur; ce sera le seul moyen d'atténuer vos torts.

— Oh! il n'y a pas de ma faute, capitaine, je vous le jure... J'étais resté dans sa chambre avec elle, comme vous l'aviez recommandé; on était venu plusieurs fois me chercher pour affaire, je n'avais pas voulu la quitter..... Elle paraissait assez calme, lorsqu'un charlatan, marchand de baume, est venu s'arrêter devant la porte de l'hôtel. Il faisait grand bruit, afin d'attirer les curieux. Au son de la trompette, la jeune fille, qui s'ennuyait fort, s'est mise à la fenêtre, comme moi et beaucoup de voyageurs... Le charlatan était dans une vieille carriole, attelée de deux misérables haridelles, un mulet rogneux et un chétif petit âne. Il avait un habit rouge galonné, des moustaches énormes, et il parlait avec une faconde imperturbable. Une femme debout, derrière lui, distribuait la marchandise aux acheteurs... La jeune fille regardait ces gens avec une attention soutenue; je crus que ce spectacle l'amuserait encore quelque temps; je m'esquivai pour répondre à des voyageurs qui venaient d'arriver et demandaient à grands cris une chambre et un dîner. Vous savez, monsieur, que quand le maître est absent, la maison va à vau-l'eau, et...

— Au diable ce verbiage? interrompit Montès avec impatience; la jeune personne a profité de votre absence pour s'échapper, n'est-ce pas?

— Vous allez voir, monsieur; ce qui me reste à vous raconter est surtout incroyable... Je n'ai pas été témoin de la chose, car j'étais occupé de mes voyageurs, comme je vous l'ai dit; mais une de mes paresseuses de servantes m'a raconté plus tard ce qui s'était passé. La femme du charlatan a levé les yeux par hasard et en apercevant la jeune demoiselle, elle a paru fort troublée à son tour; elle s'est mise à parler au bateleur en habit rouge, et tous les deux s'occupaient si peu de leur état que les curieux se sont dispersés peu à peu. Enfin la petite leur a dit quelques mots dans une langue inconnue; ils lui ont répondu sur le même ton; la femme pleurait et lui tendait les bras... Tout à coup, la demoiselle a quitté vivement la fenêtre; deux minutes après elle était dans la carriole, à côté de la baladine qui la mangeait de caresses; l'homme à l'habit rouge a fouetté ses chevaux et ils sont partis au grand ébahissement des oisifs...

— Et vous ne les avez pas poursuivis?

— Je suis arrivé en ce moment sur le seuil de la porte. En voyant votre pupille avec ces vagabonds, je ne pouvais en croire mes yeux... cependant je me suis mis à courir après eux en leur criant d'arrêter. A l'extrémité de la rue, je les ai rejoint; mais le charlatan m'a menacé de son fouet si j'osais approcher; sa femme pleurait de plus belle et serrait contre sa poitrine la jeune fugitive. Enfin celle-ci s'est tournée vers moi et m'a dit d'un ton brusque:

— « Laissez-moi tranquille... je ne veux pas retourner avec vous! »

J'étais tout interloqué; cependant je lui ai représenté en peu de mots combien vous seriez irrité de son départ.

— « Que m'importe? a-t-elle répondu, vous direz au senor de Villaréal que j'ai changé d'avis, que je ne veux plus être grande dame... demonio! cela m'ennuie... j'aime mieux aller courir le pays avec la Saltarella! »

— La Saltarella! s'écria Montès; la Saltarella est en France, malgré... ah! je comprends tout maintenant.

— La Saltarella! répéta Valentin, cette intrigante qui a voulu faire passer une aventurière pour Antonia de Villaréal!

— Cette femme a été témoin, peut-être complice du crime de la Maison-Romaine? ajouta le curé.

— Il ne faut pas la laisser échapper; il faut qu'elle explique ses mensonges.

— Il faut la livrer à la justice.

— Patience ! messieurs, reprit Montès ; laissez-moi avant tout prendre une connaissance exacte des faits... Ainsi donc, continua-t-il en s'adressant à l'aubergiste, vous ne vous êtes pas opposé à leur départ ?

— Que pouvais-je faire, monsieur ? L'homme à l'habit rouge me menaçait toujours de son fouet, la petite personne avait elle-même tiré son couteau pour se défendre...

— Il fallait crier, invoquer le secours des passans.

— Oui, mais c'eût été du bruit, du scandale auxquels votre nom et le mien, deux noms honorables, eussent été mêlés... Vous eussiez pu prendre mal la chose... J'ai préféré les laisser partir paisiblement et venir vous prévenir.

— Peut-être avez-vous eu raison... Mais y a-t-il longtemps que ces événemens se sont passés ?

— Deux heures, monsieur ; car on m'a fait attendre ici bien longtemps.

— Et avez-vous observé quel chemin ils prenaient ?

— La route des montagnes ; j'ai vu la carriole gravir cette rampe là bas vers le haut pays... Cependant ils ne sauraient être loin, car l'attelage n'est pas vigoureux.

— Il suffit... Eh bien, monsieur l'aubergiste, ne pourriez-vous me procurer à l'instant un cheval ? je l'achète, j'en double le prix, s'il le faut.

— Rien de plus facile ; veuillez me suivre, et dans un quart d'heure vous pourrez partir.

Montès rêva un moment, puis, s'approchant des deux Norbert :

— Messieurs, dit-il d'une voix émue, ce qui vient de se passer achève de m'ouvrir les yeux ; cette ingrate et vagabonde créature qui m'a quitté ainsi sans pudeur ne peut pas être Antonia de Villaréal... Je vois enfin mon erreur, et c'est pour la constater plus sûrement que je vais partir. Quand j'aurai obtenu la rétractation de cette infâme Saltarella, je reviendrai...

— Et alors, interrompit Valentin avec chaleur, vous consentirez à reconnaître la pauvre sauvage pour votre nièce ?

— Oui, oui, j'en prends l'engagement solennel.

— Que Dieu vous récompense de cette bonne résolution, monsieur de Villaréal, dit le curé avec chaleur.

— A mon tour, capitaine de Villaréal, reprit Valentin d'un ton affectueux, pardonnez-moi les injurieux soupçons que j'ai osé vous exprimer...

— Je n'ai rien à vous pardonner, messieurs... mes bons amis ! votre beau dévouement pour ma parente a causé cet excès de zèle, et de mon côté, je l'avoue, mes opiniâtres préventions étaient bien de nature à exciter la défiance... Je vais enfin réparer mes torts... Peut-être resterai-je absent quelques jours ; ne vous inquiétez pas de mon absence... Je vais déployer toute mon activité, et bientôt, j'espère, justice sera faite.

— Eh bien, chevalier de Villaréal, dit Valentin, accordez-moi une faveur ; souffrez que je vous accompagne... Je suis intéressé comme vous à connaître le dernier mot de l'intrigue ; partons ensemble ; deux hommes de cœur ne seront pas de trop pour mener à bien cette entreprise.

— Merci de votre obligeante proposition, mon cher Valentin, mais je me défie un peu de votre haine si légitime du reste pour ces scélérats de gitanos. D'ailleurs votre présence et celle de M. le curé sont bien nécessaires en ce moment à notre amie... Comptez-vous rester longtemps à Foix ?

— Quelques jours seulement, répondit le curé, à moins que l'état de l'intéressante malade n'empire... Des devoirs impérieux nous appellent, mon neveu et moi, à Vicd'Essos.

— Qu'y a-t-il d'aussi important pour moi que le sort d'Antonia de Villaréal ? dit Valentin avec exaltation ; oh ! quel bonheur et quel orgueil j'aurai à lui donner enfin ce beau nom ! Je suis impatient de lui dire.

— Prenez garde, Norbert, dit Montès avec tristesse ; cette terrible sentence du médecin ne doit pas plus sortir de votre mémoire que de la mienne : la plus légère imprudence peut coûter à cette charmante fille l'intelligence ou la vie !

— C'est vrai, mon Dieu ! c'est vrai... je n'aurai pas même la satisfaction de pouvoir lui communiquer nos espérances !

— Faites-lui encore ce sacrifice ; un de plus ne doit pas vous coûter dans le nombre... et peut-être un jour, Antonia, revenue à la santé, riche et heureuse, s'efforcera-t-elle de les reconnaître tous à la fois !

Ces mots, prononcés d'un ton mystérieux, firent rougir Valentin.

— Que voulez-vous dire, monsieur de Villaréal ? balbutia-t-il.

— Rien ! rien ! sinon qu'Antonia de Villaréal aura contracté bien des obligations envers vous et que son tuteur sera fort embarrassé pour reconnaître de si grands services, si elle ne l'aide un peu... Votre excellent oncle me comprend bien, lui... Allons, adieu, mes amis ; adieu et à bientôt.

Il serra la main des deux Norbert et sorti du jardin avec son compagnon.

Les dernières paroles de Montès avaient plongé le jeune ingénieur dans une confusion inexprimable.

— Mon oncle, murmura-t-il en se jetant au cou du vieillard, qu'a-t-il voulu faire entendre ? je n'ose croire... je n'ose espérer...

— Il a deviné ce que j'avais deviné moi-même ! répondit le curé en souriant.

— Et qu'avez-vous deviné ?

— Tu aimes Antonia.

— Et vous ne me blâmez pas de mon audace ? moi, humble plébéien comblé des bienfaits d'une noble famille, oser lever les yeux sur son opulente héritière !.. Le chevalier de Villaréal qui était là tout à l'heure eût dû m'écraser de son mépris !

— Tout au contraire, mon ami, il paraît approuver tes sentiments.

— Et vous, mon oncle ?

— Moi ?... je voudrais te savoir heureux, Valentin.

Le jeune homme le pressa sur son cœur avec effusion.

— Pauvre garçon ! ne te hâte pas trop de concevoir de pareilles espérances ! dit le prêtre avec un soupir ; il faut si peu de temps à Dieu pour amener un orage dans un ciel serein

XV.

LA SALTARELLA.

Pendant que ceci se passait au couvent de Sainte-Marie, la carriole dont il a été question dans le chapitre précédent, gravissait péniblement une montagne, à quelques lieues de Foix, en avant des cimes principales de cette partie des Pyrénées. L'aubergiste n'avait pas exagéré l'aspect misérable du véhicule et de l'attelage. La voiture était couverte d'une mauvaise toile cirée, tout en lambeaux ; le mulet et l'âne qui la traînaient, montraient, malgré leurs plumets rouges et les quincailleries dont ils étaient couverts, la mode catalane, fort peu d'ardeur et de fierté. Le charlatan, leur maître, allait à pied, afin de les soulager d'autant, et ne leur épargnait pas les incitations du fouet ; mais les pauvres bêtes haletantes, à demi suffoquées par la poussière et la chaleur, pouvaient à peine conserver un pas modéré sur ce chemin raide et sinueux.

Cette lenteur semblait désespérer une des personnes

qui se trouvaient dans la voiture. A chaque instant un visage de femme se collait au vasistas pour s'assurer si l'on
n'était pas poursuivi. L'automédon lui-même se retournait
fréquemment et examinait les profondeurs de la route
qu'il venait de parcourir. D'autres fois son regard se portait vers une espèce de défilé, couvert de liéges et de hêtres,
où la route allait s'engouffrer, à peu près à moitié de la
montagne, puis vers le soleil encore haut sur l'horizon,
comme pour calculer s'il pourrait atteindre ce refuge avant
la nuit. Néanmoins ses observations n'avaient sans doute
rien de sérieusement alarmant pour lui, car il continuait
de siffler entre ses dents un air de muletier.

Ce personnage était à peu près tel que l'aubergiste des
Deux-Couronnes l'avait dépeint. Il portait en effet un habit rouge et un chapeau garni de plumes de coq ; l'un et
l'autre paraissaient être la dépouille de quelque officier
anglais tué à la bataille de Toulouse. Un pantalon bleu, affectant aussi un air d'uniforme, et de gros souliers ferrés,
complétaient ce costume dont la magnificence disparais-
sait en partie sous une vieille cape montagnarde. Mais les
volumineuses moustaches, qui avaient particulièrement
frappé le maître d'hôtel, avaient disparu, et cette circonstance nous permet de reconnaître dans le charlatan en
habit rouge notre vieille connaissance Jeandot Perez, ou,
si l'on aime mieux, le gitano Biroben.

Deux femmes occupaient le fond de la carriole. L'une
était cette jeune fille, au caractère indocile, que Montès
de Villaréal avait présentée aux Norbert comme sa nièce ;
l'autre la compagne du charlatan, cette femme éplorée qui
avait joué un rôle si actif dans l'enlèvement. Elle présentait tous les signes de la race bohémienne : cheveux noirs,
teint basané, yeux vifs et un peu hagards. Elle était âgée
de trente-cinq ans environ, et, bien qu'à cet âge la beauté
des gitanas soit flétrie d'ordinaire, sa toilette extravagante
faisait ressortir encore quelques restes de fraîcheur. Une
robe à falbalas, une mantille de fausse dentelle, une couronne de fleurs artificielles s'épanouissant par dessous un
foulard troué posé en marmotte, annonçaient certaines
prétentions, exigées peut-être par sa profession actuelle,
à attirer les regards. Mais en dépit de cette parure folle, la
pauvre créature était en proie aux plus cruelles angoisses.
Pâle et agitée, elle entourait de ses bras la jeune fille assise à côté d'elle, sur la dure banquette de la voiture, et
de grosses larmes coulaient de ses yeux.

La jeune fille, au contraire, ne semblait nullement partager cette inquiétude et se montrait presque irritée de l'attendrissement de la Saltarella. Souvent elle la repoussait
avec une impatience à peine déguisée ; d'autres fois elle
souriait d'un air de raillerie à quelque exclamation arrachée par la terreur à la bohémienne. Alors celle-ci essuyait
ses yeux et s'efforçait de cacher son effroi.

Cependant, une fois que le conducteur s'était arrêté pour
observer un cavalier qui se montrait dans un nuage de
poussière au pied de la montagne, la Saltarella ne put se
contenir.

— Est-ce lui ? demanda-t-elle d'une voix étouffée.

— Je ne crois pas, répliqua Biroben tranquillement ; il
lui aura fallu du temps pour s'apercevoir de la disparition de Zerbine, pour se procurer un cheval, pour s'informer de la route que nous avons prise... Il sera tard
quand il quittera Foix, nous serons loin... et je rirai du
bon tour que nous lui aurons joué en lui enlevant Zerbine.

— Tu riras, Biroben, parce que tu ne connais pas celui
dont tu parles ; mais moi qui le connais mieux, je tremble.

— Je ne le connais pas ! Allons donc, la Saltarella ; ne
l'ai-je pas vu au Montcalm lâcher son coup de carabine
sur la pauvre sauvage avec autant de sang-froid que sur
un coq de bruyère ? Et puis, comme il m'a entortillé ! Par
la bonne vierge d'Héas ! il m'a persuadé un moment à moi-
même que j'avais commis le crime ! Oui, oui, je connais ce
gaillard-là, et il est aussi méchant qu'il est fin... Mais il m'a
prouvé, en coupant les cordes pour me faire évader, qu'il
avait des raisons de ne pas me pousser à bout.

— Ne cherche pas à lutter contre lui, Biroben ; crois-

moi, il se trouverait le plus fort... Seigneur Dieu ! s'il allait
me reprendre ma Zerbine !

Et elle se mit à sangloter.

— Véritablement, la Saltarella, tu es une poltronne...
Pourquoi toutes ces jérémiades ? N'es-tu pas la mère de
Zerbine ? Par exemple, dire qui est son père serait plus
difficile, car lorsque tu te joignis à ma bande, il y a une
quinzaine d'années, tu portais déjà l'enfant sur ton dos, et
depuis ce temps il a toujours été impénétrable au sujet
du père. Quoi qu'il en soit, ta fille est ta fille, que diable !
et personne n'a le droit de te l'enlever.

— Et cependant il me l'enlèvera encore, s'il en a la volonté... Tu ne sais pas combien il est inexorable !

— Pourquoi donc, folle, si tu aimes tant Zerbine, l'avoir
laissé prendre une fois par ce Montès de Villaréal ?

— Il me promit de la rendre riche et heureuse ; puis
il me fit peur des juges à cause de l'histoire de la Maison-
Romaine ; enfin il employa d'autres moyens... que je ne
peux révéler. Je me décidai donc à lui abandonner ma
fille et à me sauver en Espagne. Je croyais alors avoir la
force de vivre loin d'elle ; mais malgré tout l'argent qu'il
m'avait donné, je n'ai pu y tenir. Je me consumais d'ennuis et de regrets lorsque je t'ai rencontré ; j'avais le plus
ardent désir de rentrer en France ; aussi ai-je écouté tes
propositions que tu me faisais de t'accompagner pour t'aider dans ton état. Nous sommes venus à Foix, et, au moment où je m'y attendais le moins, j'ai aperçu ma pauvre
Zerbine à la fenêtre d'une auberge. Je l'ai appelée et elle
est accourue aussitôt, car elle m'aime toujours... n'est-ce
pas Zerbine ? ajouta-t-elle dans un nouveau transport de
tendresse en couvrant de baisers la jeune fille, tu m'aimes, tu ne veux plus me quitter, tu ne veux plus habiter
les villes ?

— Oui, dit Zerbine sèchement et sans rendre à sa mère
caresse pour caresse ; car je me déplaisais fort avec lui. Je
ne pouvais remuer ; il m'accablait de recommandations auxquelles je ne comprenais rien. Il ne me permettait ni de
sortir, ni de chanter, ni de danser, ni de jouer des castagnettes. J'étais obligée de porter ces grandes vilaines robes de laine ; je n'étais plus gentille comme au temps où
j'étais gitana.

— Tu le seras encore ! s'écria la mère avec chaleur, et
partout où nous passerons, on accourra sur les portes
pour t'admirer... Tu te rappelles cette robe de gaze à fran-
ges d'argent que tu portais à Séville pour la fête de saint
Dominique ? Tous les manolos de la grande place bat-
tirent des mains quand tu commenças à danser... Eh bien !
je te ferai faire une robe pareille, une plus riche encore,
et tu auras une résille de perles sur tes cheveux ; je te donnerai un beau tambour de basque avec des grelots dorés... Et tiens, tiens, ajouta-t-elle en retirant de son sein
un objet enveloppé dans un chiffon de soie, voici encore
tes castagnettes ; je les conservais comme une relique,
pensant ne plus te voir.

La jeune fille saisit avidement les castagnettes, passa
ses doigts dans les cordons et les fit claqueter avec une
joie puérile.

— Oui, oui, tu seras bien heureuse avec nous, continua la Saltarella ; Biroben et moi nous ne te contrarie-
rons jamais... Ainsi, ma Zerbine, si Montès nous poursuit,
s'il nous atteint, tu refuseras de le suivre ?

— Je refuserai, répliqua Zerbine en jouant l'air du Fandango.

— Et s'il résiste, s'il se fâche, s'il menace ?

— N'ai-je pas mon couteau ? dit la jeune fille en agi-
tant ses bras avec grâce, comme si elle dansait.

— Ton couteau ! murmura la Saltarella en pâlissant,
contre lui ? ah ! si tu savais...

— Quoi donc ? il a voulu faire croire qu'il était mon
parent, mais cela n'est pas... et peu s'en est fallu que je
le dise hautement à tous ces bourgeois qui écoutaient ses
histoires ; car je n'aime pas à mentir, moi, c'est lâche...
Et d'ailleurs, parent ou non, je ne souffrirai plus qu'il me
tienne prisonnière !

— Ne parle pas ainsi, ma fille, ne parle pas ainsi, dit la Saltarella tremblante; ne m'en demande pas les motifs, mais toi et moi, nous devons des ménagemens... du respect à cet homme!

— Du respect! répéta Zerbine avec un sourire dédaigneux; qu'est-ce que cela?

— Ecoute, la Saltarella, reprit Biroben qui prêtait une oreille attentive à cette conversation; il m'est venu un soupçon et plus nous allons, plus je le crois fondé... Tu connais ce Montès de Villaréal depuis longtemps, et certainement tu as eu des rapports avec lui, bien avant le jour où il te décida à lui confier ta fille!

— Que t'importe, Biroben? ce ne sont pas là tes affaires.

— Au fait c'est juste, répliqua le bohémien avec indifférence; mais dis donc, la Saltarella, et toi aussi, petite, il n'est pas nécessaire de crier si haut ce nom de Biroben... Nul ne sait où peut se cacher un gendarme... D'ailleurs, j'ai pour le moment un autre nom; je m'appelle le senor Bustamente, médecin extraordinaire de l'empereur du Brésil. N'allez pas l'oublier et ne me donnez plus ce vilain nom si dangereux à porter... Ma foi, *Zerbina mia*, continua-t-il d'un ton amical, si tu veux être bien sage, nous ferons de bonnes affaires dans ce pays. Tu danseras, je vendrai de l'eau mêlée à un peu d'eau-de-vie sous prétexte de baume; la Saltarella surveillera la recette et tout ira pour le mieux; nous remplirons nos coffres de beaux et bons écus, si toutefois le gouvernement, qui m'en a toujours voulu, ne s'avise pas de nous déranger; heureusement, voilà l'empereur renversé tout de bon et on laissera tranquilles les pauvres gens.

— Va, va, camarade, répliqua la Saltarella, en soupirant, ni toi ni moi, nous n'aurons jamais de sécurité de ce côté de la frontière, à cause de la malheureuse affaire de la Maison-Romaine... Aussi, si tu voulais m'en croire, nous nous sauverions soit en Catalogne, soit dans la vallée d'Andorre, où nous n'aurions plus personne à craindre.

— Tu ne parlais pas ainsi, la Saltarella, il y a quelques jours, de cette Espagne où l'on ramasse à peine deux ou trois réaux dans sa journée : maintenant que tu as retrouvé ta fille, tu as changé d'avis... car les gens de justice sont vraiment un fléau pour cette pauvre France; on en rencontre partout... Mais, ajouta-t-il en baissant la voix, nous n'aurions plus à nous inquiéter de cette vieille histoire de la Maison-Romaine, la Saltarella, si tu voulais dire ce que tu sais!

— Moi?... je... ne sais rien. As-tu oublié que je n'étais pas avec la bande au moment de l'événement?

— Oui, mais tu connaissais le coupable, cet homme au visage barbouillé de noir qui se faisait appeler le *charbonnier*... Nous le rencontrâmes à un quart de lieue de la maison et il se mêla à nous, en se recommandant de toi.

— C'était un imposteur, je ne le connaissais pas! répliqua la bohémienne d'un ton brusque; ne m'interroge plus, je ne sais rien... tais-toi si tu veux que nous restions amis! Et elle tourna le dos à son associé.

Pendant cette conversation, la carriole avançait toujours vers cette gorge brisée qui se creusait dans le flanc de la montagne; mais, malgré les efforts du conducteur, le pas des pauvres haridelles se ralentissait de moment en moment, et il semblait de toute nécessité de les laisser souffler un peu. Leur maître, avant de prendre ce parti, posa la main sur son front pour se garantir des rayons du soleil alors à son déclin et examina de nouveau les sinuosités de la route au-dessous de lui. A un demi-quart de lieue environ, un cavalier gravissait la côte de toute la rapidité de sa monture. Biroben, ou si l'on veut le senor Bustamente, puisque tel était son nom en ce moment, fit une grimace significative, et malgré ses forfanteries, une légère pâleur se montra sur son visage.

— C'est, ma foi! le capitaine Montès lui-même! dit-il à ses compagnes.

Zerbine resta impassible, mais la Saltarella poussa un cri d'épouvante.

— Arrêtez, s'écria-t-elle; nous descendrons ici et nous nous cacherons facilement dans ces bois... je n'oserai jamais soutenir sa présence.

— Ah çà! la Saltarella, dit Biroben, il est donc bien terrible!... Mais au fait il est bon de prendre quelques précautions.

Il alla chercher dans un coffre de la voiture une vieille escopette de contrebandier.

— Viens, viens, ma fille, s'écriait toujours la gitana; sauvons-nous, il nous tuera!

— Je veux rester, moi, dit Zerbine d'un ton résolu; je ne le crains pas...

— Que vous le vouliez ou non, murmura le charlatan, il n'est plus temps de l'éviter, car le voici!

En effet, la proximité des voyageurs avait donné à Montès une ardeur nouvelle. Il éperonnait sans relâche son cheval déjà épuisé de fatigue, et il les atteignit à l'entrée du défilé.

Au bruit de son approche, la bohémienne serra sa fille contre sa poitrine et se blottit avec elle au fond de la voiture. Montès plaça son cheval en travers de la route et força les deux pauvres haridelles de s'arrêter. Puis, jetant un regard de dédain sur Biroben :

— C'est donc toi, vaurien? lui dit-il, je m'en doutais k...

— Il m'a reconnu! s'écria le bohémien stupéfait en portant la main à ses fausses moustaches qu'il venait de replacer.

— Pensais-tu donc que des méchans crins noirs, posés sous ton nez, suffiraient à rendre méconnaissable ta figure de coquin?... Allons, cache ton fusil rouillé, poltron... ce n'est pas à toi que j'en veux.

Il alla droit à terre et s'avança vers la voiture où la Saltarella poussait des cris perçants.

— Paix! paix! sottes et ingrates créatures, dit-il durement; croyez-vous que notre position n'est pas assez périlleuse pour appeler ainsi les passans?... Ah! vous avez voulu rentrer en France, malgré mes ordres? il pourra vous en cuire avant peu!

Biroben lui-même parut effrayé de ce ton d'assurance.

— Dites donc, senor Montès, demanda-t-il, est-ce que nous courons quelque danger?

— Comment! vous avez eu l'imprudence de vous montrer dans la ville de Foix, et vous vous imaginez que vous n'avez pas été remarqués, reconnus et que vous n'allez pas être poursuivis?

— Diable! s'il en était ainsi... Je me croyais pourtant si bien déguisé!

— Eh! n'y aurait-il pas assez de cet âne galeux dont tu te fais suivre partout pour te trahir? Et puis cette petite niaise qui va crier en pleine rue le nom de la Saltarella! Avez-vous donc perdu la raison ou avez-vous oublié vos anciens comptes avec la justice?

— Mais du moins, balbutia Biroben, personne là bas ne sait où nous sommes?

— Personne! excepté ce bavard d'aubergiste qui va conter à toute la ville l'aventure de Zerbine... excepté l'ingénieur Norbert, qui, tu le sais, Biroben, aime tous les gitanos en général et la Saltarella et toi en particulier.

— Miséricorde! ce jeune enragé va mettre à nos trousses une légion de gendarmes et nous serons happés en un clin d'œil.

— Eh bien, soit, dit la Saltarella d'une voix gémissante, qu'on nous arrête, du moins on ne me séparera pas de ma fille.

— *Demonio!* ne le croyez pas, dit Zerbine avec dédain *il* ment encore, car *il* ment toujours... c'est sa manière; *il* espère nous faire peur.

Villaréal fronça le sourcil.

— Dites donc, senor capitaine, reprit le bohémien en se grattant l'oreille, vous voudriez, n'est-ce pas, nous savoir en Espagne, la Saltarella et moi? Eh bien, laissez-nous passer et nous allons regagner bien vite la frontière. Quant à la petite, je ne la retiens pas ; c'est elle qui a voulu nous suivre, et si elle consent à retourner avec vous...

— Non, dit Zerbine sèchement.

— La frontière! répéta Montès ; ignorez-vous qu'en ce moment les passages sont occupés par des populations armées, par des troupes régulières françaises ou espagnoles ? On vous arrêtera, et qui sait si vous ne serez pas fusillés comme espions, dans le cas où vous ne seriez pas livrés à la justice de l'un ou de l'autre pays ?

Cette fois le vaillant gitano perdit contenance.

— Sainte Vierge ! mon bon senor, dit-il d'un ton lamentable, qu'allons-nous devenir ? Je suis un homme ruiné... mes affaires allaient si bien ! Je vais tout perdre à la fois.

Montès parut jouir un moment de son inquiétude.

— Ecoutez, Biroben, et vous aussi, femelles entêtées, reprit-il enfin ; si j'en avais cru mon ressentiment contre vous, e vous aurais laissé courir les aventures jusqu'à ce que l'on vous fît expier vos sottises toutes à la fois... Mais j'ai intérêt à ce qu'on ne fouille pas trop dans vos affaires, entendez-vous bien ? et à cette considération seule je consens à vous préserver des suites de votre imprudence... Je vais donc vous cacher dans un refuge sûr où personne ne songera à venir vous chercher. Là vous attendrez que la frontière soit pacifiée ; dès que les chemins seront libres, je vous conduirai moi-même à la plus prochaine vallée catalane... Et alors si vous osez de nouveau mettre le pied sur le sol français, je trouverai moyen, je le jure, de vous en faire repentir !

Cette proposition fut accueillie avec défiance.

— Hum ! grommela Biroben, qu'y a-t-il encore là-dessous ?

— C'est un piége ! dit Zerbine en haussant les épaules.

— Il ne parle pas de me séparer de ma fille, pensa la Saltarella.

— Allons, c'est entendu, reprit le chevalier de Villaréal ; eh bien, maître Biroben, fais-moi l'amitié de t'éloigner un peu pendant que je causerai avec ces femmes... Tout à l'heure je te dirai ce que j'attends de toi, afin d'occuper tes loisirs d'ici à ton départ pour l'Espagne ; mais je n'aime pas à voir tes longues oreilles à portée de m'épier... Et vous, stupides créatures, descendez et venez me rendre compte de votre équipée.

— Je ne veux pas descendre, moi ! dit Zerbine.

— Reste donc, fille indomptable et opiniâtre ! répliqua Montès avec colère ; aussi bien c'est seulement à ta mère que je veux parler... Elle ne m'obligera pas, j'espère, à répéter cet ordre!

— Je vous obéirai, Montès, dit la Saltarella, et vous me châtierez si vous le voulez, mais promettez-moi de ne pas m'enlever ma fille.

— Eh ! qui parle de te châtier, qui parle de t'enlever ta fille? dit le capitaine avec impatience ; mes projets sont changés à votre égard... vous pourrez vivre et mourir ensemble, sans que je m'y oppose désormais... descends, c'est tout ce que je te demande.

La Saltarella descendit de la carriole et Montès, lui prenant le bras, l'entraîna précipitamment.

Le soleil se couchait et c'était à peine si une teinte pourprée colorait encore l'extrémité des liéges qui bordaient la route. De gros scarabées verts bourdonnaient dans la poussière du chemin. Des coqs de bruyères chantaient au haut des arbres où ils venaient prendre un gîte pour la nuit. Villaréal et la bohémienne marchaient à une quinzaine de pas environ du reste de la troupe ; ce silence et cette solitude parurent éveiller en eux d'anciens souvenirs. Comme Montès se taisait, la Saltarella lui dit avec mélancolie :

— Voilà bien longtemps, Montès, que je n'avais été si près de vous... oui, depuis le temps où j'habitais la ferme de l'honnête Giuseppe Esterle, non loin de Gonac. J'étais chargée de la laiterie de mon maître ; jamais jeune fille plus gaie et plus heureuse n'avait parcouru ces montagnes. J'avais pris les goûts paisibles des braves gens qui m'avaient recueillie depuis mon enfance. Je n'eusse peut-

être jamais quitté cette tranquille maison, si je ne vous avais rencontré... vous erriez alors pauvre et misérable dans le voisinage ; je ne vous supposais pas d'une condition supérieure à la mienne et vous sembliez fort à plaindre... je vous aimai et je désespérai d'un digne homme qui m'aimait plus que vous peut-être !

— A quoi bon rappeler ces enfantillages? interrompit Montès distraitement.

— Ces événemens me sont revenus à la mémoire en vous voyant là, près de moi, et le souvenir m'en est bien doux, quoiqu'ils aient été suivis de chagrins cruels... J'étais enceinte; mon maître, jusque là si généreux, me chassa sans pitié ; il me fallut me joindre à une bande de gitanos, car vous aviez disparu tout à coup, et je me croyais abandonnée. Je ne vous revis que plus tard, dans une circonstance funeste...

— Dis-moi, la Saltarella, es-tu bien sûre de n'avoir jamais parlé de tout cela devant Zerbine... devant notre fille?

— Jamais ; je me suis toujours soumise avec résignation à vos volontés... Zerbine ignore qu'elle a un père riche, noble, qui eût pu lui donner un rang élevé dans le monde!

— Est-ce ma faute si je ne l'ai pas fait ? interrompit Montès avec véhémence ; ta sauvage fille et toi, ne venez-vous pas de ruiner de fond en comble le plan le plus ingénieux que j'aie jamais conçu? A-t-il tenu à moi de transmettre à cette intraitable enfant le nom et la fortune des Villaréal ?

— Oui, oui, je l'avoue, vous vous êtes rappelé d'elle le jour où elle a été nécessaire à vos intérêts personnels; ce jour-là vous êtes venu la chercher dans cette prison où l'on nous avait jetées l'une et l'autre, parce que nous étions sans pain et sans abri; puis vous m'avez forcée à m'expatrier, afin d'exercer sur ma fille une autorité absolue. Vous avez vu aujourd'hui que vous aviez trop exigé d'elle et de moi ! Elle m'a suivie, elle ne veut plus me quitter!... Peut-être n'a-t-elle pas oublié aussi, qu'avant votre retour inattendu vers nous, j'étais seule sur la terre à la défendre et à l'aimer. Pauvre Zerbine ! Pendant son enfance, je la portais sur mon dos, dans de longues et pénibles marches; j'implorais pour elle la charité publique, quand je n'avais plus rien à lui donner. C'est ainsi, Montès, qu'il nous arriva une fois d'exciter la pitié de votre frère lui-même...

— Assez, interrompit Villaréal, d'un ton dur, je ne t'ai pas adressé de reproches, je ne veux pas en recevoir de toi... Il me suffit que ta fille ne sache rien du passé, car, je ne m'en cache pas, ce caractère audacieux m'inspire souvent d'étranges inquiétudes... Mais ce n'est pas tout, continua-t-il en attachant sur la gitana un regard perçant, n'as-tu révélé ce secret, et d'autres plus importans peut-être, à nulle personne au monde?

— Et à qui donc, bon Dieu !

— Mais... à ce coquin qui est là derrière nous, par exemple. Il est maintenant ton compagnon, ton associé, et peut-être...

— Taisez-vous, fit la Saltarella en fondant en larmes; cela n'est pas, vous le savez, cela ne peut pas être... la nécessité, la misère seules m'ont rapprochée de cet homme. Montès, parce que je suis une humble gitana qui vous a sacrifié son honneur, son existence, son bonheur et celui de son enfant, vous croyez-vous donc en droit de m'insulter?

— Il suffit, la Saltarella, reprit Montès d'un ton plus doux; tu as toujours été une bonne personne, mais je pensais... enfin n'en parlons plus. Ce Biroben connaît déjà assez mes affaires pour me donner de l'ombrage; mais j'espère qu'il ignore le principal, je me risquerai de nouveau à l'employer, car le drôle est intelligent.

— Que voulez-vous faire encore, Montès? demanda timidement la bohémienne. Vos haines ne sont-elles donc pas assouvies? Vous que j'ai connu sans asile, vivant de chasse et de contrebande sur la frontière, n'êtes-vous pas aujourd'hui possesseur de biens considérables?

— Il n'en est pas tout à fait ainsi, la Saltarella. Je ne

peux, comme je te l'ai déjà expliqué plus d'une fois, disposer de cette fortune à mon gré... La mort de l'héritière
de mon frère Fernand n'ayant jamais été prouvée, je suis
seulement usufruitier des biens ; il m'est défendu de les
aliéner ou de les vendre... Pour arriver à en disposer librement, j'avais eu l'idée de faire passer Zerbine pour ma
nièce, plan excellent qui, avec un peu de persévérance,
eût certainement réussi. Alors, j'aurais réalisé toutes les
propriétés, et nous nous serions retirés en Espagne, où
nous eussions vécu paisiblement à l'abri de toute tracas-
serie... Enfin, ne revenons pas sur le passé. Aussi bien,
je vais maintenant jouer un jeu plus sûr...

— Quel jeu, Montès? Aurez-vous assez de confiance
en moi pour me révéler vos projets?

— Pourquoi non, la Saltarella? Cette fois, ils sont fort
honorables, et on peut les avouer. Je vais reconnaître
authentiquement ma véritable nièce.

— Serait-il possible, Montès? Voudriez-vous enfin réparer vos torts envers cette pauvre enfant?... Oh ! ce serait une bonne pensée, et peut-être effacerait-elle bien
des fautes !

— Doucement, vertueuse Saltarella ! comme vous y allez, ma chère ! Je reconnaîtrai cette jeune fille pour ma
nièce, comprenez bien ; mais c'est avec la certitude que
bientôt, à mon tour, je deviendrai son héritier.

— Quoi ! Montès, demanda la bohémienne en frissonnant,
oseriez-vous tenter encore...

— Non, non, c'était une mauvaise combinaison, car, elle
ne remédiait immédiatement à rien ; j'y ai renoncé... Les
chances aujourd'hui sont bien plus favorables. Une certaine
décision d'un brave médecin vient de m'inspirer les plus
flatteuses espérances... Dans un mois d'ici, je serai maître absolu de toute la fortune.

— Et votre nièce, Montès?

— Elle sera morte ou folle...

— Mais si vous n'avez pas l'intention de... de lui faire
du mal.

— Bah ! tu n'entends rien à ces sortes d'affaires... Un
dernier mot seulement... Si je suis forcé d'employer Biroben dans l'exécution de mes plans, le crois-tu capable de
me trahir?

— Soyez en garde contre lui.

— Tu m'affirmes cependant qu'il ne sait rien?

— Rien, Montès, rien que ce qu'il a vu... et c'est déjà
trop peut-être !

— Si j'avais à choisir, ce n'est pas lui que je prendrais ;
car, à la fin, il pourrait devenir dangereux. Mais sa position
toute particulière dans les événemens où nous sommes mêlés l'un et l'autre, est pour moi un gage de sécurité... Je
vais le tâter adroitement... Toi, la Saltarella, reprends ta
place dans la voiture auprès de la fille, et ayez l'une et
l'autre l'esprit en repos ; on vous laissera vivre à votre
guise, pourvu que vous me laissiez agir à la mienne.

La Saltarella obéit avec sa docilité ordinaire et elle remonta dans la carriole où Zerbine s'était endormie, pendant cette conversation. Le capitaine rejoignit Biroben, qui
sifflotait sournoisement en conduisant les chevaux.

— Eh bien ! senor Bustamente, lui dit-il d'un ton familier et railleur, nous sommes donc destinés à nous jouer
mutuellement de mauvais tours? Tu n'as pourtant pas trop
à te plaindre de la manière dont se termina l'aventure
du Montcalm ; je coupai prestement la corde, et Oliba, le
valet de l'aubergiste, ne s'aperçut de rien.

— Oui, mais vous me fîtes ronfler une balle aux oreilles, répliqua le bohémien d'un air de rancune ; et d'ailleurs, vous m'aviez accusé d'un tas d'horreurs, si bien
que le jeune M. Norbert et les toys voulaient m'assom-
mer... Si encore vous m'aviez prévenu ! Mais il m'a fallu
supporter sans savoir pourquoi es injures et les coups...

— Et toi, n'as-tu pas essayé de me mettre dans l'embarras en racontant l'histoire à ta manière ? Ton premier
tort avait été de te laisser prendre... Cependant, je l'avoue,
Biroben, Jeandot, Bustamente ou quel que soit ton nom

actuel, j'ai des torts envers toi et je veux franchement
les réparer.

Le gitano le regarda en dessous.

— Oui, continua Montès, si j'ai bonne mémoire, on te
força à me restituer certains quadruples dont je te dois
compte... En voici déjà quelques-uns pour diminuer d'autant cette dette sacrée.

Il tira de sa poche plusieurs pièces d'or qu'il présenta au
bohémien. Celui-ci les tourna et les retourna dans sa
main ; ses yeux brillèrent de plaisir.

— Et c'est de bon or d'Espagne ? reprit-il avec transport ; là ! ça, maître, c'est fièrement bien de votre part !
vous êtes ce qui s'appelle un homme d'honneur et de parole... Eh bien ! vrai, j'ai du regret de vous avoir joué
des farces aujourd'hui !

— Je te donne seulement je sais un acompte, tu recevras le sur-
plus quand nous serons dans un lieu plus convenable...
Mais ceci n'est rien encore auprès de la récompense que
tu obtiendras de moi, si tu remplis à ma satisfaction une
commission dont je veux te charger.

— Du diable si je sais ce que je peux désirer maintenant !
Regardez-moi cette carriole, comme c'est cossu, comme
c'est bien suspendu !... Et puis ce petit mulet qui tire avec
mon âne ; quel vaillant attelage ça fait?... Quand j'étais
maquignon, je n'avais pas beaucoup de plus belles bêtes
dans mon écurie... et tout cela est à moi, payé de mon argent ! De plus j'ai acheté d'un hidalgo de la vallée d'Arrans
la recette du véritable baume de Tombouctou, guéris-
sant trois cent cinquante-deux espèces de maladie ; puis
des certificats superbes où il y a des signatures de reines
et d'empereurs, des cachets de plomb, larges comme la
main... Avec cela et mon superbe costume de général qui,
vous le voyez, n'est pas trop avarié (et le bohémien promena sur sa personne un regard de complaisance), ma
fortune est sûre... Les gens des villes et des campagnes me
jetteront leurs écus à la tête !

— Tu crois cela ? répliqua Montès d'un air de mépris et
de pitié ; tu espères éblouir les badauds avec ton ignoble
charrette traînée par deux rosses étiques, avec ta casaque
éraillée et frippée? On se moquera de toi, malgré ton baume et tes certificats d'impératrices... Il te faut mieux que
ça, senor Bustamente; que dirais-tu, par exemple, d'une
superbe calèche, supérieurement peinte et dorée comme
une châsse de saint, traînée par deux beaux chevaux
noirs de race andalouse, et pour toi d'un uniforme de
tambour-major de l'ex-garde impériale, tellement couvert de broderies d'or de la tête aux pieds, que tu aurais
à peine la force de le porter?

— Pourvu qu'il me laissât seulement la langue libre, s'é-
cria le bohémien avec enthousiasme, dans moins de trois
mois je serais assez riche pour acheter le quart de l'empire français !

— Eh bien ! tu auras tout cela si tu consens à me servir.

Le gitano s'écarquilla les yeux, comme s'il n'eût pu
croire cette offre sérieuse ; mais aussitôt son visage se
rembrunit.

— Vous allez encore me proposer quelque sale besogne, dit-il avec humeur ; mais adressez-vous à un autre,
ce n'est pas ma partie... J'ai été trop tourmenté au sujet
d'affaires dans lesquelles je n'étais pour rien ; que serait-
ce donc si j'allais me fourrer tout de bon dans le bour-
bier ?

— Tu veux te faire marchander, avec tes scrupules,
dit Montès sans s'offenser de la supposition de Biroben ;
mais, je donne ma parole, ta mission ne pourra t'oc-
casionner aucun désagrément sérieux.

— S'il en est ainsi..... Voyons, qu'attendez-vous de
moi ?

— C'est toujours pour la même affaire... Il s'agit encore
de la femme sauvage.

— Elle n'est donc pas morte d'un certain coup de carabine?...

— Elle vit ; elle est à Foix, dans un couvent.

— Vraiment! On l'a donc apprivoisée?

— Il faut trouver moyen de la tirer de là et de me l'amener dans un endroit que je te désignerai.

— Mais... vous ne lui ferez pas de mal?

— Non, encore une fois... du moins comme tu l'entends.

— Fort bien, mais la chose ne me semble pas facile. D'abord, d'après votre propre aveu, je ne peux me montrer dans la ville, sans risquer d'être reconnu?

— Tu sais si bien te déguiser! Tu prendras une perruque, tu te teindras le visage...

— Il suffit, c'est mon métier... Mais comment entrer dans ce couvent? Il doit y avoir là de hautes murailles, des grilles de fer?

— Je te fournirai les indications nécessaires... J'ai fait des observations minutieuses ; rien de plus aisé que de pénétrer à Sainte-Marie.

— Sainte-Marie? répéta Biroben avec vivacité ; n'est-ce pas cette maison religieuse qui est bâtie près de la rivière?

— Précisément.

— Alors ne vous inquiétez plus de quelle manière j'entrerai, dit le bohémien d'un ton d'assurance ; cela me regarde.

— Comment?

— J'ai des connaissances dans la maison.

— Toi?

— Oui ; une gitana de mon ancienne bande est religieuse à Sainte-Marie; on dit même qu'elle est un modèle de piété.

— A merveille ; mais ton ancienne compagne ne voudra pas t'écouter.

— J'ai des moyens de lui faire ouvrir les oreilles. Elle a beau être bigotte, elle nous aidera, je vous le promets. Ainsi donc, senor capitaine, tout est convenu : vous me remettrez les chevaux, la voiture, l'habit brodé d'or, quand je vous aurai livré la jeune sauvage?

— Oui, oui, tu ne te plaindras pas de moi. Maintenant il s'agit de nous concerter pour arriver sûrement au succès...

— C'est juste, il nous faut le temps de prendre nos mesures... Mais, parbleu! monsieur, demanda Biroben en s'arrêtant, nous marchons toujours et vous n'avez pas dit encore où nous allions !

La petite caravane était arrivée, en effet, à l'extrémité du défilé. La route se bifurquait en cet endroit ; un embranchement se dirigeait en serpentant vers un vallon qui séparait la montagne de la chaîne centrale des Pyrénées ; l'autre, suivant les corniches, se perdait sur la gauche dans de vastes forêts.

— Par ici, dit Villaréal en désignant la gauche.

— Mais, encore une fois, où allons-nous?

— Dans cet asile sûr que je vous ai promis.

La Saltarella se pencha hors de la carriole.

— Montès, dit-elle avec trouble, vous oseriez...

Un signe énergique lui ferma la bouche.

— Décidément, reprit Biroben d'un air de soupçon, je veux savoir où conduit cette route?

— Eh bien! dit Montès brusquement, elle mène à une de mes propriétés... à la Maison-Romaine !... l'habitation est inoccupée depuis longtemps et ses environs sont tout-à-fait solitaires; là seulement vous n'aurez plus à craindre d'être reconnus !

Et il piqua son cheval.

— La Maison-Romaine, grommela le bohémien avec une grimace, j'aurais mieux aimé tout autre gîte... Celui-là porte malheur !

XVI

LA FUITE.

Les deux Norbert, pleins de confiance dans les bonnes intentions du chevalier de Villaréal, attendaient à Foix le résultat de ses promesses. Cependant une semaine s'écoula sans nouvelles de lui. Le huitième jour seulement une lettre arriva écrite à la hâte et datée d'une ville voisine. Montès annonçait en termes vagues que ses démarches au sujet de la Saltarella n'avaient pas eu encore un succès complet. « Je ne suis pas moins décidé, ajoutait-il, à reconnaître l'intéressante pensionnaire de Sainte-Marie pour ma nièce, lors même que je ne parviendrais pas à obtenir la rétractation de la bohémienne ; cependant on ne saurait réunir trop de preuve pour prévenir des difficultés dans l'avenir. Un acte de cette importance doit être inattaquable. Je vais donc pour suivre ma mission avec constance.»

Il terminait en priant l'oncle et le neveu de veiller toujours sur sa chère Antonia, et il exprimait l'espoir que les longues souffrances de la pauvre enfant ne tarderaient pas à trouver leur fin.

Cette lettre qui, nous devons le dire, avait uniquement pour but de gagner du temps, n'éveilla aucun soupçon dans l'esprit des protecteurs de la jeune fille. Valentin même se répandit en éloges sur le zèle infatigable de Montès dans toute cette affaire.

— Tu es fort disposé à la bienveillance pour lui, dit le curé en souriant malicieusement, depuis qu'il t'a fait entrevoir certains projets... Prends garde, mon ami, que tes jugements ne se ressentent trop de tes impressions du moment. Cependant, j'en conviens, les scrupules du chevalier de Villaréal sont fondés. Il ne doit pas y avoir d'obscurité dans les droits de notre protégée, et il est bon de réunir tous les documens capables de les rendre incontestables. J'approuve donc que, malgré les difficultés, le chevalier désire continuer ses actives recherches...

— Eh bien, mon oncle, s'il ne réussit pas, pourquoi de notre côté n'essaierions-nous pas de recueillir aussi des preuves et de simplifier sa tâche ? Avez-vous donc oublié déjà nos soupçons au sujet du pâtre Giuseppe ? Une circonstance importante vient encore de se présenter à ma mémoire... Le vieux montagnard, pendant mon séjour sur le Montcalm, me parla avec émotion d'une bohémienne qui était restée longtemps dans sa ferme et qu'il avait voulu épouser. Ne pourrait-il avoir conservé quelques rapports avec cette femme ? Ne pourrait-il avoir eu par elle connaissance des événemens auxquels il semblait faire allusion ? Dans ce cas, il nous fournirait sans doute des renseignemens précieux sur la Saltarella et sur sa compagne.

— En effet, Valentin, j'avais oublié Giuseppe ou plutôt je ne croyais plus son témoignage aussi nécessaire. Mais tu as raison; peut-être que de ce côté obtiendrons-nous des révélations qui accéléreront la marche des choses... Eh bien ! je verrai ce vieillard; et par prières ou par menaces, je lui arracherai des aveux complets... Je partirai demain.

— Pourquoi pas moi, mon oncle? le voyage sera fatigant ; il faudra probablement aller chercher Giuseppe sur le Montcalm ; c'est moi qui dois partir...

— Parles-tu franchement, Valentin? quitterais-tu, sans un mortel regret, la pauvre Antonia toujours si souffrante? D'ailleurs, rassure-toi; Giuseppe est trop vieux maintenant pour passer toute une saison sur les montagues; je le trouverai certainement établi dans sa petite maison de Suc... Enfin, s'il faut te le dire, tu es trop vif, trop impétueux pour l'entendre avec ce vieillard fantasque. Je réussirai mieux à lui imposer, à obtenir de lui des confidences; mon âge et mon habit auront sur lui une autorité à laquelle il ne pourra résister.

Il fut convenu entre eux qu'ils se tiendraient mutuellement au courant des événemens qui pourraient survenir; et dès le lendemain l'abbé Norbert, après avoir pris congé de sa protégée, partit pour le village de Suc.

L'état inquiétant d'Antonia expliquait suffisamment la nécessité pour Valentin de ne pas quitter Foix. La jeune fille, depuis la scène violente que nous avons racontée, n'avait pu se remettre complètement; elle était tombée dans une noire mélancolie. Norbert passait près d'elle tous les momens que les convenances permettaient de lui consacrer; mais il n'était pas parvenu à lui arracher le secret de ses préoccupations. Obligé de mettre la plus grande réserve dans ses questions, de peur de réveiller des souvenirs qui auraient eu des conséquences si graves pour elle, il n'obtenait que des réponses vagues, incohérentes, dont il était impossible de tirer rien de précis.

Huit jours s'écoulèrent encore; le jeune fonctionnaire ne recevait de lettres ni de Villaréal ni de l'abbé Norbert. Antonia n'éprouvait non plus aucune amélioration dans sa santé, malgré les soins empressés dont elle était l'objet au couvent de Sainte-Marie. On s'efforçait continuellement d'augmenter son bien-être, de l'égayer. Le pavillon du jardin avait été affecté particulièrement à son usage. L'isolement de ce bâtiment, la tranquillité qui régnait à l'entour, le voisinage de la rivière et de la campagne, ce vaste horizon qu'on y découvrait, semblaient convenir à son humeur sombre et à ses habitudes solitaires. Là du moins elle pouvait se livrer à ses rêveries, respirer l'air parfumé des montagnes. Une sœur converse lui avait été donnée pour la servir et veiller sur elle dans sa retraite; mais, sauf cette gêne légère, elle devait retrouver là le calme absolu de son ancien ermitage du Puits-d'Enfer.

Un soir, Valentin et Antonia étaient assis sur la terrasse. L'obscurité commençait à s'épaissir sous le feuillage touffu des tilleuls; des vapeurs lourdes se traînaient dans le ciel; l'air était tiède et chargé d'électricité; un orage s'annonçait pour la nuit. La jeune sauvage, comme toutes les natures nerveuses était éminemment sensible aux variations atmosphériques; aussi paraissait-elle plus languissante et plus abattue encore que de coutume. Cette morne tristesse avait gagné le jeune fonctionnaire lui-même; tous les deux gardaient le silence depuis un moment. Par intervalles, une ombre noire passait et repassait sous les arbres: c'était la religieuse chargée de la surveillance d'Antonia qui se promenait en récitant son chapelet.

— Marie, dit enfin Valentin en saisissant la main brûlante de la jeune fille, chère et douce Marie, au nom du ciel! ne vous cachez plus de moi... Dites-moi la cause de cette douleur secrète qui vous mine et vous tue?

Antonia releva la tête et sourit avec effort.

— Eh bien, je vous dirai la vérité, Valentin, à vous seul... Mais promettez-moi de ne pas me gronder!

— Vous gronder, Marie! Quelle faute pourriez-vous commettre que mon cœur ne fût prêt d'avance à excuser?

— C'est que je suis coupable d'une grande faute, Valentin... je vous ai trompé, j'ai trompé ceux qui m'aiment en assurant que je ne regrettais rien du passé.

— Quoi! il serait possible...

— Oui, Valentin; ne me blâmez pas, car c'est un sentiment plus fort que moi. Quand je songe à mes courses vagabondes sur la montagne, quand je me représente ma grotte du Puits-d'Enfer, ma forêt de sapins, mon glacier étincelant au soleil, quand je revois toutes les images riantes de ma vie sauvage, je sens mon cœur se serrer et je pleure... je pleure, comme maintenant, sans pouvoir retenir mes larmes.

Et les larmes en effet jaillirent avec abondance de ses yeux.

— Oh! j'avais soupçonné ce malheur! dit Valentin en soupirant. Mais avez-vous réfléchi que ces regrets sont de l'ingratitude envers tous vos amis, surtout envers moi?

— Je ne suis pas ingrate envers vous, Valentin! Oh! ne dites pas cela... car cela est faux, j'en prends Dieu à témoin; cela n'est pas.

— Et cependant vous regrettez de m'avoir connu?...

— Oh! non, non, pas vous, Valentin; mais ce monde où vous m'avez fait entrer; ce monde dont les goûts, les idées, les usages, me heurtent et me blessent à chaque pas. Oh! j'étais plus heureuse là-bas sur le Montcalm... L'hiver, enfoncée dans ma grotte, sur mon lit de mousses, je bravais la tempête rugissant au dehors. L'été, j'allais cueillir les haies et les prunelles sauvages sur les buissons, je plongeais dans le gave pour pêcher les truites agiles. Au printemps, j'écoutais chanter les oiseaux dans les liéges et les mélèzes... Chaque saison avait pour moi ses plaisir et ses joies... Quand j'avais pourvu aux besoins du moment ou de la journée, j'étais libre comme ces beaux isards qui bondissaient autour de moi sur la verdure et que ma présence n'effrayait plus. Je jouissais en paix du ciel bleu, de l'air pur, du parfum des fleurs, des splendeurs de la terre et du ciel.

Valentin l'écoutait d'un air de profonde pitié.

— Chère Marie, dit-il avec attendrissement, vous ne comprenez pas, je le vois, dans quelle société où vous devez vivre désormais, puisque vous pouvez trouver encore des douceurs dans cette affreuse existence! Réfléchissez, de grâce... N'était-ce rien que de ne pas connaître vos semblables et de ne pas être connue d'eux, de ne pas être aimée et de haïr, d'ignorer jusqu'à Dieu?

— Je ne haïssais pas mes semblables, Valentin, malgré la frayeur qu'ils m'inspiraient, et je trouvais un plaisir inexprimable à voir des êtres de mon espèce quand je pouvais le faire avec sécurité... Une fois je m'approchai d'un village situé au pied du Montcalm. Cachée dans le bois, j'aperçus un petit enfant qui jouait seul devant la porte de sa maison. Je ne saurais vous peindre la joie que j'éprouvais à suivre ses mouvemens, à observer ses jeux. Je riais, je pleurais derrière le feuillage; j'aurais voulu m'approcher de ce joli enfant, le toucher, entendre sa voix, mais mon invincible timidité me retenait. J'avais cueilli une belle poire dans un verger voisin; sans me découvrir, je la lançai aux pieds du petit montagnard. Etonné, il regarda autour de lui, puis il s'approcha du fruit, le ramassa, et y porta ses lèvres en souriant au ciel, qu'il remerciait sans doute de ce présent. Alors ma joie se vint de délire, je frappai des mains et je poussai des cris étranges. Ce bruit effraya l'enfant; il rentra dans la maison, je ne le vis plus... Je regagnai tristement ma grotte et je sanglotais parce que je ne voyais plus ce cher petit enfant.

Valentin n'osait interrompre ces naïfs souvenirs. Antonia resta un moment rêveuse.

— Vous m'accusez encore d'avoir méconnu le grand Dieu du ciel, reprit-elle; vous vous êtes trompé... Je ne savais pas son nom, et je ne savais pas le prier, comme les bonnes religieuses qui sont ici, mais il s'était révélé à mon cœur, et je l'aimais sans le définir. Dans mes souffrances, dans mes angoisses, je l'implorais sans lui parler; c'était à lui que s'adressaient mes larmes quand je pleurais sans motifs, mes rires quand mon âme était inondée de joie; ces rires et ces larmes étaient mes actions de grâces et mes prières. Pendant longtemps, j'avais conservé l'habitude de faire à certains momens le signe de la croix. Cette habitude s'altéra peu à peu; le mouvement devint machinal, irréfléchi. Néanmoins, lorsque, frappée d'admiration par le spectacle de la nature, ou effrayée à l'approche d'un danger, je voulais me mettre en rapport avec l'être puissant qui gouverne tout, je portais encore la main à mon front, et je regardais en haut!

Pendant cette conversation, le crépuscule était devenu de plus en plus sombre. Quelques éclairs lointains illuminaient les vapeurs qui se mouvaient pesamment dans l'atmosphère. La religieuse s'approcha des deux jeunes gens.

— Mademoiselle, dit-elle d'un ton mielleux, il est nuit, et madame la supérieure nous grondera fort si vous tardez davantage à rentrer... D'ailleurs, ajouta-t-elle en se tournant vers Valentin, les statuts de notre sainte maison ne permettent pas à un étranger de rester ici après le coucher du soleil.

— Oh! encore un instant, sœur Ursule, dit Norbert d'un ton suppliant; mademoiselle n'est pas rigoureusement astreinte à la règle, et j'ai encore bien des choses à lui dire... Je ne peux la laisser dans la fâcheuse disposition d'esprit où je la vois. Je vous excuserai, s'il le faut, auprès de madame la supérieure.

La religieuse allait insister peut-être, quand une voix forte qui chantait une chanson catalane, se fit entendre sur la rivière, au pied des murs de la terrasse. Valentin jeta un regard rapide dans cette direction. Un homme, ayant l'apparence d'un pêcheur, était assis dans un petit bateau à quelque distance. L'obscurité empêchait de voir ses traits; d'ailleurs il était accroupi de manière à les cacher.

Ce chant parut produire une certaine impression sur la sœur Ursule. Elle recommanda en balbutiant aux je unes gens de se hâter et elle s'éloigna comme pour reprendre sa promenade. Mais en réalité, quand l'ombre épaisse des tilleuls put cacher ses mouvemens, elle s'approcha furtivement du parapet et échangea quelques mots avec le batelier.

Ni Valentin ni Antonia ne remarquèrent cette circonstance; et l'eussent-ils remarquée, elle n'eût aucunement excité leurs soupçons. Antonia disait d'un ton d'amertune à son jeune proteur :

— Vous avez entendu la sœur Ursule ; elle est bonne cependant et je lui dois bien de la reconnaissance pour ses complaisances, pour ses instructions, pour ses conseils; eh bien, il a fallu la supplier pour qu'elle nous permît de respirer encore l'air vivifiant du soir, au lieu de nous enfermer dans ces maisons étroites où l'on suffoque... Toute l'existence sociale est ainsi faite, Valentin ; on néglige les dons de Dieu, pour se soumettre à une gêne perpétuelle, à des lois tyranniques dont la sagesse échappe parfois...

— Le monde n'est pas astreint à des règles aussi rigoureuses que ce couvent, ma chère Marie, dit Norbert avec un sourire ; cette servitude dont vous vous plaignez n'existe plus hors de l'enceinte de ces murailles...

— Le croyez-vous réellement, Valentin? demanda Antonia en appuyant son front sur sa main ; on m'a dit au contraire qu'une jeune fille faible et ignorante comme moi était soumise à une foule de devoirs dans le monde ; qu'elle ne pouvait faire un pas, prononcer un mot sans éveiller la malignité; qu'on l'entourait de piéges, qu'on s'efforçait sans cesse de la tromper, et que si elle péchait par simplicité ou par présomption, on était sans pitié pour elle...

— On vous a exagéré les dangers, Marie, quoique, et j'avoue, dans l'état actuel de nos mœurs, la position d'une jeune fille sans famille soit particulièrement difficile... Mais, ajouta Valentin plus bas, qui vous dit, ma chère Marie, que vous n'êtes pas à la veille de posséder les avantages qui sont les premières conditions de bonheur dans la société?... Je ne voudrais pas toucher trop certaines cordes douloureuses... Mais pourquoi vous cacher que dans quelques jours peut-être, votre famille...

— Ne parlez pas de cela, dit Antonia en frissonnant, ne me rappelez pas d'horribles souvenirs, si vous voulez que je conserve ma raison !

— Laissons donc ce sujet, reprit Valentin en soupirant; mais ignorez-vous, Marie, comment à défaut de parens, une jeune fille telle que vous peut s'assurer un protecteur? Elle peut, par exemple, devenir la compagne d'un homme qui l'aime...

— Je sais cela, répliqua la pensionnaire en rougissant, et cette association bénie de Dieu s'appelle le mariage... Mais ce bonheur n'est pas fait pour moi !

— Et pourquoi donc, chère Marie?

— Qui voudrait unir son sort au mien?... Je n'oublie pas quelle immense différence subsiste entre moi et les autres femmes !...

— Certainement ces idées ne sont pas de vous, Marie ; vous êtes dupe de quelque insinuation mal comprise, de quelque délicatesse exagérée... Je saurai quel est le démon cruel ou plutôt le conseiller maladroit qui se plaît à vous peindre la société sous ses plus noires couleurs, à jeter le voile de la misanthropie sur votre âme douce et bienveillante... Marie, malgré votre angélique candeur, n'avez-vous pas deviné qu'il est un homme qui, dans toutes les circonstances où vous pourriez vous trouver placée, serait heureux et fier d'unir son sort au vôtre?

— Et cet homme, c'est vous, Valentin? dit la jeune fille avec enthousiasme. Oh ! je le sais, vous êtes plein de dévoûment et vous me sacrifieriez toutes les lois, toutes les prescriptions de ce monde tyrannique... Mais moi, à mon tour, je ne devrais pas accepter ce sacrifice dont vous vous repentiriez plus tard.

— Il est donc vrai! s'écria Norbert, on a faussé sa raison en voulant peut-être l'éclairer... Marie, continua-t-il avec chaleur je vous ai aimée dès votre première enfance, alors que j'étais comblé des bienfaits de votre famille... vous craignez de revenir sur cette époque éloignée ; mais plus tard, bientôt sans doute, vous me comprendrez... Cette affection prit une nouvelle forme quand je vous retrouvai si malheureuse et si touchante sur le Montcalm... et aujourd'hui, en vous voyant ornée de tous les dons précieux, de toutes les grâces de la femme civilisée, en même temps que vous avez conservé les bons et généreux instincts de votre nature primitive, vous êtes à mes yeux l'idéal de la perfection humaine... Marie, si vous consentiez à être ma compagne, je vous devrais le bonheur de ma vie!

— Cela est-il bien vrai, Valentin?

— J'en atteste Dieu, qui nous entend !

Antonia se leva une exaltation singulière brillait dans ses yeux. Elle posa une de ses mains sur l'épaule de Norbert et elle étendit l'autre vers la campagne.

— Eh bien, partons, dit-elle.

— Où irons-nous, Marie?

— Au Montcalm ou dans quelque solitude plus profonde encore... Je connais des retraites impénétrables; je vous conduirai... Nous nous cacherons et nous vivrons heureux... Là on ne pourra nous poursuivre, vous faire entendre des reproches, ne tardons pas davantage, partons...

Elle avait retrouvé cette farouche énergie, cette impétuosité qui la caractérisaient à une autre époque. Valentin resta immobile.

— Pauvre enfant! murmura-t-il, vous ne savez même pas combien ce projet est insensé.

— Et pourquoi cela, Valentin? reprit-elle avec confusion en se rasseyant ; n'ai-je pas vu dans ces histoires de saints que me font lire les bonnes sœurs, comment des ermites se retiraient ainsi dans le désert pour fuir le siècle et se livrer librement à la contemplation de Dieu?...

Valentin n'essaya pas davantage de faire sentir à Antonia l'absurdité de sa proposition ; il aima mieux avoir l'air de caresser les chimériques espérances de cette âme si cruellement blessée.

— C'est là un parti extrême, dit-il doucement, et il ne faut pas se hâter de l'exécuter... Votre sort va changer bientôt; qui sait si vos idées ne changeront pas avec lui? Encore un peu de patience ; songez que notre fuite affligerait profondément le vénérable abbé Norbert, qui nous aime tant l'un et l'autre... C'est de vous, de vos intérêts qu'il s'occupe en ce moment; ne serait-ce pas une lâcheté de profiter de son absence pour l'abandonner?

— En effet, Valentin, reprit la jeune fille avec accablement, je sais tout ce que je dois à votre digne oncle et à vous; aussi ai-je pensé à mettre enfin un terme à ces sacrifices si longs, si pénibles, si constans...

— Marie! Marie! interrompit Valentin avec force, j'exige que vous m'appreniez qui a pu vous présenter la conduite de mon oncle et la mienne sous un pareil jour... je vous adjure de me dire la vérité; il est une personne ici à qui vous avez accordé votre confiance, à qui vous avez demandé des avis; faites-la-moi connaître. Je veux savoir...

La jeune fille ouvrait déjà la bouche pour répondre, quand Ursule reparut brusquement.

— Mademoiselle, dit-elle avec aigreur, il m'est impossible d'attendre davantage..... la nuit est close et l'orage imminent... Monsieur Norbert ne voudra pas m'obliger à aller prévenir madame la supérieure de sa présence ici; il devrait depuis longtemps déjà avoir quitté le couvent, et mon indulgence m'attirera peut-être une réprimande.

Valentin se leva à regret.

— Je vais partir, répondit-il: nous reprendrons demain cette conversation... Marie, je veux connaître à tout prix la conseillère inexpérimentée qui vous instruit si mal des choses de la vie... En attendant, promettez-moi d'être calme; promettez-moi surtout de ne plus vous abandonner à ces idées funestes qui vous présentent la solitude et ses horreurs comme votre seul refuge, votre seul espoir.

— J'essaierai de les chasser, Valentin, mais parfois ma raison fléchit, et alors...

— Monsieur Norbert! dit la religieuse presque avec menace.

— A demain donc, murmura Valentin en pressant la main de la jeune fille contre ses lèvres.

Et il s'éloigna entraîné plutôt que conduit par sœur Ursule. Deux ou trois fois il se retourna pour voir encore la pensionnaire, dont les vêtemens blancs tranchaient dans l'obscurité; mais bientôt la porte extérieurese referma sur lui.

Sœur Ursule s'empressa de revenir vers Antonia, qu'elle trouva sombre et pensive à la même place.

— Mademoiselle, demanda-t-elle avec inquiétude, vous ne lui avez pas, j'espère, parlé de moi?

— Non, ma sœur, je me suis bien gardée de lui désigner l'amie inconnue qui a eu pitié de mon ignorance... Il se fût irrité contre vous, et son mécontentement est un grand malheur!

— C'est bien, car vous m'eussiez fait cruellement repentir de cette aveugle affection que je vous porte... En récompense de votre discrétion, apprenez que tout est prêt pour votre fuite... Cet homme, continua-t-elle en désignant le pêcheur dont le bateau était amarré au mur de la terrasse, vous conduira pendant la nuit dans les montagnes, et demain au jour vous pourrez être sur votre cher Montcalm... Peut-être fais-je mal, ajouta-t-elle d'un ton hypocrite, mais j'ai eu pitié de vos larmes, de votre désespoir... Partez donc et que ne puis-je vous suivre moi-même pour passer ma vie dans une solitude complète en m'occupant de mon salut!

La jeune fille l'écoutait d'un air embarrassé.

— Ursule, répondit-elle, je vous remercie de votre amitié; mais... je ne veux plus partir!

— Serait-il possible, mademoiselle? reprit la religieuse avec étonnement; hier, ce matin encore, ne m'avez-vous pas assuré que cette existence monotone vous était insupportable, que vous mourriez d'ennui et de chagrin dans cette maison, si je ne vous facilitais les moyens d'en sortir?

— C'est vrai, ma chère sœur; mais ici, tout à l'heure, Valentin m'exhortait à prendre patience... Je dois attendre un événement encore inconnu qui va changer mon sort... Il espère... enfin je lui ai promis d'attendre et je ne désobéirai pas à Valentin.

— Avez-vous donc oublié le résultat de nos conversations depuis huit jours? Dans l'intérêt de ce jeune homme comme dans le vôtre, il faut ne plus le voir. Ses assiduités ici sont inconvenantes; toutes sous dames s'en montrent déjà scandalisées... Quant à lui, il néglige ses devoirs pour vous, il compromet son avenir, et s'il se décidait à vous épouser, il vous entraînerait dans un abîme où vous vous perdriez tous les deux!

Antonia ne comprenait pas parfaitement les raisons d'Ursule, et c'était ce qui les rendait surtout redoutables. Elle sentait seulement que Valentin pouvait être malheureux et malheureux par elle.

— En êtes-vous sûre, ma sœur? demanda-t-elle d'une voix étouffée; aurais-je vraiment une influence aussi funeste sur la destinée de Valentin, mon premier ami, mon premier bienfaiteur? Il prétend au contraire...

— Vous m'avez demandé la vérité, mademoiselle, et je vous l'ai avouée franchement... Oui, si M. Valentin Norbert, parvenu jeune encore à un poste éminent, s'unissait à une femme sans nom, sans fortune et dont l'existence présenterait d'aussi bizarres circonstances que la vôtre, il s'exposerait à attirer sur lui un blâme universel.

— Il ne me disait pas cela tout à l'heure!... Ursule, si vous l'aviez entendu!.. il promettait de s'enfuir avec moi sur le Montcalm.

— Avez-vous pu croire à la sincérité d'une semblable promesse? M. Norbert vous a traitée comme une enfant dont on flatte les caprices lors même qu'on trouve impossible de les satisfaire... Lui! vous suivre sur le Montcalm pour mener la vie sauvage!... C'est du délire, de la folie! et si sa tendresse pour vous pouvait jamais le décider à une pareille absurdité, il deviendrait aux yeux de tous un objet de dégoût et de mépris.

— Il me suivrait, Ursule, je vous dis qu'il me suivrait! s'écria Antonia avec égarement.

Elle resta quelques instans plongée dans ses réflexions. Une lutte violente semblait s'opérer dans son âme; son sein palpitait, la sueur perlait sur son front; enfin elle se leva brusquement.

— Pardonnez-moi, ma sœur, reprit-elle; je suis une pauvre créature disgraciée, incapable de se conduire elle-même... Je ne dois pas me fier à mes propres impressions; j'aime mieux vous croire, vous si expérimentée et si compatissante... Eh bien! donc, Ursule, je m'abandonne à vous... Et puisque pour Valentin, pour moi, je ne dois pas rester ici davantage, conduisez-moi, je suis prête...

Une joie sombre se manifesta sur les traits flétris de la religieuse. Elle prit la main d'Antonia et voulut l'entraîner vers une porte dérobée qui donnait sur la rivière.

— Mais, reprit la jeune fille en s'arrêtant tremblante, s'il allait encore m'accuser d'ingratitude, me maudire...

— Vous aurez la conscience de vous être dévouée pour lui.

— Mais je ne le verrai plus!

— Vous le verrez au ciel, où se réunissent ceux qui ont été séparés sur la terre.

Si cette crédulité de l'innocente Antonia semblait invraisemblable au lecteur, nous lui ferions remarquer que la malheureuse enfant avait les idées les plus incomplètes sur la société. Etrangère à la ruse, elle était dupe de la première personne artificieuse qui se donnait la peine de la tromper.

Ursule ouvrit la porte, dont elle avait la clef; le pêcheur paraissait dormir au fond de la petite embarcation; mais au bruit qu'elles firent, il se redressa vivement.

— Est-ce toi, Rosita? demanda-t-il en catalan.

— C'est moi, répliqua la sœur converse de même.

— Et as-tu réussi?

— Je te l'amène...

L'inconnu étouffa un éclat de rire.

— Bien, bien, Rosita mia, reprit-il; tu peux être sûre maintenant que je n'irai pas conter à la supérieure ce que tu as fait de ton premier enfant, quand tu étais des nôtres... Ensuite, si un jour ou un autre tu t'ennuies d'être dévote, reviens à nous; tu trouveras encore des amis.

— Tais-toi, Biroben, dit sœur Ursule d'une voix sourde; ce que je désire, c'est de ne te revoir jamais, toi et les tiens... Je n'aurai pas assez de toute ma vie pour pleurer la faute que je commets cette nuit!

— Tu es devenue bien timorée en devenant vieille et

laide, ma chère Rosita ; mais c'est ton affaire... Ah çà, tu n'oublieras pas les précautions dont nous sommes convenus?

— Je suis plus intéressée que toi à cacher la vérité. Ne crains rien... Les confidences que la petite a faites ce soir à l'un de ses protecteurs rendront plus croyable encore le bruit que nous voulons accréditer...

Puis elle se tourna vers Antonia, qui était entrée machinalement dans la barque.

— Ayez confiance en cet homme, dit-elle en français; il vous servira de guide jusqu'à ce que vous soyez loin de la ville. Adieu, mademoiselle ; n'oubliez jamais de prier, et priez pour moi !

— Je prierai pour *lui !* dit Antonia avec solennité ; que le reste du monde n'attende de moi ni un soupir ni un regret !

Elle se cacha le visage dans ses deux mains, et la barque s'éloigna.

Ursule la suivit des yeux jusqu'à ce qu'elle eut atteint le bord opposé. Antonia et Biroben mirent pied à terre près d'un bouquet de saules. Un moment après, une mule, avec un cacolet soigneusement couvert d'une draperie, sortit du massif; le bohémien la conduisait par la bride; tout disparut bientôt dans les ténèbres de la nuit.

Alors Ursule referma la petite porte, remonta sur la terrasse, alla chercher dans le pavillon quelques effets d'Antonia qu'elle jeta dans l'eau; puis, poussant des cris déchirans, elle courut annoncer aux religieuses que la pensionnaire Marie avait trompé sa surveillance et s'était précipitée dans la rivière pour retourner à la vie sauvage.

Le lendemain matin Valentin Norbert arriva de bonne heure au couvent. Son visage était radieux et il tenait à la main une lettre qu'il venait de recevoir. On le conduisit à la supérieure, qui l'aborda avec un extrême embarras.

— Vous venez voir la pensionnaire Marie? balbutia-t-elle.

— Il n'y a plus de pensionnaire Marie, madame, dit Valentin incapable de contenir sa joie; celle à qui vous donniez ce nom s'appelle Antonia de Villaréal... Elle peut désormais avouer la noble famille dont elle est l'unique héritière. Son oncle et tuteur l'a enfin reconnue par un acte en bonne forme que voici... Je viens lui apprendre cet heureux changement.

— Quoi! s'écria la supérieure, cette fille mystérieuse aurait une grande fortune et une haute naissance? Ah! monsieur Norbert, quels reproches vous allez nous adresser ! et cependant Dieu m'est témoin...

— Qu'est-il donc arrivé, madame?

La supérieure lui apprit l'évasion de la nuit précédente. Un voile appartenant à la jeune fille avait été trouvé dans la rivière, et confirmait l'exactitude de son récit. Valentin fut plus affligé que surpris de cette nouvelle.

— J'aurais dû me douter hier, en la voyant si agitée, qu'elle ne tiendrait pas sa parole, s'écria-t-il. Mais il n'importe... on peut sans doute encore l'atteindre. J'y parviendrai ou je mourrai à la peine.

Un quart d'heure après, il était à cheval et galopait avec ardeur vers les montagnes.

XVII.

LA CONFESSION DU MEURTRIER.

Pendant cette soirée où la crédule Antonia quittait furtivement le couvent de Sainte-Marie, la Saltarella et sa fille Zerbine étaient assises dans une salle basse de la Maison-Romaine. La nuit était sombre, et l'orage qui menaçait depuis quelques heures venait d'éclater avec violence. Cette salle, inhabitée depuis longtemps, aux murailles vertes et humides, avait un aspect désolé. Les vitres des fenêtres étaient cassées en partie, et le vent, en s'engouffrant dans les ouvertures béantes, menaçait d'éteindre la chandelle de résine qui éclairait les deux bohémiennes.

La Saltarella, enveloppée dans sa mante, les bras croisés sur sa poitrine, tressaillait quand l'orage, redoublant de violence, arrachait au vieil édifice de longs et lugubres gémissemens. Peut-être alors les affreux souvenirs qui se rattachaient à la Maison-Romaine se représentaient-ils à sa mémoire, car elle regardait en frissonnant autour d'elle. Zerbine, au contraire, n'avait jamais été aussi calme et aussi gaie. Elle travaillait avec beaucoup d'ardeur à une robe de gaze, surchargée de clinquant et de fleurs artificielles. Fière de son ouvrage, elle s'interrompait de temps en temps pour l'admirer. Tout en travaillant, elle chantait; et quand le bruit de la pluie, du tonnerre et du vent cessait par intervalles, ces notes vives et folles s'élevaient seules au milieu du silence de la maison. Deux ou trois fois sa mère, obéissant peut-être à un sentiment superstitieux, ouvrit la bouche pour l'inviter à se taire ; mais soit crainte de voir sa volonté méconnue, soit tout autre motif, elle se taisait et détournait la tête.

Montès entra une lanterne à la main.

— On chante ici, dit-il d'une voix sourde et, on travaille paisiblement comme une dame châtelaine pendant une veillée !... Heureusement la tempête étouffe le bruit de la chanson et les éclairs empêchent de distinguer la lumière du dehors; car j'ai défendu de faire aucun bruit, de trahir par le moindre indice notre présence ici... Cette maison doit paraître inhabitée comme autrefois, et si j'étais en humeur de gronder... Enfin ces précautions et ces inquiétudes vont avoir leur terme. Prépare-toi, la Saltarella, à partir cette nuit même avec ta fille. Je viens de recevoir la nouvelle que les routes étaient libres enfin ; vous pourrez passer la frontière sans difficultés... Vous partirez aussitôt que Biroben sera arrivé, et s'il doit venir, il ne peut tarder maintenant.

— Montès, dit timidement la bohémienne, ne nous accorderez-vous pas jusqu'à demain ? La nuit est bien noire et l'orage va rendre les chemins impraticables!

— Plus la nuit sera noire, plus les chemins seront dangereux, moins vous aurez à craindre d'être observées et reconnues... Votre séjour ici ne saurait se prolonger davantage. Déjà des gens du voisinage ont été étonnés de voir de la fumée sortir par les cheminées de cette maison que l'on croit abandonnée. Si l'on venait à découvrir notre présence ici, on pourrait faire des supposition fâcheuses... Enfin, je le veux !

— Montès, je ne redoute rien pour moi-même, tu le sais. Mais ma fille, ma pauvre Zerbine...

— Zerbine est forte et courageuse... D'ailleurs, vous serez en cacolet, sur une bonne mule, et Biroben vous servira de guide.

— Moi, je partirai volontiers, dit la jeune fille avec insouciance, car je m'ennuie fort dans cette vieille masure où l'on ne voit personne... Mais je veux terminer ma robe... Il faudra bien que je fasse honneur à Biroben quand nous paraderons sur les places dans sa belle voiture !

Et elle continua de travailler avec ardeur.

— Montès, reprit la Saltarella après un moment de silence, ne m'aviez-vous pas promis de nous accompagner vous-même jusqu'à la frontière?

— En effet, je vous l'ai promis et je tiendrai ma promesse; mais nous ne pouvons quitte réensemble la maison... vou_ irez m'attendre à la Croix-du-Pasteur et je vous rejoindrai bientôt.

— Pourquoi ne partirions-nous pas tous ensemble, Montès? Pourquoi ce retard?...

— Paix ! interrompit Villaréal rudement ;depuis quand, la Saltarella, ai-je besoin de te rendre compte de mes projets?... Ne sais-tu pas, ajouta-t-il plus bas, que je dois voir quelqu'un ici ce soir?

— Vous devez voir... quelqu'un? demanda la bohémienne avec étonnement.

— Eh ! oui, dit Zerbine étourdiment, cette fille sauvage que Biroben est allé chercher... Demonio ! je profiterai de cette occasion pour faire connaissance avec elle. Biroben prétend qu'elle est plus belle que moi, qu'elle sait mieux chanter et danser... Oui, je la verrai, et si ce maudit charlatan s'est moqué de moi, je me vengerai !

Le visage de Montès s'était contracté.

— Biroben t'a parlé d'elle? dit-il en serrant les poings, il a osé...

— Pourquoi pas? répliqua Zerbine sans s'émouvoir.

— Le stupide coquin! reprit Villaréal avec agitation: il n'a pu garder le secret sur son importante mission, et c'est à cette enfant intraitable qu'il va faire de pareilles confidences ! Mais, patience ! Dès qu'il ne me sera plus nécessaire... Enfin n'en parlons plus, ajouta-t-il durement; rien ne peut empêcher ce que j'ai résolu, si Biroben a réussi, et il a réussi certainement... Mais il me reste bien des choses à préparer avant son arrivée.

Il prit sa lanterne et il se dirigea vers la porte. Là il s'arrêta avec hésitation, puis se retournant vers la bohémienne,

— Décidément, la Saltarella, dit-il, j'aurai besoin de toi pour m'éclairer... Suis moi.

— Où donc? demanda la mère de Zerbine en se levant.

— Dans les appartemens d'en haut.

La Saltarella fut prise d'un léger tremblement.

— Quoi ! Montès, vous auriez le courage, à cette heure, par ce terrible orage...

— Les appartemens d'en haut ! répéta Zerbine avec vivacité; Demonio! je vous accompagnerai. Depuis que je suis ici, je n'ai jeu visiter encore ces chambres qu'on dit si belles et si bien ornées.

— Non, non, ma fille, s'écria la gitana avec terreur en se plaçant devant elle, tu ne sais pas ce que tu demandes... Je te supplie...

Zerbine fronça le sourcil comme si lui arrivait à la moindre contrariété.

— Eh quoi petite, dit Montès, tu vas partir dans quelques heures et tu laisserais cette charmante robe inachevée? Ce serait dommage.

— Au fait, c'est juste, répliqua la capricieuse jeune fille, je vais attacher ma guirlande, puis je vous rejoindrai; ce sera l'affaire d'un instant.

Elle reprit son travail et sa chanson.

La Saltarella regardait Montès, ne comprenant pas cette étrange complaisance; mais tout lui fut expliqué quand Villaréal, après l'avoir poussée hors de la salle, ferma la porte derrière eux et tourna deux fois la clef dans la serrure.

— De cette façon, dit-il avec humeur, ta fille endiablée ne pourra venir nous déranger; sa présence gâterait tout.

— Elle va être furieuse quand elle s'apercevra qu'on l'a enfermée, et alors...

— Eh bien, que fera-t-elle? La porte est en chêne de trois doigts d'épaisseur, les murailles sont solides et les fenêtres munies de bons barreaux de fer. Force lui sera bien d'attendre que nous ayons terminé nos affaires... Allons, ajouta Montès d'un air brutal, laisse-moi en repos avec ta fille; j'ai bien d'autres soucis en tête. Je ne serai content que lorsque je serai débarrassé à tout jamais de cette sotte créature. Ce sera bientôt, je l'espère.

Ils montèrent lentement le large escalier de pierre qui conduisait à l'étage supérieur. Le bruit de leurs pas éveillait un écho funèbre, et la lanterne projetait sur les murailles dégradées des ombres gigantesques. La Saltarella avait peine à marcher, et des gouttes de sueur froide coulaient sur son visage. Villaréal lui-même, malgré ses efforts pour se contenir, semblait sous l'impression d'un véritable effroi. Ils s'arrêtèrent devant une grande porte à deux battans. Au-dessus de la serrure, on apercevait encore les cachets de cire rouge qui y avaient été apposés par la justice le lendemain du meurtre épouvantable que nous connaissons. Villaréal frissonna à ce souvenir, et quand il éleva la main pour ouvrir, cette main tremblait visiblement. La serrure rouillée résista longtemps; enfin Montès fit un effort désespéré, et la porte, tournant tout à coup sur ses gonds, laissa passer un courant d'air nauséabond et glacial.

Cependant la Saltarella et son guide restaient immobiles, n'osant pénétrer dans le grand salon de la Maison-Romaine.

— C'était donc là? murmura la bohémienne.

— C'était là !

Et ils restaient toujours comme cloués au seuil.

— Tu es vraiment folle ! reprit enfin Villaréal avec colère.

Il entra d'un pas saccadé, et la Saltarella le suivit. Arrivé au milieu de la pièce, Montès déposa sa lanterne sur une table; puis, portant la main à sa poitrine, où il avait caché une arme, il se décida à jeter un lent et timide regard autour de lui.

Cette salle était meublée comme au temps de ses anciens maîtres. Près de la fenêtre, un guéridon en marqueterie était placé devant un ample et moelleux fauteuil; sur ce guéridon se trouvaient encore des lambeaux de broderie commencée et les divers petits objets qui décèlent une femme. C'était en effet la place où s'asseyait jadis la belle Mme de Villaréal.

Un peu plus loin, on apercevait de petites chaises d'ébène destinées aux jeunes enfans, et un secrétaire d'acajou, aux incrustations de cuivre, sur lequel Fernand de Villaréal avait l'habitude d'écrire ses quittances de ses fermiers. Cependant, une personne instruite du terrible drame dont cette salle avait été le théâtre, eût pu encore facilement en découvrir les traces. Le secrétaire était fracturé; le tapis semblait avoir été déchiré et tordu en plusieurs endroits par un trépignement de pieds. Près d'une porte latérale, on distinguait sur la laine, représentant en brillantes couleurs des fleurs et des oiseaux, deux larges taches noirâtres : ces taches étaient du sang.

Tout cela, vu à la pâle lueur de la lanterne qui éclairait vivement certaines parties du tableau et laissait les autres dans la pénombre, avait un aspect des plus lugubres. Une grande glace à moitié dépolie reflétait tristement un rayon égaré de la lumière; mais les candélabres dorés et la pendule de Boule qui ornaient la cheminée, couverts de poussière et de vert-de-gris, n'avaient plus aucun éclat métallique. Les tentures, rongées par l'humidité, pendaient en lambeaux le long des murailles. L'orage, qui grondait toujours au dehors, ajoutait son horreur à celle de ce lieu sinistre, où l'on eût cru sentir encore une odeur de carnage; et quand un éclair, pénétrant à travers les vitres, jetait sa clarté bleuâtre et rapide dans le salon, des formes mystérieuses et menaçantes semblaient se dresser de toutes parts autour des profanateurs.

Cependant à mesure que Montès examinait ces funèbres détails, son émotion première semblait se dissiper. Peu à peu sa taille s'était redressée; une vive rougeur colorait ses joues, ses yeux brillaient.

ses joues, ses yeux brillaient. — Oui, oui, dit-il enfin avec un sourire sardonique, ce n'était que justice... ils devaient expier leur insolent bonheur... C'était justice... justice !

— Prenez garde, murmura la Saltarella en se pressant contre lui, ce n'est pas ici le lieu et l'heure de récriminer contre les malheureuses victimes...

— Si tu as peur, va-t'en... Pour moi, je n'ai pas craint les vivans; les morts ne me font pas peur.

Et il regarda de nouveau autour de lui d'un air de défi. La Saltarella n'osait plus ni parler, ni se mouvoir, ni même respirer.

— Tu ne sais pas, reprit Montès en s'animant de plus en plus, à quelles horribles tortures m'a condamné pendant trente années de ma vie l'incessante prospérité de cet odieux Fernand? Tu ne sais pas quel volcan de haine et de colère grondait sourdement dans ma poitrine avant l'éruption? Écoute, continua-t-il en se jetant sur un siège, toutes mes souffrances sont encore présentes à ma mémoire, comme si je les avais ressenties hier seulement... Quand nous étions enfans, mon père avait pour Fernand d'injustes préférences; on négligeait mon éducation pendant qu'on lui donnait toutes les connaissances et tous les talens. Plus tard, en qualité d'aîné, il prit le titre de la famille pendant que j'étais obligé de me contenter de ce nom obscur de Montès; il hérita de tous les biens de notre riche maison, pendant que j'étais réduit à une modique dot, à peine capable de me faire vivre misérablement. Notre père mort, j'achetai une compagnie dans un régiment espagnol; mais bientôt un duel avec un de mes supérieurs, que je laissai mort sur la place, me força à me cacher. Par je ne sais quel sentiment d'hypocrisie, le chevalier voulut me donner asile jusqu'à ce que l'affaire fût arrangée, et à force de démarches il parvint enfin à l'assoupir. Nous vécûmes alors en apparence sur un pied d'intimité; mais en réalité il m'accablait sans cesse de sermons à propos de quelques escapades de jeunesse qui ne méritent pas la peine d'être rapportées. Sur ces entrefaites, je rencontrai un jour, à Séville, où nous demeurions, une riche et belle personne dont je devins éperdument amoureux. Mon frère la vit, l'aima, et n'eut pas de peine à m'évincer... C'était Maria, cette divine Maria, pour qui j'eusse été capable des plus grandes actions, comme des plus grands crimes !

Il s'interrompit suffoqué par la rage à ce souvenir. La Saltarella, les yeux humides, lui dit d'un ton de reproche mélancolique :

— Vous ne m'aviez jamais parlé de cet amour... vous m'aviez assuré au contraire que vous n'aviez jamais aimé que moi seule...

— A quoi bon parler de cet amour qui se changea si vite en haine furieuse ? dit brusquement Montès ; le jour de leur mariage, que je les tuai l'un et l'autre ; ils me connaissaient, ils s'enfuirent ; j'acquis bientôt la certitude qu'ils avaient quitté l'Espagne. Pendant plusieurs années je ne pus parvenir à découvrir leur retraite. De nouvelles fautes, des crimes peut-être, me forcèrent encore une fois à abandonner mon régiment et à m'expatrier ; je vins me cacher dans ces montagnes. Là, j'appris que mon frère, toujours riche, heureux, considéré, était établi avec une belle et nombreuse famille, à quelque distance de Foix. Sans doute le temps avait affaibli ma colère à cette époque, car je ne songeai pas d'abord à ma vengeance ; j'errai dans ce pays inconnu, vivant comme je pouvais de chasse et de contrebande. Ce fut alors que je te rencontrai, la Saltarella, et je m'attachai à toi...

— Oh ! je n'ai rien oublié non plus, Montès ! dit la bohémienne d'une voix gémissante ; dans votre abaissement quelle autre femme aurait pu vous aimer, vous obéir aveuglément, se dévouer pour vous comme la Saltarella ! Et pourtant, quelle a été ma récompense ? Peu de temps après mes couches, vous m'abandonnâtes sans pitié avec mon enfant...

— J'étais retourné en Espagne, malgré les dangers qui

m'y attendaient ; la misère m'était devenue insupportable, et je comptais implorer la générosité d'un parent riche qui m'avait autrefois témoigné quelque intérêt... J'eus le malheur d'être arrêté, jeté en prison. Je parvins enfin à m'échapper, mais en arrivant ici j'appris que mon parent était mort, et que sa succession venait encore de passer dans les mains de mon exécrable frère ; ce fut le dernier coup.

— Oui, je me souviens encore de l'état affreux où je vous vis ! Je courais alors le pays avec la bande de Biroben ; les gitanos m'avaient accueillie comme une sœur ; m'avaient protégée moi et ma pauvre Zerbine. Par un reste d'affection, ou par habitude peut-être, vous allâtes demander de mes nouvelles à la ferme où j'avais été élevée. Le bonhomme Giuseppe Esterle, en me retrouvant si malheureuse, m'avait presque pardonné ma faute passée ; il m'avait récemment accordé quelques secours. Quand il vous vit, il devina qui vous étiez ; dans sa générosité indulgente, il crut que vous reveniez à moi, que vous alliez désormais vous occuper de mon sort et de celui de mon enfant ; il m'envoya chercher à la grotte de Bédaillat, où la tribu était alors campée. Je me mis en marche aussitôt ; j'étais joyeuse et fière de votre retour ; le passé était oublié ; mon cœur battait à la pensée de vous présenter notre chère petite Zerbine. J'arrivai toute haletante... votre abord me glaça. Le visage pâle et défait, les yeux hagards, les cheveux en désordre, les vêtemens en lambeaux, vous étiez assis au coin du feu. A peine jetâtes-vous sur moi et sur votre enfant un regard distrait. Nous n'eûmes pas de vous un mot affectueux, une caresse...

— Juge donc combien je souffrais !... Je venais d'apprendre le nouveau bonheur de mon frère !

— L'honnête fermier, plus compatissant que vous, me fit prendre place au foyer, m'apporta un peu de nourriture. Comme vous ne disiez rien, il me questionna avec bonté ; il me demanda, entre autres choses, de quel côté devait se diriger la bande de Biroben. Je répondis qu'elle comptait se rendre à Foix et qu'elle irait le soir réclamer l'hospitalité à la Maison-Romaine. Ce nom de Maison-Romaine vous fit tressaillir ; vous vous levâtes, et nous sortîmes, tandis que Giuseppe jouait avec Zerbine.

« La Saltarella, me dîtes-vous d'un ton auquel je n'ai jamais osé résister ; je veux me joindre aujourd'hui même à la bande de Biroben... Tu m'en fourniras les moyens.

» Je répondis que rien n'était plus facile, que vous n'aviez qu'à me suivre, et que certainement on vous accueillerait bien.

» — Non, me dîtes-vous après un moment de réflexion, tu ne dois pas venir avec moi... ta présence me gênerait pour ce qui me reste à faire... tu me rejoindras demain avec ta fille, et nous ne nous quitterons plus.

» — Vous ne m'aviez pas caché que vous étiez le frère du maître de la Maison-Romaine ; seule au monde je connaissais ce secret. Je crus que vous désiriez pénétrer dans la maison pour voir M. de Villaréal, pour invoquer sa pitié... Je vous instruisis donc de ce que vous deviez dire pour vous faire venir de Biroben et de ses gens de sa tribu ; je vous indiquai où vous pourriez les rencontrer, et vous vous préparâtes à partir sur-le-champ.

» Quand nous rentrâmes dans la maison, le fermier nous observait curieusement comme s'il eût voulu deviner l'objet de cette conversation. Sans lui adresser aucun remerciement pour son hospitalité, vous ramassâtes dans le foyer deux ou trois charbons afin de vous noircir les mains et le visage.

» — La Saltarella, me dîtes-vous à l'oreille, si ici ou là bas on me demande mon nom, tu répondras que je m'appelle le charbonnier.

» Puis, après m'avoir recommandé d'être attentive à ce qui se passerait dans le pays jusqu'au lendemain, vous vous mîtes en route.

» Moi, je couchai à la ferme, et ma nuit fut tranquille : j'eus de beaux rêves où nous étions tous comblés de biens et de joies. Un peu avant le jour, je partis pour la Croix-du-Pasteur où vous m'aviez donné rendez-vous. Je portais sur mes épaules Zerbine encore endormie, et cependant comme je marchais avec courage ! Bien avant d'arriver à la Croix , je rencontrai deux hommes de la bande fuyant de toute leur vitesse. En me reconnaissant ils vinrent à moi et voulurent m'entraîner. Je les accabiai de questions; ils m'apprirent en peu de mots ce qu'ils savaient... je devinai le reste. Mais ce fut vainement que les deux gitanos me pressèrent de revenir sur mes pas ; pleine de confiance dans votre promesse, je les quittai et je me rendis au lieu indiqué. Je vous attendis vainement pendant plusieurs heures. Il fallut enfin songer à ma sûreté ; je retournai demander asile à cet honnête fermier dont l'indulgence pour moi était inépuisable ; il ne me repoussa pas; pendant plus d'un mois, il me tint caché dans sa maison, à l'abri de toutes les recherches. »

— Et tu ne le récompenseras pas de son dévouement, bonne Saltarella? demanda Montès avec ironie ; je crois pourtant que le vieil imbécile s'était pris autrefois d'une belle passion pour toi... Mais au fait, ce ne sont pas mes affaires ! Seulement ce Giuseppe doit connaître certains secrets dangereux à porter.

— Il ne vous a pas trahi, il ne vous trahira jamais ! dit la bohémienne avec feu ; Montès, je réponds de lui comme de moi-même. Quant à vos indignes soupçons...

— Eh ! laissons là mes soupçons, pleurnicheuse enragée ! interrompit Villaréal avec impatience ; je m'inquiète bien de ces fadaises. Mais tes souvenirs ont ranimé les miens, et je veux te conter aussi comment je passai cette nuit où tu fis de si beaux rêves...

— Non, non, taisez-vous, Montès... pas ici, pas en ce moment... ce serait tenter Dieu !

— Allons donc ! reprit le capitaine en se renversant dans son fauteuil ; tu ne sais pas, Saltarella, avec quel orgueil je songe à cette heure de vengeance, après tant d'années de souffrances et de misères !... Biroben et sa bande m'avaient accueilli avec indifférence, car je n'attendais rien d'eux et ils n'avaient rien à attendre de moi. Le soir nous vînmes ici demander l'hospitalité. Nous fûmes bien reçus et on nous plaça dans cette même salle basse où se trouve Zerbine en ce moment. On nous envoya de la paille fraîche pour nos lits, des reliefs de viande pour notre souper. Les gitanos mangèrent avec avidité; moi je ne touchai pas à ces restes tombés de la table du riche, je rêvais à mon projet... Je sondai les sentiments de mes compagnons ; je leur insinuai adroitement qu'il se présentait une occasion favorable de faire un beau coup ; je leur parlai des richesses cachées à la Maison-Romaine ; mais je trouvai ces gens lâches et froids. Ils avaient tout juste assez de courage et de perversité pour être des fripons ou des maraudeurs dans l'occasion. Je résolus donc de ne compter que sur moi-même. Les gitanos bien repus se couchèrent sur leur paille; quand ils furent profondément endormis, je poussai avec précaution la porte qu'on avait oublié de fermer et je me trouvai dans le vestibule.

« J'avais remarqué, en entrant, dans un enfoncement destiné à recevoir quelques outils de jardinage, une hache de bûcheron. J'allai m'en emparer ; puis, armé de ce redoutable instrument, je montai le grand escalier, et j'arrivai bientôt à la porte de cette salle. J'avais cru tout le monde endormi dans la maison ; cependant un rayon de lumière s'échappait par l'ouverture de la porte entre-bâillée. Un homme était assis devant le bureau et compulsait des papiers; je le reconnus sur le champ; c'était mon frère.

» A sa vue tout mon sang bouillonna ; mes yeux se voilèrent, je chancelai... mais, à force de volonté, je recouvrai ma liberté d'action. Je me glissai sans bruit dans le salon ; cet épais tapis amortissait le bruit de mes pas ; j'approchai du chevalier sans avoir attiré son attention.

» Debout derrière lui et sûr qu'il ne pourrait m'échapper, je le contemplai avec une joie inexprimable. Jamais il ne m'avait paru si beau, si jeune, si heureux ! Cependant je ne frappais pas encore, je voulais savourer ma vengeance... Enfin un mouvement, peut-être le battement de mon cœur qui semblait vouloir briser ma poitrine, trahit ma présence. Il se retourna, me regarda fixement et, se levant aussitôt, il me dit d'une voix ferme :

— Misérable ! que viens-tu faire ici?

Avant qu'il eût achevé ces paroles, ma hache s'abattit sur son front nu... Il poussa un cri épouvantable, le sang jaillit jusque sur moi...

La Saltarella, à cet endroit du récit, ne put dominer sa terreur.

— Assez, malheureux ! assez !. murmura-t-elle.

Mais le fratricide semblait se complaire dans ces effroyables détails.

— Il ne tomba pourtant pas d'abord, reprit-il ; il eut même la force de se jeter sur moi en prononçant des paroles sans suite. Mais bientôt aveuglé par son sang, étourdi du coup qu'il avait reçu, il tourna sur lui-même et s'étendit enfin à la place où tu es, la Saltarella.

Et il désigna aux pieds de la bohémienne une des taches noires du tapis. Saltarella bondit en arrière, comme si elle eût aperçu un serpent.

— Quand je le vis par terre, tu crois peut-être que je fus satisfait ? non... Au moment où il allait expirer, je me penchai vers lui, et comme il n'avait pu me reconnaître, à cause du charbon dont mon visage était barbouillé, je lui dis à voix haute :

— Je suis Montès... je suis ton frère !...

Cette fois la Saltarella s'enveloppa convulsivement la tête dans sa mantille pour ne plus voir et ne plus entendre.

— Tu es une poltronne, reprit le terrible Villaréal avec mépris ; eh bien, tant pis pour toi... Je ne te raconterai pas comment, aux cris de son mari, la belle et fière Maria, accourut avec ses vêtemens de nuit sur le seuil de cette porte que tu vois là bas... Elle était si belle, si belle, qu'il me fallut détourner les yeux pour la frapper ! Sur ma parole je lui eusse fait grâce si elle eût songé à la demander !... Mais elle m'avait reconnu et elle m'accablait de malédictions... Puis j'entendis les cris des enfans, dans la chambre voisine... Qu'étaient des enfans devant ma colère ? Je saisis ma hache et je m'élançai dans la chambre. La fumée du sang m'avait déjà monté au cerveau... Quand je rentrai dans cette salle, j'aurais fait peur, la Saltarella, oui je t'aurais fait peur, car en me regardant par hasard dans la glace, je me fis peur à moi-même!

La pauvre gitana tremblait de tous ses membres. Le cœur de cette femme n'était pas mauvais ; elle était seulement abrutie par l'ignorance et la misère. Soumise à l'influence de son séducteur, incapable de le trahir , elle ne pouvait cependant surmonter l'horreur qu'il lui inspirait. Mais le féroce Montès ne semblait même plus songer à elle.

— Rien n'est changé ici, reprit-il en regardant autour de lui; j'aurai peu de peine à remettre les objets à la place où ils étaient pendant cette bienheureuse nuit... Ma mémoire est fidèle... Essayons ! Aussi bien l'heure presse et on peut arriver d'un moment à l'autre.

Il renversa quelques sièges, il froissa le tapis en plusieurs endroits ; puis il entr'ouvrit les deux portes qui donnaient, l'une dans la chambre des petits garçons, l'autre dans celle de Mme de Villaréal. Cela fait, il alluma deux bougies à demi consumées dans les candélabres de la cheminée et une troisième contenue dans un vieux chandelier d'argent. Celle-ci était brisée par le milieu, de sorte que la cire tombait goutte à goutte sur le bureau où elle était posée. Chacun de ces détails semblait avoir une signification précise.

— Oui, oui! c'est cela, c'est cela ! reprit Montès avec complaisance ; je m'y tromperais moi-même, si les deux corps étaient encore l'un ici, l'autre là... mais il lui suffira de voir ce salon ainsi disposé; ses souvenirs et son imagination feront le reste !

Cependant la bohémienne, un peu rassurée par le calme apparent de Montès, suivait avec étonnement chacun de ses mouvemens.

— Que voulez-vous donc faire? demanda-t-elle.

— Tu ne comprends pas?... La nuit dont je parle, une chétive créature échappa à l'extermination de toute son odieuse race... je vais achever mon œuvre.

— De qui parlez-vous, Montès? Est-ce de la jeune fille, de cette malheureuse Antonia que l'on doit amener ici cette nuit?

— C'est d'elle-même.

La Saltarella semblait attendre des explications, mais Montès ne jugea pas à propos de lui en donner.

— Voyons, reprit-t-il d'un air rêveur en posant le doigt sur son front, récapitulons toutes les circonstances... Figure-toi, la Saltarella, continua-t-il en s'adressant toujours à la bohémienne, plutôt pour aider le travail de sa propre mémoire que pour instruire son auditrice, figure-toi que je croyais la besogne terminée. De retour dans le salon, la pensée me vint que certaines lettres écrites par moi pouvaient me compromettre; je forçai un tiroir du secrétaire où je ne tardai pas à les trouver. Je m'emparai de la liasse entière et je la lançai dans le feu. Ces preuves de nos relations hostiles étant anéanties, je me croyais sûr de l'impunité. Fernand n'avait parlé à personne dans le pays d'un frère dont il rougissait; les soupçons ne pouvaient donc plus tard se porter sur moi, et la responsabilité de cette œuvre sanglante devait retomber tout entière sur ces stupides gitanos qui n'avaient eu le courage ni de s'associer à mon crime ni de s'y opposer. Pour rendre cette supposition plus probable, je m'emparai de l'or et des bijoux renfermés dans le secrétaire et je me préparai à quitter la Maison-Romaine.

» Tout à coup je vis cette porte qui donnait dans la chambre de Maria s'agiter doucement, j'entendis le faible murmure d'une haleine oppressée. Quelqu'un m'avait donc épié? Je saisis ma hache et je poussai vivement la porte. J'aperçus alors une petite fille en robe de nuit, pieds nus, immobile et comme pétrifiée à quelques pas. D'abord j'eus la pensée de l'épargner; qu'avais-je à craindre d'une enfant si jeune? Elle ne pourrait me reconnaître plus tard quand j'aurais quitté mon déguisement. J'allais donc m'éloigner, sans daigner écraser cet humble ver de terre qui se dressait sur mon chemin, quand la réflexion vint changer ma détermination. Peut-être cette enfant était-elle là depuis le commencement de la scène, peut-être avait-elle entendu quand je me nommais à son père ou quand sa mère m'adressait de foudroyans reproches. J'ai acquis tout récemment la certitude que ces craintes étaient vaines; mais elles n'ont pas moins troublé ma tranquillité pendant bien des années, et elles furent la principale cause de mes persécutions envers cette misérable fille.

» Mon parti pris, je m'avançai vers elle en silence; elle était toujours immobile, pâle, glacée, comme fascinée par mon regard. Cependant, au moment où j'allais la toucher, elle fit un bond de côté et se heurta avec violence contre l'angle de la porte. J'aperçus une large coupure à son front, au dessus de l'œil gauche. Ce fut à ce signe que je la reconnus aisément plus tard sur le Montcalm. Malgré cette blessure, elle s'élança à travers le salon avec une vitesse inconcevable, et se perdit dans l'obscurité de l'escalier.

» Je ne croyais pas qu'elle pût s'échapper, car le soir un domestique avait assujetti la porte de la maison avec de lourds barreaux et d'épaisses ferrures. Mais ces stupides gitanos, en entendant un bruit effrayant au-dessus de leurs têtes, avaient ouvert cette porte pour préparer au besoin leur retraite. Ils étaient en bas de l'escalier, n'osant ni monter ni s'enfuir, et ils se consultaient entre eux, quand l'enfant, légère et silencieuse comme une ombre, passa devant eux et gagna la cour. Un jeune gitano, en l'apercevant, poussa un cri de surprise.

» Ce cri me révéla la vérité. Je me hâtai de descendre; je trouvai tous les bohémiens dans le vestibule. Ils sem-

blaient inquiets, indécis; je craignis qu'ils n'eussent l'intention de s'opposer à ma sortie.

» Montez, leur dis-je brusquement, montez, camarades; dans cette pièce où vous voyez de la lumière vous trouverez du butin... La besogne est faite.

» Et je franchis la porte avant qu'ils eussent songé à m'arrêter.

» J'ai appris depuis que plusieurs montèrent en effet au salon et s'emparèrent de quelques objets de peu de valeur. Mais bientôt, épouvantés de la gravité des charges qui s'élèveraient contre eux s'ils étaient surpris dans la maison, ils se hâtèrent de la quitter.

» Quant à moi, tu sais comment je poursuivis inutilement la petite fugitive. Elle disparut dans un taillis, à quelque distance de Gonac, et je dus renoncer à l'atteindre. Les premières lueurs du jour commençaient à se montrer il était temps de songer à ma sûreté. N'osant aller à la Croix-du-Pasteur, où tu devais m'attendre, je gagnai rapidement les cantons les plus retirés des montagnes voisines. »

La Saltarella resta un moment pensive.

— Pauvre petite! dit-elle enfin avec un accent de profonde pitié, comme elle a dû souffrir!... Montès, votre haine contre cette malheureuse famille n'a-t-elle donc pas été assouvie par tant de meurtres?

— Pas encore.

— Mais que vous a fait cette timide enfant pour que vous la persécutiez avec tant d'acharnement?

— Elle est la fille de Fernand.

— Montès, ne soyez pas impitoyable... J'ignore quel traitement vous réservez à votre nièce; mais ces préparatifs mystérieux, dans cette salle lugubre, me font frissonner...

— Folle! il s'agit seulement d'une petite comédie, à la suite de laquelle, si le médecin du couvent a dit vrai, Antonia ne me gênera plus.

— Montès, j'aimais mieux encore votre redoutable exécution, la hache à la main, que cette sombre et lâche machination... Croyez-moi, ne la poussez pas plus loin, car j'en ai le pressentiment, elle vous portera malheur.

— Oh! oh! la Saltarella, tu deviens pathétique, sur ma parole!

— Ne raillez pas, Montès; jusqu'ici des crimes si monstrueux, si hardis sont restés sans punition; mais prenez garde... on dit que Dieu envoie ainsi des avertissemens à celui qu'il va frapper; peut-être suis-je chargée de vous avertir que la vengeance est suspendue sur votre tête.

— Quelle vengeance? reprit Villaréal avec soupçon; ah! çà ridicule prêcheuse, aurais-tu la pensée de me trahir?

— Non, oh! non, je vous le jure... Mais pensez-y, Montès... Dieu ne saurait-il vous punir d'une façon plus terrible encore que la justice humaine.

— Où diable as-tu été chercher toutes ces belles choses-là, ma chère? Certainement tu fréquentes les églises depuis peu, car le curé Norbert lui-même ne dirait pas mieux.

— Montès, en vous aimant, je suis devenue méchante et méprisable; ne pensez pas à moi... Je ne sais ce qui doit arriver, mais je crains...

— Paix! interrompit Villaréal en prêtant l'oreille.

On entendit à quelque distance dans la campagne, un sifflement aigu et prolongé.

— C'est Biroben, reprit Villaréal précipitamment, et à sa manière de siffler, je reconnais qu'il a réussi... Ma vengeance est sûre maintenant... La Saltarella, tu vas aller rejoindre ta fille; vous trouverez dans l'écurie les mulets déjà harnachés... Dans cinq minutes, il faut que vous ayez quitté la maison; Biroben va vous suivre et vous irez tous m'attendre à la Croix-du-Pasteur.

— Nous vous obéirons, Montès, mais encore une fois, grâce! grâce! pour cette pauvre innocente!

— Que l'enfer t'écrase!

— Montès, je vous supplie...

— Malédiction sur ta tête! Diablesse enragée, sauve-toi!
Et il la jeta hors de la salle.

XVIII.

LE CHATIMENT DE DIEU.

Villaréal se hâta de descendre dans la cour pendant que la Saltarella allait chercher sa fille, Biroben, sa cape ruisselante de pluie, attendait devant la porte avec une mule dont le cacolet était toujours soigneusement recouvert d'une draperie.

— Eh bien? demanda Montès.

— Tout a réussi, répondit le bohémien en désignant le cacolet; elle est là...

— Et elle n'a fait aucune résistance?

— Aucune; c'est simple et doux comme un agneau... Elle m'a adressé quelques questions, mais j'ai répondu ce que j'ai voulu, et elle s'est laissé conduire sans difficulté.

— Fort bien... Et ma lettre?

— Rosita a dû la jeter à la poste ce soir, après le coup... demain matin à son lever l'ingénieur la recevra.

— A merveille; c'est plaisir de t'employer, Biroben!... Mais pour revenir à notre affaire principale, as-tu remarqué si la petite, en approchant de cette maison, donnait des signes d'agitation?

— Pas le moins du monde... elle dort depuis plus d'une heure.

— Elle dort? répliqua Montès avec étonnement; ce sommeil n'est pas naturel!

— Eh! eh! on a peut-être un peu aidé la nature.

— Que veux-tu dire?

— Dame! senor capitaine, on n'est pas pour rien médecin extraordinaire de l'empereur du Brésil... La jolie sauvage pouvait m'embarrasser beaucoup avec ses questions, m'échapper même, car autrefois elle était forte comme plusieurs hommes; aussi lui ai-je fait boire, en sortant de Foix, un verre d'eau où j'avais jeté une toute petite pincée de poudre préparée par mon prédécesseur le Catalan de la vallée d'Arrans... Oh! presque rien, de quoi l'étourdir légèrement.

— Eh mais, senor Bustamente, dit Montès en souriant avec ironie, vous prenez au sérieux votre nouvelle profession! C'est une sage précaution; mais si ce sommeil se prolongeait...

— Il cessera quand vous voudrez.

Et il s'avança vers le cacolet.

— Non, reprit Villaréal avec réflexion, il n'est pas temps encore, et il y a moyen de tirer parti de ce sommeil pour assurer le succès de mes plans.

— Alors que faut-il faire? demanda Biroben.

— Ne pourrais-tu transporter cette jeune fille, sans l'éveiller, jusqu'à la chambre que je te montrerai?

— Rien de plus facile... Je vais charger le cacolet et tout sur mes épaules.

— Hâte-toi donc, car nous devons nous préparer à quitter la maison au plus vite.

— Nous allons partir?... Mais alors, senor capitaine, quand me donnerez-vous la voiture, les chevaux et les beaux habits dorés que vous m'avez promis?

— Quand nous aurons passé la frontière... De cette façon, je suis sûr que tu ne manqueras pas à nos conventions. Ne crains rien, tu seras content de moi malgré tes écarts de langue...

Biroben ne paraissait pas satisfait de cet arrangement,

et il marmotta quelques paroles de défiance. Cependant il détacha le cacolet, le plaça avec précaution sur son dos et entra dans la maison.

Villaréal reprit sa lanterne, et il allait suivre Biroben au premier étage, quand la Saltarella tout effarée sortit de la salle basse.

— Quoi! tu n'es pas encore prête à partir? demanda-t-il avec colère.

— Montès, c'est que...

— Parle donc!

— Zerbine a disparu, et je ne sais plus où la retrouver.

— Elle a disparu? C'est impossible

— Elle a rompu un barreau rouillé de la fenêtre, et elle est sortie par l'ouverture.

Un blasphème s'échappa entre les dents serrées de Villaréal.

— Est-ce le moment de se livrer à ces folies? dit-il avec rage. Maudites soient la mère et la fille!... Cherche cette coureuse indocile, ajouta-t-il d'un ton farouche; si dans quelques instans vous n'êtes pas hors d'ici, malheur à toi et à elle!

Puis il monta rapidement l'escalier.

La pauvre Antonia resta plongée dans un profond sommeil pendant un temps dont il lui était impossible d'apprécier la durée. Elle en fut tirée par un bruit assez semblable à celui d'une porte qui se ferme; mais d'abord ses idées étaient vagues, ses sens engourdis, et elle ne pouvait se rendre compte nettement d'aucune impression.

Elle essaya enfin de recueillir ses souvenirs et de reconnaître où elle se trouvait. Sa fuite du couvent, son voyage avec un homme inconnu, lui revinrent à la mémoire; entre ces événemens et le moment présent, il y avait une lacune inexplicable. La pièce où on l'avait transportée était sans lumière; néanmoins la faible lueur de quelques étoiles, scintillant dans la déchirure des nuées, à la suite de l'orage, se glissait à travers les fenêtres et laissait entrevoir une chambre somptueusement meublée. Un morne silence régnait autour d'elle.

Il fallut encore un peu de temps à Antonia pour habituer ses yeux à l'obscurité; mais quand elle put remarquer tous ces détails, elle se leva brusquement comme par une secousse électrique; ses membres tremblaient, ses cheveux se dressaient sur sa tête; elle agita les bras pour repousser une vision... La malheureuse enfant venait de reconnaître la chambre où elle était née, la chambre où elle couchait autrefois près de sa mère.

Cependant la réflexion parut aussitôt venir à son aide. Antonia comprenant sans doute qu'elle pouvait être dupe de son imagination, s'avança vers une alcôve; sa main rencontra des sculptures qui lui étaient connues, c'était le lit de Mme de Villaréal. Un peu plus loin un objet blanc se faisait remarquer au milieu des ténèbres. Elle s'en approcha: c'était un berceau d'enfant dont les rideaux, rongés par l'humidité, pendaient en lambeaux. Son cœur battait à briser sa poitrine; cependant elle eut la force de courir à la fenêtre, dont la forme cintrée l'avait frappée. Elle entrevit un vaste paysage, des forêts, des montagnes qu'elle se souvenait d'avoir parcourues bien des fois pendant son enfance.

Elle recula précipitamment; sa raison déjà si ébranlée commençait à fléchir. Ne trouvant aucune explication naturelle à ce qui lui arrivait, son intelligence flottait dans le vague des hallucinations. Toutes ses facultés confondaient leurs perceptions; la tête lui tournait.

— Ce n'est pas possible! murmurait-elle faiblement; mon Dieu, ayez pitié de moi!

Une circonstance qu'elle n'avait pas remarquée jusque-là vint augmenter le désordre de ses idées. La porte du salon était entrebâillée et par l'ouverture filtrait un sillon lumineux. Antonia se souvint d'avoir vu déjà une disposition d'ombre et de lumière absolument semblable. Bientôt les deux époques se confondirent dans son esprit; elle crut être encore à cette nuit sanglante que tant de choses autour d'elle lui rappelaient. Cependant sa raison résistait encore et elle se disait :

— J'ai vécu seule et abandonnée sur le Montcalm... j'ai appris à connaître Dieu au couvent de Sainte-Marie, et Valentin me protège... certainement je rêve !

Ces efforts pour raffermir ses facultés chancelantes l'eussent préservée d'un délire complet peut-être ; mais tout à coup des gémissemens lamentables s'élèvent dans ce salon où brillent encore des lumières. Ces gémissemens, Antonia les a aussi entendus une fois ; elle pâlit, elle s'appuie contre un meuble pour ne pas tomber. Ils retentissent de nouveau... Alors elle ne se connaît plus ; les yeux hagards, le visage baigné de sueur, elle s'élance vers la porte, elle la pousse entraînée par une force supérieure à sa volonté, et elle reste glacée d'épouvante.

Comment ne pas croire, en effet, à une infernale magie ? La scène dont elle a été témoin dix ans auparavant se reproduit à ses yeux dans toute sa hideuse vérité. C'est la même salle avec ses meubles en désordre, avec ses lumières épars ses. Le silence de la mort a succédé aux cris de l'agonie. A la place où auraient dû se trouver deux cadavres, elle distingue sur le tapis des formes effrayantes dont son regard se détourne avec horreur. L'homme noir est là aussi, debout, compulsant des papiers. Il tourne le dos à Antonia, mais elle reconnaît sa rude et féroce silhouette... Bientôt il s'avance vers elle, il la regarde... Elle reconnaît ce visage noirci, ces yeux étincelans.

Sa raison cède enfin au prestige de cet effroyable tableau. Elle croit être encore au temps de son enfance ; on vient d'assassiner sa mère, son père, ses frères ; elle a entendu leurs cris de douleur, et voici leurs cadavres... Son tour à elle est venu ; l'assassin se baisse pour ramasser la hache dégouttante de sang, il fait un pas vers Antonia, il lève son arme, il va frapper... Fuyons !

L'enfant éperdue a vu la porte du salon entr'ouverte ; derrière cette porte est l'escalier obscur, puis la cour, puis la campagne où elle est poursuivie vainement, puis l'air pur, la liberté... Au moment où le meurtrier est sur le point de l'atteindre, elle fait un bond, elle va sortir, et la terrible course d'autrefois va recommencer dans les ténèbres.

Mais tout à coup la chaîne funèbre des traditions se trouva interrompue. Un éclat de rire retentit à quelques pas ; au même instant une forme légère apparut dans le corridor et une main douce retint Antonia. Zerbine, revêtue d'une robe brodée en paillettes brillantes, le front ceint d'une guirlande de fleurs, les bras et les épaules nues avec des colliers et des bracelets de clinquant, entra dans la salle en s'écriant :

— Demonio ! je savais bien qu'on ne m'empêcherait pas de voir cette belle chambre où les anciens bourgeois sont morts !... Mais, continua-t-elle en s'adressant à Montès, quelle idée vous a donc eu de vous noircir le visage ? Vous ressemblez ainsi au nègre que vous avez promis à Bustamante.

Personne ne répondait à ce babil ; la jeune bohémienne continuait d'examiner Antonia avec curiosité.

— C'est donc vous qui êtes la fille sauvage dont on parle tant ? reprit-elle ; je me suis cachée pour vous voir ; on m'avait dit que vous étiez jolie, mais je vous trouve bien maigre et bien pâle... Et moi, comment me trouvez-vous ? J'ai une belle robe, n'est-ce pas ? Et si vous saviez comme je chante, comme je danse !.. Attendez, j'ai apporté mes castagnettes, vous allez en juger.

Elle glissa en effet ses doigts agiles entre les cordons des castagnettes ; puis, élevant les bras au-dessus de sa tête, elle fit entendre un claquement joyeux et cambra sa taille souple pour commencer le fandango.

Antonia était plongée dans une sorte de stupeur. La réalité et la vision se mêlaient pour elle. Cependant la diversion causée par l'arrivée de la jeune bohémienne, par sa gaîté, par ses allures vives, pouvait faire manquer l'effet de la sombre comédie. Déjà l'œil d'Antonia

était moins égaré, sa poitrine moins oppressée ; Montès sentit le danger.

— Zerbine, dit-il d'une voix sourde et menaçante, en saisissant la bohémienne par le bras, qu'êtes-vous venue faire ici malgré mes ordres ? Sortez, sortez à l'instant !

— Ah ! ah ! répliqua la fière jeune fille avec ironie, vous pensiez me retenir prisonnière ? Mais vous n'avez aucun droit sur moi... Je ne vous crains pas et je ne vous obéirai jamais... Laissez-moi danser.

Et les castagnettes résonnèrent encore. Montès serra à le briser le bras nu qu'il tenait.

— Stupide drôlesse, murmura-t-il en grinçant des dents, sors d'ici bien vite, ou sinon...

Il se fit dans Zerbine un changement rapide ; ses sourcils noirs se rapprochèrent sous la guirlande de fleurs ; ses yeux lancèrent des éclairs. Elle se dégagea par une secousse rapide et revint sur Montès la main levée. Un cri s'éleva derrière elle ; la Saltarella et Biroben entrèrent dans la salle. Leur vue sembla augmenter la fureur de Montès.

— Tout est perdu ! dit il avec un accent de rage. Que venez-vous faire ici ? Pourquoi, vous aussi, m'avez-vous désobéi ? Par Satan ! vous aurez à vous en repentir !

— Montès, dit la Saltarella toute tremblante, je cherchais ma fille... Je ne pouvais partir sans elle... Mais je n'eusse jamais osé entrer dans cette salle, si je n'avais entendu sa voix et la vôtre...

— Et moi, senor Montès, reprit Biroben d'un ton goguenard, j'ai réfléchi qu'il était plus prudent de ne pas vous quitter avant que nous ayons réglé ensemble nos petits comptes... Vos affaires sont finies, et je vous crois homme à oublier tout à fait les miennes ; voilà pourquoi je ne me soucie pas d'aller sans vous à la Croix-du-Pasteur.... Et, en vérité, c'est ma bonne étoile qui m'a conduit ici. Je connais maintenant ce compagnon, au visage barbouillé de noir, qui vint se joindre à ma bande la nuit où nous nous arrêtâmes ici ; je sais comment s'appelait l'assassin de cette pauvre famille de Villaréal... Souvent j'ai eu des soupçons de la vérité, mais je n'osais y croire... Cette fois, il ne me reste plus de doutes !

Montès parut d'abord atterré et garda le silence.

— Que la foudre me confonde ! reprit-il enfin avec une explosion de colère en en frappant du pied ; tout m'échappe à la fois, vengeance et fortune. Brigand, continua-t-il en s'adressant au gitano, prétendrais-tu abuser de mes secrets ?

Biroben, comme on le sait, n'était pas doué d'un courage à toute épreuve ; il recula en tremblant.

— Je ne dis pas cela, maître, balbutia-t-il ; cependant, en raison des désagrémens que cette affaire m'a causés, il faudrait trouver moyen... vous comprenez ? Il faudrait me dédommager de ça !

— Et qui me dédommagera, moi, de mes efforts inutiles, de mes espérances renversées, de ma haine inassouvie ? s'écria Montès avec égarement ; vous êtes des traîtres... Vous êtes venus pour épier mes actions. Eh bien, vous avez voulu me voir achever la grande tâche que j'ai commencée ici même il y a huit ans ; vous verrez, vous me verrez ! Et je serai assuré de votre silence, car vous paraîtrez encore mes complices !

Un couteau brilla tout à coup dans une de ses mains ; de l'autre il voulut saisir Antonia, toujours immobile et muette comme une statue. Instinctivement Biroben et la Saltarella se jetèrent devant elle pour la protéger ; mais Villaréal attacha sur eux un regard si terrible qu'ils reculèrent épouvantés.

— Lâche coquin de gitano, dit-il à Biroben avec un accent rauque, oserais-tu t'opposer à mes projets ?

— Non, non pas, senor capitaine ; je voulais seulement vous engager à réfléchir un peu... et puis cela est contre nos conventions !... Mais si vous êtes bien décidé, je n'ai pas le droit...

Et Biroben s'inclina humblement.

— Et toi, femme imprudente, continua le redoutable

Villaréal en s'adressant à la Saltarella, ne sais-tu pas que tu as dû jusqu'ici toujours à ta prompte et complète obéissance de ne pas être brisée, comme tout ce qui me gêne? Allons, hâte-toi de sortir avec ton audacieuse fille, si tu ne veux attirer sur vous deux ma colère !

— Ma fille, ma pauvre Zerbine ! s'écria la bohémienne; oh! je vous connais, Montès; vous me la tueriez !

Elle entoura sa fille de ses bras et voulut l'entraîner hors de la salle; mais Zerbine résista avec énergie. Pendant la courte lutte qui suivit entre elles, Antonia resta sans défense. Mais au moment de frapper, le forcené lui dit avec une affreuse ironie.

— Regarde-moi bien, Antonia de Villaréal, je ne me cache plus... Reviens à toi et tâche de bien comprendre mes paroles, car ma vengeance contre ton odieuse race ne serait pas complète si je te frappais sans être connu de toi... Je m'appelle Montès de Villaréal, je suis ton oncle, ton seul parent. C'est moi qui ai massacré autrefois dans cette salle ton père, ta mère, tes frères; c'est moi qui t'ai blessée sur le Montcalm, c'est moi qui te tue en t'apprenant mon nom !

Et il allait frapper, mais quelqu'un lui retint le bras par derrière.

— Je ne veux pas, je la défendrai, disait-on; demonio! ne la touche pas !

C'était Zerbine. Echappée des mains de la Saltarella, elle avait ramassé la lourde hache que Montès avait laissée tomber; elle la brandissait d'un air menaçant qui contrastait avec sa beauté délicate, avec sa parure de gaze et de fleurs. Montès sourit avec mépris.

— Allons donc, belle amazone ! crois-tu pouvoir m'arrêter?

Il leva de nouveau le bras.

— Tu le veux donc? dit une voix saccadée.

Au même instant, la lourde hache s'abattit par derrière sur la tête de Villaréal. Le sang rejaillit au loin. Montès fit deux ou trois tours sur lui-même et alla tomber au milieu de la salle, à l'endroit même où son frère était tombé.

— La malheureuse ! s'écria la Saltarella, elle n'a pas menti à la race dont elle sort... elle a tué son père !

Et elle s'évanouit. Biroben était glacé de terreur. La jeune bohémienne seule paraissait avoir conservé son calme farouche.

— Mon père! lui? dit-elle avec dégoût, j'aimerais mieux avoir pour père un ours de ces montagnes qu'un pareil monstre... Eh bien, demonio! je ne me repens pas !

Elle jeta sa hache et se retira à l'autre bout de la salle en murmurant :

— Quel malheur ! son sang a taché ma belle robe blanche !

Cependant, le misérable qui venait de recevoir enfin la punition de tant de crimes, respirait encore. Le crâne ouvert, il se tordait convulsivement sur le plancher. Il eut même la force de prononcer quelques mots.

— Il n'y a pas de Dieu, murmurait-il; et cependant j'ai été frappé mortellement, avec cette hache; je suis tombé à cette place fatale, et c'est la main de ma fille qui a servi d'instrument... Il n'y a pas de Dieu ! S'il y en a un, malédiction sur lui !...

Puis les mots devinrent inintelligibles; il agita encore les bras, et tout à coup il resta immobile... Il était mort.

Au moment où il rendait le dernier soupir, Antonia, éperdue, s'élança dans l'escalier sans pousser un cri, sans prononcer une parole, et disparut.

Le lendemain, au jour, des laboureurs qui se rendaient à leurs travaux, trouvant ouvertes les portes de la Maison-Romaine, eurent la curiosité de pénétrer. Au milieu du salon était étendu le cadavre du dernier propriétaire, baigné dans son sang. Mais les auteurs du crime avaient pris la fuite sans laisser aucune trace.

XIX.

LES DERNIERS ADIEUX.

Valentin en quittant Foix, s'était dirigé vers le Montcalm. Il supposait, en effet, que la malheureuse Antonia avait dû se réfugier dans son ancienne demeure; puis il n'était pas fâché de consulter sur les derniers événemens son oncle Norbert, qui s'était rendu à Suc, on doit s'en souvenir, pour tenter d'arracher des aveux à Giuseppe. En chemin, il s'informait des passans s'ils n'avaient pas rencontré une jeune fille insensée dont il faisait le portrait. Mais, bien que la plupart fussent en marche depuis le matin avant le jour, aucun d'eux n'avait rien vu. Valentin conclut qu'Antonia n'avait pas suivi la route ordinaire, si toutefois elle avait pris cette direction.

Dévoré d'inquiétude, il pressa tellement sa monture qu'il parcourut en quelques heures la distance assez considérable de Foix à Suc. Sans s'arrêter à l'auberge où il avait passé une nuit lors de sa première visite au Montcalm, il se rendit au presbytère, où son oncle recevait l'hospitalité du curé du village. Il trouva les deux prêtres causant amicalement de théologie, à la suite d'un frugal déjeuner.

En voyant son neveu pâle et hors d'haleine, l'abbé Norbert prit à peine le temps de l'embrasser et lui adressa des questions pressantes. Valentin lui annonça en peu de mots la disparition d'Antonia.

— Qu'a donc fait cette famille, dit le curé avec tristesse, pour être ainsi frappée jusque dans son dernier rejeton? Tout se tourne contre elle, les choses et les hommes..... Croirais-tu, mon garçon, que M. le curé de Suc (Valentin s'inclina poliment) et moi nous n'avons rien pu obtenir encore de cet opiniâtre Giuseppe?

— Peu importe désormais, reprit Valentin, le silence ou les aveux de cet homme. Les droits d'Antonia ne sont plus contestés; en voici la preuve.

Et il remit à son oncle la lettre qu'il avait reçue le matin même. Les deux prêtres l'examinèrent avec attention.

— Cet acte n'est pas absolument en forme authentique, reprit l'abbé Norbert, mais il n'engage pas moins le capitaine Montès de Villaréal. Plus tard nous aviserons aux moyens d'en tirer parti. Pour le moment il s'agit de retrouver Antonia.

— Oui, oui, mon oncle, il faut la retrouver. Je vais partir immédiatement pour le Montcalm.

— Tu penses donc qu'elle s'est réfugiée là?

— Dieu le sait ! mais j'espère.

— Vous ne pouvez faire seul ces pénibles recherches, dit le curé de Suc; permettez-moi de prévenir quelques gens du pays dont le courage et l'expérience me sont connus. Il serait sage aussi d'aller avertir Giuseppe de ce qui se passe.

— En effet, reprit l'abbé Norbert, Giuseppe m'a paru s'intéresser vivement à notre pauvre petite amie. Peut-être nous fournira-t-il quelque moyen de la découvrir.

Valentin n'attendait rien de cette démarche; cependant il se rendit à l'avis de son oncle. Aucune instance ne put l'engager à prendre un peu de repos et de nourriture; il se contenta de prier que l'on eût soin de son cheval; puis, laissant le curé de Suc s'occuper de réunir ses paroissiens pour faire une battue sur le Montcalm, il sortit du presbytère avec l'abbé Norbert.

L'habitation de Giuseppe s'élevait à l'extrémité du village; elle était vaste et annonçait l'aisance. Un des petits-fils du vieux pâtre introduisit les visiteurs dans une espèce de jardin ou d'enclos attenant à la maison et entouré de haies. Là Giuseppe se chauffait au soleil, les yeux fixés vers la cime neigeuse du mont.

— Je sais ce qui vous amène, messieurs, dit-il avec gravité ; un malheur est arrivé... La pauvre fille s'est enfuie pour reprendre sa vie sauvage !

Cette affirmation était si extraordinaire que l'oncle et le neveu, en dépit d'eux-mêmes, se montrèrent stupéfaits.

— Mais, au nom du ciel ! s'écria Valentin, comment pouvez-vous avoir connaissance d'un fait qui s'est passé loin d'ici, la nuit dernière, et dont j'apporte à Suc la première nouvelle ?

Giuseppe sourit d'un air de triomphe en regardant l'abbé Norbert.

— Monsieur le curé dit que ma science est un péché, répliqua-t-il, et je ne dois pas en être fier.

— Attendez, vieux sournois, reprit l'ecclésiastique ; pour cette fois je pense avoir le secret de votre sorcellerie. Je n'avais pas remarqué d'abord que le ciel est pur, l'air transparent, et que d'ici on découvre parfaitement le Montcalm. Or, avec une vue exercée comme la vôtre, il n'est pas tout à fait impossible de distinguer une créature humaine sur la montagne, surtout si vous êtes en observation depuis ce matin pour étudier les pronostics du temps comme de coutume.

La sagacité de cette observation parut déconcerter le vieillard.

— Serait-il possible ? demanda Valentin impétueusement ; brave homme, Antonia de Villaréal serait-elle déjà revenue au Montcalm ?

— Elle est revenue, répondit Giuseppe d'un ton laconique.

— Mais alors elle doit être épuisée de fatigue par cette longue traite... Elle est si faible, si souffrante... elle doit avoir besoin de prompts secours... Je vais partir.

— Et vous attendez que je vous accompagne ? Eh bien, je suis prêt.

Le berger prit son bâton ferré qui était près de lui et se leva. Mais au moment de se mettre en route, il resta tout à coup immobile et désigna aux deux Norbert un groupe de voyageurs qui venaient de s'arrêter à quelque distance du village, sous un bouquet de liéges.

Ce groupe se composait de deux femmes et d'un homme ; les femmes étaient assises dans des cacolets, sur le dos d'une mule ; l'homme s'enveloppait d'un long manteau qui ne laissait voir que son chapeau rabattu et ses yeux étincelans. Après s'être assuré que personne n'était à portée d'épier leurs actions, ils échangèrent quelques mots entre eux ; puis une des femmes descendit de monture et s'avança d'un pas rapide vers la maison de Giuseppe. Les deux autres personnes restèrent à cheval ; mais le voyageur s'arma d'une escopette, tandis que la femme faisait le guet sur le côté opposé du chemin.

Ces précautions bizarres étaient bien de nature à piquer la curiosité des hôtes de Giuseppe ; cependant, Valentin se retourna avec impatience.

— Qu'avons-nous affaire à ces gens ? dit-il ; venez... nous perdons un temps précieux.

Mais Giuseppe ne bougea pas.

— C'est elle, murmurait-il avec émotion ; c'est elle, j'en suis sûr... Attendez, jeune homme ; que Notre-Dame-d'Héas nous protège !... Attendez !

Bientôt, l'étrangère parut à la porte du jardin avec l'enfant qui avait déjà introduit les deux Norbert. En reconnaissant que Giuseppe n'était pas seul, elle hésita et sembla vouloir revenir sur ses pas. Mais, faisant effort sur elle-même, elle continua d'avancer, en prenant soin de se cacher dans sa mantille. Quand elle fut à quelques pas, elle demanda d'une voix tremblante :

— Où est Giuseppe Esterle ? est-ce bien Giuseppe Esterle, l'ancien fermier de Sentenac, que je revois ?

Giuseppe la regarda fixement.

— Si je suis changé, Margarita, répondit-il avec amertume, tu l'es encore plus que moi... Les années, il es vrai, ont courbé ma taille et blanchi mes cheveux ; mais le temps a-t-il pu faire si vite une femme vieille et ridée de la plus jolie fille de nos montagnes ?

— Vous avez raison, maître, répliqua la voyageuse ; si j'ai commis des fautes, j'en ai été cruellement punie. Mais ce n'est ni de vous ni de moi qu'il s'agit... Giuseppe, je vais quitter le pays ; d'ici à quelques heures j'aurai passé la frontière, et jamais plus vous n'entendrez parler de moi. Avant de m'éloigner ainsi pour toujours, j'ai voulu décharger ma conscience d'un fardeau qui lui pèse depuis bien des années. L'heure de la justice est arrivée ; je vous dégage du serment que j'exigeai de vous le jour où j'allai chercher un refuge à la ferme après le crime épouvantable de la Maison-Romaine.

— La Maison-Romaine ! répéta l'abbé précipitamment.

— Que dit-elle ? s'écria Valentin.

Ni Giuseppe ni l'inconnue ne remarquèrent cette interruption.

— Que s'est-il donc passé, pauvre Margarita ? reprit le vieillard d'un ton d'intérêt ; comment oses-tu maintenant t'élever contre le séducteur qui t'avait inspiré une obéissance si aveugle, un dévouement si complet ?

— Maintenant, il n'a plus rien à craindre de personne... Merci, bon et généreux Giuseppe, de nous avoir si fidèlement gardé le secret, à lui et à moi. Je sais combien il devait coûter à votre probité d'être le confident d'un pareil crime et de ....voir le révéler... Désormais vous agirez suivant votre ...., et Dieu nous jugera tous !

— Oui, je parlerai, car depuis .... temps ce secret trouble mon repos... Mais .... rien pour toi-même, malheureuse Saltarella ?

— La Saltarella ! s'écrièrent Valentin et l'abbé Norbert.

La bohémienne les regarda avec curiosité.

— Vous êtes sans doute les amis de la famille de Villaréal dont on m'a tant parlé, dit-elle enfin ; vous êtes les protecteurs de cette jeune fille dont le sort est si digne de pitié ? C'est surtout dans son intérêt que j'ai osé faire cette démarche malgré les dangers dont je suis entourée. Désormais vous n'avez plus d'ennemis à redouter ; rendez-lui son nom, son rang, sa fortune ; Giuseppe vous aidera de ses révélations... Puissiez-vous réussir !... Adieu !

Elle voulut s'éloigner ; Valentin la retint.

— Vous ne nous quitterez pas ainsi, dit-il rudement ; nous avons bien des choses à vous demander, et d'abord je veux adjure de m'avouer...

— Ne songez pas à moi, répliqua la gitana, occupez-vous plutôt de votre pupille, dont la raison a faibli de nouveau ; elle doit être errante dans le voisinage ; hâtez-vous de vous mettre à sa recherche.

Et elle fit un nouvel effort pour se dégager.

— Non, non, vous ne nous échapperez pas ; vous devez des aveux complets à la justice.

— La justice ! répéta la Saltarella avec égarement ; oh ! si elle ne devait frapper que moi...

— Avec votre permission, messieurs, dit Giuseppe d'un ton ferme, ce serait mal de retenir cette femme qui vient ici remplir un devoir de conscience... Ni elle ni personne de sa bande n'a pris part au massacre de la Maison-Romaine ; je l'affirme devant Dieu... D'ailleurs, croyez-moi : dans l'intérêt même du nom de Villaréal, ne cherchez pas à appeler le grand jour sur le passé !

Un regard de la Saltarella remercia le pâtre de cette intervention bienveillante.

— Je veux vous croire, Giuseppe, reprit l'abbé Norbert, et j'admettrai volontiers que la Saltarella est innocente ; mais les paroles que vous venez d'échanger doivent inspirer d'étranges soupçons. Puisque vous connaissez l'auteur du crime de la Maison-Romaine, il faut enfin nous apprendre son nom !

— Vous l'exigez ?... Eh bien ! il s'appelait Montès de Villaréal !

L'oncle et le neveu poussèrent un cri d'horreur.

— Et j'ai pu me laisser prendre aux démonstrations hypocrites de cet abominable scélérat ! dit Valentin ; mais cette fois, il ne m'échappera pas. Je retrouverai ce monstre à face humaine, je lui ferai expier le sang versé.

— Il l'a expié, il l'a cruellement expié ! murmura la Saltarella.

— Cela n'est pas possible !... Il ne l'expiera que sur l'échafaud.

— Il est des morts plus affreuses encore que celle-là, dit la bohémienne avec effort, et Montès de Villaréal en est un exemple.

— Que dites-vous ? Le misérable aurait-il échappé à la punition des hommes ? n'existerait-il plus ?

— La nuit dernière, il a été assassiné à la Maison-Romaine, dans cette même salle où il avait répandu le sang de sa famille.

— Serait-il vrai ? Et qui donc a été l'exécuteur de la vengeance divine ?

— Zerbine, sa propre fille ! répondit la Saltarella d'une voix vibrante.

Et elle s'enfuit pendant que les deux Nobert et Giuseppe restaient pétrifiés d'épouvante.

Une heure après, une troupe nombreuse de chasseurs et de pâtres quittait le village sous la conduite de Giuseppe et de l'abbé Norbert, pour tenter l'ascension du Montcalm. En apprenant la réapparition de la femme sauvage sur la montagne, la population entière s'était émue. La curiosité peut-être autant que le désir de faire une bonne action causait cet empressement général. Quoi qu'il en fût, Valentin n'avait pas eu la patience d'attendre que les habitans de Suc fussent prêts à le suivre. Prenant à la hâte quelques provisions, il s'était chaussé d'espartilles et muni d'un bâton ferré ; puis il avait sauté sur son cheval et il était parti en avant sans vouloir écouter aucune représentation.

On était alors au moment le plus chaud de la journée ; les rayons du soleil, concentrés dans la vallée, rendaient l'atmosphère suffocante ; et le pauvre cheval, épuisé par la longue traite du matin à travers une contrée montueuse, semblait devoir bientôt manquer de force et d'haleine. Mais son maître ne cessait de le frapper de son bâton ferré et il parcourut encore au galop la distance du village à la base du Montcalm. Là, Valentin mit pied à terre, confia le pauvre animal presque fourbu à des pâtres qui habitaient une petite bergerie isolée ; puis, seul et à pied, il se mit à gravir la montagne.

Cette fois du moins il ne craignait plus de s'égarer ; chaque précipice, chaque gibbosité du Montcalm lui était maintenant familière. D'ailleurs le pic, complétement dégagé de nuages, se détachait nettement sur un ciel d'azur. Le soleil ruisselait sur ses glaciers, sur ses flancs arides, sur les tapis sombres de verdure et de feuillage qui revêtaient ses gradins inférieurs. Cependant Valentin ne voulut pas s'engager dans la sapinière où tant d'obstacles pouvaient retarder sa marche. Selon toute probabilité, la jeune fille s'était retirée au Puits-d'Enfer, dans la petite grotte, son ancienne demeure ; c'était donc là qu'il s'agissait d'arriver par le chemin le plus direct et le plus facile ; or, le chemin le plus direct et le plus facile était le passage souterrain dont Valentin avait dû la connaissance à un loup blessé ; il marcha en droite ligne vers ce passage.

A mesure qu'il montait, une température plus douce succédait à la chaleur étouffante de la plaine, mais il ne s'en apercevait pas. Toujours occupé de la même pensée, il s'arrêtait de temps en temps pour regarder autour de lui. Ne se pouvait-il pas, en effet, que la jeune fille, à la suite de sa course nocturne, fût tombée épuisée dans quelque lieu solitaire avant d'arriver à la grotte ? Plusieurs fois même, non content de scruter les halliers et les ravins, il appela de toute sa force. Mais rien ne répondit que l'écho sourd de la forêt. Il atteignit ainsi la muraille de rochers qui formait l'enceinte du Puits-d'Enfer sans avoir découvert aucune trace de la fugitive, et il commençait à douter du succès de ses recherches quand une circonstance particulière attira son attention.

Il se trouvait en ce moment sur une espèce de petit plateau où les plantes alpestres formaient un épais gazon. Les herbes, froissées dans un sillon parallèle, attestaient le passage récent d'une créature humaine ; vers le centre, à l'ombre d'un rhododendron, elles étaient foulées circulairement, comme si l'on se fût reposé en cet endroit. Valentin se pencha sur cette place, humide encore de la rosée matinale ; un bout de ruban blanc caché dans une touffe de fraisiers sauvage. Ce ruban il l'avait vu la veille dans les cheveux d'Antonia. Antonia était donc venue là ! C'était donc elle qui était tombée haletante et brisée au pied de ces arbrisseaux ! Le jeune homme suivait cette trace avec l'attention d'un peau-rouge étudiant la piste d'un ennemi dans les savanes. Convaincu, d'après la direction des pas, que l'enfant avait dû se rendre au Puits-d'Enfer, il reprit sa marche et se hâta de gagner la galerie souterraine. Après l'avoir traversée, il s'engagea dans la sapinière. Là, au milieu des ronces et des broussailles, il trouva encore un lambeau d'étoffe blanche qu'il reconnut pour appartenir à la robe de la jeune fille. Une larme mouilla sa paupière, mais il ne s'arrêta plus ; ces signes de détresse lui disaient combien il devait se presser d'arriver. Aussi, franchissant avec ardeur les derniers obstacles, il arriva enfin au Puits-d'Enfer.

L'aspect de ce lieu, autrefois si beau, était bien changé. Les avalanches des hivers précédens avaient tout frappé de stérilité et de mort. Le vallon était encombré de pierrailles et de gravier qu'elles avaient apportés ; les rochers, retournés sur leur cime, présentaient à l'œil leurs flancs fauves et arides. Le joli bassin avait été comblé à moitié ; ce n'était plus qu'une espèce de ravine où tournoyaient en écumant les eaux du torrent. Les sapins rompus, déracinés, renversés à l'entour, complétaient ce tableau de dévastation.

Valentin regarda distraitement ces ravages et il s'empressa de chercher la grotte qui avait servi si longtemps de demeure à Antonia. Elle était encore masquée par de grosses roches amoncelées au hasard. On l'entrevoyait, à travers ce chaos, comme un trou noir et abrupte. Au moment d'avancer, l'ingénieur comprit la nécessité de quelques précautions. En reprenant sa vie sauvage, Antonia ne pouvait-elle avoir repris aussi cette humeur insociable qui autrefois lui rendait odieuse la présence de ses semblables ? Au premier bruit ne chercherait-elle pas à fuir, ne se livrerait-elle pas à quelque acte de désespoir ? Frappé de cette idée, Valentin s'avisa d'un expédient que lui avait suggéré autrefois Giuseppe dans un cas à peu près semblable. Elevant la voix doucement, il se mit à chanter la naïve chansonnette basque des *Petits oiseaux d'hiver*.

Après le premier couplet, il se tut et prêta l'oreille. Des accens humains faibles et plaintifs se firent entendre malgré le fracas de la cascade. Ne pouvant plus contenir son inquiétude, Valentin escalada rapidement les pierres qui obstruaient le passage, et il se trouva enfin devant la grotte.

Antonia était là en effet, étendue sur le sol rocailleux, presque inanimée. Elle n'avait plus d'autre coiffure que ses cheveux flottans. Ses vêtemens en lambeaux dégouttaient encore de l'eau glacée du gave. Ses pieds déchirés par les ronces étaient souillés de sang.

La pauvre enfant, en entendant Valentin, semblait avoir fait un effort pour se traîner jusqu'à lui ; mais la force avait trahi sa volonté. Cependant, à la vue de Norbert, elle se souleva péniblement sur le coude, et un sourire céleste effleura ses lèvres bleuâtres.

— C'est la Providence qui vous envoie ! murmura-t-elle avec un accent d'indicible joie.

Le jeune homme s'attendait à une explosion de sentiments désordonnés. Il fut presque épouvanté de ce calme apparent.

— Ma chère Marie, mon ange gardien, ma vie, dit-il en s'agenouillant près d'elle, pourquoi avoir quitté le couvent ?

Pourquoi être revenue, malgré votre promesse, dans ces affreuses solitudes? Que s'est-il passé?... Dieu du ciel! dans quel état je vous retrouve!

Antonia laissa aller sa tête sur l'épaule de Valentin.

— Vous le voyez, ami, répliqua-t-elle d'une voix douce, le désert, qui autrefois n'avait pas de rigueurs pour moi, m'a cruellement maltraitée aujourd'hui... C'est ma punition d'avoir consenti à me rapprocher des hommes... Mais s'il ne m'est plus possible de vivre dans ce triste lieu, il me sera du moins permis d'y mourir!

— Mourir! répéta Valentin en pressant contre ses lèvres les mains inertes de la pauvre fille; oh! non, non, Marie, vous ne pouvez pas, vous ne devez pas mourir en ce moment... Du courage! on va venir à votre secours. Vous vous rétablirez promptement. Marie, votre temps d'épreuves est passé, vos malheurs sont finis... Vous vivrez pour jouir de tous les avantages, de toutes les joies, de toutes les grandeurs de la vie civilisée! Ce nom de Marie n'est pas le vôtre... L'indigne parent qui, après avoir été le bourreau de votre famille, vous avait condamnée à la souffrance et à l'abandon, vient de recevoir la punition de ses crimes; mais auparavant, il avait pu vous rendre justice... Désormais, vous aurez tout ce qui donne le bonheur parmi les hommes, richesse, considération, beauté, jeunesse, affection dévouée de vos amis...

Antonia l'interrompit par un sourire amer.

— Qu'ai-je besoin de tout cela? dit-elle, que me fait ce monde ennemi et ses présens, et son estime? Je ne veux rien de lui, car je le hais et le méprise... Ce que j'ai vu et entendu pendant l'effroyable nuit qui vient de s'écouler m'a inspiré la plus profonde horreur contre l'humanité entière, et y pensant, mes cheveux se dressent sur ma tête et le vertige revient...

Elle se tut un moment et sembla se recueillir.

— Oui, continua-t-elle d'un ton sombre, mes instans sont comptés, je le sens; mais fussé-je libre de prolonger ma vie pendant de longues années encore, je ne voudrais pas pour tous les biens de la terre passer une heure de plus au milieu de cette espèce méchante à laquelle j'ai honte d'appartenir...

— Marie, dit Valentin avec un accent de douloureux reproche, cette haine pour tous n'est-elle pas une injustice?

— Non, Valentin, car les bons comme vous sont de rares exceptions parmi les autres... J'avais jugé de l'humanité d'après vous quand je consentis à quitter la vie sauvage; comme je m'étais trompée!

— Eh bien, Marie, ne consentirez-vous pas à vivre pour moi?... moi qui ai placé en vous toutes mes espérances d'avenir, moi dont vous occupez la pensée dès ma plus tendre enfance, moi qui vous aime enfin... Oh! si vous saviez combien je vous aime!

Antonia le regarda avec une expression angélique.

— Valentin, croyez-vous donc que je ne vous aime pas aussi? Pour vous, pour vous seul, je suis décidée à fuir; j'ai manqué à ma parole. Mais on me disait que vous n'auriez jamais ni repos ni bonheur près de moi!

— Honte sur ceux qui vous ont fait cet absurde mensonge!

— Ne les maudissez pas, car ils m'ont appris aussi que nous serions pour toujours réunis dans le ciel... et voilà pourquoi je veux mourir!

Pendant cette conversation, la jeune fille s'affaiblissait rapidement; une teinte livide se répandait déjà sur son visage. Tout à coup elle tressaillit et donna des signes d'inquiétude; un bruit de pas s'était fait entendre dans l'éloignement.

— Des hommes! murmura-t-elle avec un accent de dégoût, encore des hommes!

Et elle essaya de détourner la tête; une ombre parut à l'entrée de la grotte.

— Ma fille, demanda la voix connue du vénérable abbé Norbert, enveloppez-vous donc dans une commune aversion vos amis et vos ennemis?

Antonia éleva languissamment vers lui sa main meurtrie.

— Non, mon père, murmura-t-elle: vous et lui (elle montrait Valentin à genoux, écrasé sous le poids de sa douleur), vous êtes tout ce que j'ai trouvé de bon, de noble, de généreux sur la terre; votre présence, à l'un et à l'autre, adoucira mes derniers instans!

Le prêtre balbutia quelques paroles d'espérance, mais il avait jugé d'un coup d'œil le danger imminent.

— Mon cher Valentin, dit-il à son neveu, Antonia doit se préparer à paraître devant Dieu... Va rejoindre les braves gens qui nous attendent à quelques pas d'ici; je te rappellerai quand il sera temps.

Valentin entoura de ses bras Mlle de Villaréal et la pressa contre sa poitrine:

— Non, non, Antonia, s'écria-t-il avec un accent déchirant, on ne nous séparera pas... Je mourrai, si tu meurs!

— Courage! dit la jeune fille avec résignation; tu appartiens aux hommes: il faut remplir les devoirs qu'ils t'imposent; moi, j'appartiens à Dieu et je retourne à lui... Nous nous reverrons dans un monde meilleur... Adieu! n'oublie pas la pauvre solitaire du Montcalm!

Valentin refusait de s'éloigner; son oncle eut besoin d'employer toute son autorité pour le décider à aller rejoindre les montagnards au pied de la cascade. Ceux-ci voulurent le presser de questions, mais il leur imposa silence par un geste solennel; puis, s'asseyant sur un rocher, il cacha son visage dans ses mains.

Une demi-heure s'écoula. Le jeune ingénieur n'avait pas fait un mouvement; seulement des sanglots s'échappaient par intervalles entre ses doigts crispés. Les assistans, sans bien se rendre compte de ce qui se passait, n'osaient s'interroger, drapés dans leurs capes de diverses couleurs, ils formaient des groupes silencieux. En avant des autres, Giuseppe, appuyé sur son bâton, regardait tristement du côté de la grotte. A sa longue barbe blanche, à sa taille voutée, on l'eût pris pour le père Aubry de ce désert. Le soleil se jouait encore en aigrettes dorées au sommet des pics, mais l'obscurité se rembrunissait déjà au fond de l'abîme, et l'écume du gave devenait d'un blanc d'argent sur le fond bistre des rochers. Des oiseaux nocturnes commençaient à sillonner le ciel, et jetaient à la brise du soir un cri lugubre qui se confondait avec le bruit de la cataracte.

Tout à coup l'abbé Norbert reparut à l'entrée de la grotte; sa démarche était lente, abattue; deux grosses larmes roulaient sur ses joues ridées. Il tenait à la main un petit crucifix d'argent, qui ne le quittait jamais; il s'agenouilla sur une pierre, en disant d'une voix profondément altérée:

— Mes frères, priez pour Antonia de Villaréal, que vous appeliez la fille sauvage du Montcalm... Elle vient de rendre son âme à Dieu, en chrétienne pieuse et résignée, en pardonnant à ses ennemis!

— Elle est morte! s'écria Valentin avec un inexprimable désespoir.

Il entrevit dans l'ombre de la grotte une forme blanche et immobile, couchée sur le roc nu; il allait s'élancer; son oncle le retint fortement par la main.

— A genoux! lui dit-il avec autorité.

Le jeune homme se laissa tomber presque évanoui, le visage contre terre. Alors le vieux prêtre, récita la prière des morts. Les montagnards, tête nue, leurs chapelets de bois à la main, répondaient avec ferveur et respect. Cette scène pieuse, au milieu d'une nature sauvage, au fond d'un abîme inhospitalier, formait la digne conclusion d'une existence passée presque tout entière dans la solitude.

. . . .

. . . .

Antonia, à ses derniers momens, avait exprimé à

l'abbé Norbert le vœu d'être enterrée dans sa grotte du Puits-d'Enfer. Ce vœu, où se manifestait encore la misanthropie de cette créature singulière, fut exaucé, grâce aux démarches instantes des deux Norbert.

Chaque année, un homme d'aspect élégant vient, pendant la saison d'été, visiter les parties les plus inaccessibles du Montcalm. Il est armé d'une carabine et paraît n'avoir d'autre but dans cette excursion que la chasse à l'isard ; mais après avoir passé vingt-quatre heures sur la montagne, il retourne à la ville sans emporter aucune pièce de gibier.

Ce chasseur est Valentin Norbert, qui s'est fait un grand nom dans les sciences. Seul, il connaît aujourd'hui l'endroit où est ensevelie la malheureuse Antonia, les avalanches et les tempêtes ayant changé la disposition des lieux, comme il arrive souvent sur ces hauteurs. Tout entier absorbé par l'étude, il reste isolé au milieu d'un monde qui le comble pourtant de biens et d'honneurs.

—

Paris. — Imprimerie J. Voisvenel, 16, rue du Croissant.

www.ingramcontent.com/pod-product-compliance
Lightning Source LLC
Chambersburg PA
CBHW060459260626
47161CB00005B/2167